JN139907

# 映画とキリスト

岡田温司

みすず書房

映画とキリスト　目次

# はじめに

美術が宗教と深いつながりがあるように、映画もまた宗教と密接な関係がある。つづく第Ⅰ章で述べることになるが、映画そのものがいわばひとつの「宗教」のようなものであるといってもおそらく過言でないほどだ。ところが、「無宗教」を自認する人の多いわが国では（かくいうわたしも例外ではない）、こうした観点から映画が論じられることはあまりなかったように思われる。というわけで、小著はこの趣旨のもとに書かれている。とはいえ、ここで扱われるのは、タイトルに示したとおり、筆者の専門からキリスト教にかかわるテーマや問題に限られる。映画の誕生と発展が主にキリスト教の文化圏においてであったことを考慮するなら、その限界も許されるだろう。もちろん、教化やプロパガンダを意図するものでないことはいわずもがなである。

本書は全十章からなる。まず第Ⅰ章では、両者の関係性を理論的な観点から概観しておきたい。つづく第Ⅱ章から第Ⅵ章は、サイレントの時代より現代にいたるまで、いわゆるイエスのビオピック（伝記映画）の代表的な作品を取り上げ、それぞれ異なる視点から分析と記述を試みる。具体的には章の順に、サイレント映画、パゾリーニの『奇跡の丘』、一九七〇年代以降の多様化するイエス像、マリアの出産シーン、そして名脇役としての「裏切り者」ユダと「娼婦」マグダラのマリア、である。映画におけるイエスの表象が、たんなる歴史（物語）の挿し絵ではなくて、いろんな意味で、いかにアクチュアルにしてかつ解決困難な問題系を引きずってきたかが明らかになるだろう。

　さらに第Ⅶ章から第Ⅸ章までの三つの章では、固有名詞としてのイエスその人というよりも、「油を塗られた人」すなわち「メシア」としてのキリストのイメージが投影されている作品が対象となる。キリストは、当該文化圏の人たちの自己形成、あるいは思考や行動にとって、もっともなじみ深くて重要な模範となってきた。それゆえ、表向きは宗教的主題のものではないとしても、メロドラマやフィルム・ノワールから、西部劇やSF等にいたるまで、登場人物のうちに「キリスト」が重ねられる作品はきわめて多岐にわたるし、もちろん女性の場合もある。これらの章において、数ある作品を篩にかけながら、「キリスト」との同一化——その可能性と限界——がいかに映像化され、そこにいかなる意味が託されているかが問われるだろう。最後の章は、神学上のみならず、社会的で政治的でもあるキリスト教内部の問題を、パロディやアイロニーも交えつつ鋭くえぐりだす作品に捧げられている。

　ニーチェによって「死」を宣告された「神」は、実のところ、それとほぼ同じ時期に産声を上げた映画という新たなメディウム——この語にはまた「霊媒」という意味もある——のなかで、さまざまな姿をまとって生きつづけてきたのである。それゆえ本論では、映画ならではの表現手法に注目するようできるだけ心がけた。各章においてわたしたちは、映画がいかに宗教の代わりとなり、宗教にも似た機能を果たしてきたかを、さまざまなかたちで実感することになるだろう。

# I

# 映画と宗教、あるいは映画という宗教

## 宗教としての映画

映画とはそもそも宗教的なものである。ここで「そもそも」といったのは、物語のテーマや内容いかんにかかわらず、それ自体において本来的に、という意味である。つまり、映画そのものがある種の宗教性を帯びているということだ。このことはまた、製作と観賞のどちらにも当てはまるし、製作者や観賞者が信仰をもつか否かを問わない。しかも、何か特定の宗教に限られるわけでもない。

たとえば映画は「技術文明の中心儀礼」(Bryant)になぞらえられる。技術革新に支えられた、きわめて二十世紀的なこの「儀礼」において、いちばん好まれてきたのは、聖書やギリシア＝ローマ神話(あるいはそれらに由来するさまざまな物語)のキャラクターたちであり、映画のなかのヒーローやヒロインたちに求められるのは、そうした人間の神話的「原型」を、雄弁でかつ力強く、優雅でかつ華やかに演じきることである。もちろんこれは、聖書そのものが文学や美術においてすでに、ノースロップ・フライのいう「大いなる体系(ビッグ・コード)」でありつづけてきたこととも無関係ではない。これにたいしてロラン・バルトは、現代における神話を「空虚なシニフィアン」と呼ぶが(『神話作用』)、このことは翻っていうと、そこに何でも詰め込むことのできる変幻自在な「シニフィアン」ということでもあるだろう。

すでにオーギュスト（一八六二―一九五四）とルイ（一八六四―一九四八）のリュミエール兄弟が一八九七年にイエスの誕生から復活までを十二の短いフィルムに収めた『受難（ラ・パシオン）』というシネマトグラフを製作し、ジョルジュ・メリエス（一八六一―一九三八）もまた一八九九年に「湖水の上を歩くキリスト」の奇蹟を多重露光で映像化していた。これらを嚆矢として、今日にいたるまで、ナザレのイエスの生涯や受難をテーマにした映画は枚挙に暇がない。サイレントの代表がセシル・B・デミル（一八八一―一九五九）の『キング・オブ・キングス』（一九二七年）だとすれば、トーキーの頂点に立つのはピエロ・パオロ・パゾリーニ（一九二二―七五）の『奇跡の丘』（一九六四年）であろう。それればかりか、登場人物にキリストのイメージが投影されている映画、あるいはクリスチャン・メッツ風の言い方をするならキリストが「外示」ではなくて「内示」されている映画――あえていちばんわかりやすい例を挙げるると、西部劇やSFやスーパーヒーローもの――を加えるなら、その数は想像を絶するほどだろう。つまるところ、映画の発展はイエス・キリストとともにあったといっても、おそらく過言でないほどだ。一見して宗教とは無縁に思われるフィルム・ノワールでさえ、その根底に流れるのが人間の罪深さ――原罪――と贖いのテーマであるとすると、きわめてキリスト教的――正確にはパウロ＝アウグスティヌス神学的――なものである（Decay; Hibbs）。

さらに、モーセに代表される旧約聖書の各主題や、地球の滅亡や世界の終末といった新約聖書の『黙示録』に起源をもつテーマを忘れることもできないだろう。映画は、聖書という「ビッグ・コード」をフルに活用してきたし、今後もそうでありつづけるに違いない。映画が誕生する直前に、ニーチェは「神の死」を宣告していたのだが（『悦ばしき知識』一八八二年）、実のところ神はそのときからずっと映画のなかに代わりの棲家を見いだしていたのである。

## 「世俗化」

ところで、若いスターはアイドルとも呼ばれるが、アイドルとはもともと「偶像」という意味だから、宗教的な用語が世俗化したものにほかならない。かつてアイドルの名で呼ばれていたのは、キリストやマリアや聖人たちだったのである。スーパースターやアイドルの愛用品や遺品がオークションにかかると、法外な値段で落札されるという話は珍しくないが、これもまたかつて中世以来、西洋の人々を熱狂させてきた聖遺物崇拝が世俗化したものと考えることができる。近代人は、それと気づかないで宗教的なものに巻き込まれているにもかかわらず、このことを認めたがらない傾向がある。

さらに、特定の観客に熱烈に支持されているために「カルト映画」と呼ばれているホラー映画やB級映画などについても、「カルト」という語が「崇拝」や「祭儀」という意味であることを考えるなら、そのファンの熱狂は宗教的な性質のものであるとみなすことができる。かつて宗教を人民の「アヘン」にたとえたのは、『ヘーゲル法哲学批判序説』（一八四三年）の若きマルクスで、そこには両義的な意味が込められているとされるが、これに倣うなら、宗教と同じく映画もまた、毒にもなれば痛み止めにもなりうるものだ。一九二〇年代に、幾分かの皮肉を込めて、映画を「娯楽崇拝」と呼ぶことになるのは、ジークフリート・クラカウアーである（『大衆の装飾』）。ここでいう「崇拝」はドイツ語でも「カルト」。彼によれば映画館は「遊興の礼拝所」であり、「そのきらびやかさは、信仰心を喚起することをねらっている」。クラカウアーはまた映画を、現実にたいする「償い」あるいは「救済」にもなぞらえる（Kracauer）。

「宗教 religion」の語源は一般に、ラテン語で「結びつける」という意味の「レリゲレ religere」にあるとされる。つまり、人間的なものと神的なもの、地上的なものと天上的なものを「結びつける」のが宗教の働きだ、というわけである。これはある意味でわかりやすい話である。だが、ジョルジョ・アガンベンによるとそれは一面的な見方にすぎないもので、逆に「遠ざける」や「忌避する」という意味をもつ語「レレゲレ relegere」もまた「宗教」の語源に含まれるはずだ、という(『瀆神』)。そこに刻印されているのは、神的なものや超越的なものを前にした人々の「不安なためらい」である。たしかに、忌避されるものとしてのタブーは宗教的な起源をもつ。映画にもまた本質的にこのような両義性がそなわっていると考えられるだろう。

ある研究者によれば、映画はさらに「時代と社会のイコン」(Walsh)でもある。なかでもハリウッドはまさにアメリカを象徴する「イコン」とみなされる(Braudy)。だとすると、それは何と過去のイコンから変質したものであることか。いうまでもなく、この「イコン」という語もまた、本来はキリストや聖人たちを描いた「聖画像」を指していた。政治や文化にかかわる近代のさまざまな概念や言い回しのなかには、かつてのキリスト教の神学的概念が「世俗化」したものが少なくない、このテーゼを積極的に打ち出すのは、哲学者のカール・シュミットやカール・レーヴィットである。彼らによると、今日では明らかに世俗的な領域に属するとされる事柄であっても、もとをたどれば神の世界にかかわるものであった可能性が高い。たとえば、シュミットによると「主権者」という概念が典型的にそうである。こうした「世俗化」のメカニズムは、ある程度まで映画の世界にもまた当てはまりそうだ。たとえばマリリン・モンローはアメリカ映画の、原節子は日本映画の「イコン」であり、ジュリエッタ・マシーナはフェデリコ・フェリーニ(一九二〇—九三)の、モニカ・ヴィッティはミケランジェロ・アントニオーニ（一九一二―二〇〇七）の「ムーサ（ミューズ）」である。

他方、ベンヤミンが資本主義をひとつの宗教とみなしたことはよく知られている。これを受けてアガンベンは、名指されてはいないもののおそらくギー・ドゥボールを念頭に置きつつ、「見世物」を資本主義の究極の段階と呼ぶ（『瀆神』）。資本主義の発展とともに歩んできた映画は、この見世物の最たるものであり、とりわけハリウッドでは、聖書やギリシア神話を題材にスペクタクル性豊かなブロックバスター映画が好んで製作されてきたという経緯がある（それは現在も変わらないし、今後もそうだろう）。ちなみにハリウッドのあるロサンゼルスはもともとスペイン語で「天使たち」という意味である。

## 「気晴らし（レクリエーション）」と「再-創造（レ-クリエーション）」

さらに、映画はいわば「気晴らし（レクリエーション）」のために観賞されてきたものだが、同時に、わたしたちが生きているのとは別の世界を「再-創造（レ-クリエーション）」するものでもある（Plate）。芸術創造を「世界制作」と呼んだのは哲学者のネルソン・グッドマンで、時間と空間を自在に操ることで新たな世界を創造する映画は、現代における「世界制作」の中心的な担い手でもある。アンドレイ・タルコフスキー（一九三二―八六）もまたその著『時間に刻む』において、『創世記』を踏まえつつ映画の詩学と神学との関係について次のように述べる。いわく、「創造するわれわれの能力は、われわれ自身が神のイメージに、つまり神の似姿に創られたことの証拠である」、と（Tarkovsky 241）。映画による「世界制作」あるいは「再-創造」は、他の造形芸術とは異なって、形態や色彩、デザインやシンボル、空間や光といった要素に限定されることなく、（ドゥルーズ的にいうなら）運動と時間の創造そのものに深くかかわっている。さらにそこに音声という要素も加わる。まさしくそれは世界の「再‐創造」に他ならないだろう。たしかに、かつて文献学者クルツィウスが跡づけたように、造形主あるいは工作者としての神（デウス・アルティフェクス）というトポスには、異教（造物主デミウルゴス）とユダヤ教（粘土から人間をつくる神）にさかのぼる古くて長い伝統がある。

このことを意識していたかどうかはわからないが、ウディ・アレン（一九三五生）の『カイロの紫のバラ』（一九八五年）のなかに、面白いシークエンスがある。映画に夢中になって足しげく劇場に通っているヒロインのセシリア（ミア・ファロー）が、スクリーンのなかから現実世界に抜け出してきた役者（ジェフ・ダニエル）とともに教会堂に入ったときのこと。大きな十字架像を目にして役者が「誰だ」と訊くと、セシリアが「世界全体を創造された方」と答えるが、これにたいして役者がさらに「『カイロの紫のバラ』の脚本家のことか」と応じるのである。また、ピーター・ウィアー（一九四四生）の『トゥルーマン・ショー』（一九九八年）でも、主人公の青年トゥルーマン（ジム・キャリー）が生まれてからずっとライヴのテレビドラマの主人公を演じさせられていたことに気づくラストの場面で、ディレクター（エド・ハリス）がまさに天の声のごとく自分は「創作者＝創造主（クリエーター）」だと宣言する。いわゆる作家主義もこの文脈でとらえることができるだろう。クリエーターたる作家（監督）に失敗や誤ちはあるはずはない（あってはならない）、まさしく神がそうであるように、というわけだ。トゥルーマンが現代のキリストだとすると、このディレクターは父なる神ということになるが、伝統的な三位一体を覆すかのように、最終的に子トゥルーマンはみずからすすんで父の支配から脱することを選ぶ（本作については後ろの第Ⅶ章でもう少し詳しく検討することになる）。

ところで、もともとレクリエーションは週末の楽しみのためにある。キリスト教世界では日曜日には教会に行くのが慣わしだが、あたかもその慣習と入れ替わるようにして、人々は週末に映画館に足を運ぶようになった。それゆえ、映画を撮る前はカトリックの司祭になることを夢見ていたというマーティン・スコセッシ（一九四二生）が、映画館を好んで二十世紀の教会堂にたとえるのも偶然ではない。広くて暗い空間のなかで、人々が共通のものに注意を集中させ、共通の体験をするという点で、教会堂と映画館のあいだにはある種の親和性があるのだ。とするなら、スクリーンは祭壇に対応することになるだろう。祭壇とは本来キリストの墓を象徴するものだとすると、その墓のなかから蘇った「神の子」がスクリーン上で活躍するのが映画に他ならないことになる。ジャン＝リュック・ゴダール（一九三〇生）が『映画史』（一九八八―一九九八）において繰り返す名高いセリフ、「イマージュは復活のときに到来する」や「イマージュは贖いの秩序に属する」はそうした意味において理解されるかもしれない。そもそもゴダールの仕事は、二つの歴史観が交差するところに位置づけられる。すなわち、カタストロフ的な（破壊としての）歴史と、メシア的な（救済としての）歴史である（Berne 19）。それはまた彼が、イマージュにたいして偶像破壊的であると同時に偶像崇拝的でもあるという両義的な身振りをとることとも無関係ではない。そもそも、復活をめぐる初期キリスト教時代の議論において、正統的な肉体の復活でも、グノーシス主義的な霊の復活でもなく、エイドス（印象、形相）の復活を唱えたのは、異端的な神学者オリゲネスであった。

話を元に戻すなら、早くも一九一五年に、詩人のヴァチェル・リンゼイがその著『動画の芸術』

において、「映画の大聖堂的な雰囲気」について語っていたことを、ここで想い起こしてもいいだろう（Lindsay）。ちなみにリンゼイは同じ本のなかで、映画の創始者のひとりであるエジソンを、十五世紀半ばに活版印刷術を発明したことで知られるグーテンベルクと比較しているのだが、それというのも、かつて印刷術が果たした役割を、二十世紀には映画が担うことになるからである。中世末期以来、挿絵入りで民衆に普及した聖書は「貧者の聖書（ビブリア・パウペルム）」と呼ばれるが、映画をこれになぞらえる研究者もいる（Hurley）。ジュゼッペ・トルナトーレ（一九五六生）の『ニュー・シネマ・パラダイス』（一九八九年）や、同じ年のエットーレ・スコラ（一九三一―二〇一六）の『スプレンドール』が、往年の映画の大衆的な人気と映画館の賑わいをロマンティックでノスタルジックに表現したとするなら、それは、いわば彼らイタリアの監督の無意識あるいはエングラム（記憶痕跡）のうちに、中世やルネサンスにおける教会の繁栄のイメージがしっかりと刻み込まれていたからである。かつて教会堂は、建築はもとより、絵画や彫刻、音楽や演劇をも包摂する総合芸術の場だったのである、映画がまさにそうであるように。

一方、ユダヤ教でも「サバト（安息日）」は一週間のなかでもっとも聖なる日とされてきた。これは『創世記』の次の記述に由来している。すなわち、この世界を六日間で創造した後、神は、その仕事を離れて安息し、七番目の日を「祝福し、聖別した」（2:1-3）のだった。それゆえ「サバト」は、神の創造行為と被造物を観想するための特別の日とみなされる。このように、創造の神秘に思いを馳せる日が「サバト」だとすると、世界の再‐創造（レ‐クリエーション）としての映画を余暇（レクリエーション）として楽しむということは、まさに『創世記』に語られたプロセスを模倣し反復することに他ならないともいえるだろう（Plate 222）。こう考えると、週末に新作映画が封切られるという背景には、たんに経済的な理由だけではなく、ユダヤ教とキリスト教に根ざした深い根拠がありそうだ。本来、サバトは週日（仕事）のためにあるのではなくて、サバトのために週日がある。このことは、シネフィルにとって週末の映画のために週日の仕事があるのと似ている。

## 「宗教するヒト（ホモ・レリギオスス）」

映画と宗教との関係や、映画の宗教性が問題になるとき、普通にわたしたちが思い浮かべるのは、『十戒』（一九二三年、一九五六年）や『パッション』などに代表される宗教的主題の映画のことか、あるいは、映画による布教や宗教的教育のことかもしれない。もちろん最初にも述べたように、そうしたプロパガンダ的な側面を無視することはできないが、映画それ自体が、その誕生から今日まで、ある種の宗教的機能を果たしてきたという点を忘れることはできないだろう。「宗教としての映画」は、この意味において理解されなければならないし（Lyden）、わたしがここで強調しておきたいのも、こちらの方である。実験映画のナサニエル・ドースキー（一九四三生）もその著『礼拝の映画』（二〇〇五年）において、わたしたちを異次元の世界へと誘い、未知のものや隠れていたものを体験させる中断や開かれこそが映画の特質であると述べ、それにたいして「礼拝の（デヴォーショナル）」という形容詞を当てている（Dorsky）。その語源となるラテン語の「ウォウェオー voveo」には、「献身する、傾倒する、専念する」などの意味があるが、映画はまさにその対象なのだ。

ゴダールもまたその『映画史』（1B「ただひとつの歴史」）において映画をキリスト教になぞらえて次のように述べる。「映画はキリスト教と同じく歴史的真実に基づくのではない。われわれにある語りやある物語（歴史）を与えておいて、今やわれわれに信じよという」。少なくとも三度繰り返されるこのヴォイスオーヴァーのもとでモンタージュされるのは、ジョットのフレスコ画《エジプト逃避》、ベルイマン（一九一八―二〇〇七）の『牢獄』（一九四九年）とロベルト・ロッセリーニ（一九〇六―七七）の『火刑台上のジャンヌ・ダルク』（一九五四年）、アルフレッド・ヒッチコック（一八九九―一九八〇）の『私は告白する』（一九五三年）とルイ・フイヤード（一八七三―一九二五）の『ジュデックス』（一九一六年）、ロベルト・ヴィーネ（一八七三―一九三八）の『ゲニーネ』（一九二〇年）とフリッツ・ラング（一八九〇―一九七六）の『蜘蛛』（一九一九―二〇年）などからの静止画である。これらのラインナップはロッセリーニの作品を除いて、テーマはいずれも直接宗教とは関係のないものである。

「はじめに」でも述べたことの繰り返しになるが、他の多くの地域や国にくらべて、とりわけわたしたち日本人は「宗教」という語を敬遠するか、毛嫌いする傾向が強いとされる。それゆえわたしたちは、映画が文化もしくは芸術であることは否定できないとしても、宗教とは本質的なかかわりはない、仮にあるとするなら、それは、抹香くさいか説教くさいような類いの宗教的映画においてのことで、そうした作品は総じて高く評価できるものではない、と考えがちである。しかも多くの日本人が（わたしも例外ではない）無宗教であることを自認する。しかし、たとえばエリック・ロメール（一九二〇―二〇一〇）が軽妙だが深遠な作品『モード家の一夜』（一九六九年）で主人公の友人に言わせているセリフ、「君の無宗教もひとつの宗教だ」は、おそらくわたしたちにも当てはまるものだろう。その意味でも、ヒトとは本来的に「宗教するヒト（ホモ・レリギオスス）」なのである。鈴木大拙や西田幾多郎にも影響を与えたとされるウィリアム・ジェームズの『宗教的経験の諸相』（一九〇二年）によると、宗教は何か特殊な心理状態というわけではない。それは、いかなるものであれ神的な存在とみなされうるものとわたしたちとのあいだに生じる感情、行為、経験の総体なのである。

文化人類学者のクリフォード・ギアツがいみじくも指摘するように、実のところ文化と宗教のあいだに明快な境界線を引くことは不可能である（『文化の解釈学』）。ギアツはこれを「文化システムとしての宗教」という言い回しで表現し、社会を形成する文化的力として宗教をとらえなおす。しかもこのことは、数々の祝祭や儀礼や神事に彩られている過去の文化やプリミティヴ社会にのみ当てはまるわけではない。先述したように、宗教的なものはさまざまに「世俗化」したかたちで、わたしたちのまわりを取り巻いている。テーマパークなどで頻繁に開催される着ぐるみのショーやパレードへの熱狂が（子どもたちだけとは限らない）、宗教的な体験の「世俗化」でなくていったい何であろうか。しかもそれらを支えているのはハリウッドの映画産業であり、大規模な見世物と大量消費との結託である。魅惑と恐怖、驚きとショックは宗教的体験の基本にあるが、それらはまたいわゆる「アトラクションの映画」（トム・ガニング）に象徴されるように、初期映画の基本理念であった。

映画はそもそもその誕生から現実と空想のあいだで引き裂かれてきた。このことはすでに、リアリストのリュミエール兄弟と「魔術師」メリエスとの対照的な手法に典型的にあらわれているが、この種の分裂もまた宗教的なものの起源にある。なぜなら、この現世のもろもろに飽き足らず、何か別のところに別の世界——それが超越的なものであろうと内在的なものであろうと、現世であろうと来世であろうと——を求めるという願望が、基本的に宗教的なものの出発点にあるからだ（この意味で、共産主義を「宗教」として読み替え、メシア思想や至福千年王国説の延長線上に位置づけたのは、ロシアの哲学者ニコライ・ベルジャーエフであった）。

周知のように、一九二〇年代に入ると、美術における構成主義の運動の影響のもと、セルゲイ・

エイゼンシュテイン（一八九八—一九四八）らによってフィルムの編集（モンタージュ）の理論と実践が練り上げられていくことになるが、この試みもまた、映画は現実をたんに模倣するのではなくて、製作者の側の巧みな操作によって現実を変えうる可能性を示すことができるのだ、という強い願望と確信に支えられたものであった。

ここでわたしが強調しておきたいのは、前衛的なモンタージュの方法と効果を説明するにあたり、このロシアの革命児が、たとえばエル・グレコの宗教画などを積極的に引き合いに出しながら、「法悦のモンタージュ」とか「エクスタシー化」という言い回しをことさら用いている点である（全集8）。いうまでもなく、エクスタシー（脱-自）とは、「自らの外に立つ」という意味のギリシア語「エクスターシス」に由来するもので、キリスト教においては、神との一体化という神秘的な経験として、聖人や福者となるための特権的な証とみなされてきたものであった。バロック時代のベルニーニの彫刻《聖女テレジアの法悦》（一六四七—五二年、ローマ、サンタ・マリア・デッラ・ヴィットーリア聖堂）がこの状態を雄弁に表現していることは、よく知られるところであろう。さらにエイゼンシュテインは別の論考でも、理想的なモンタージュの効果を、「神的存在との融合」や「宗教的放心」にも比較しているのだが、これらの言い回しとその理論の根拠になっているのは、十六世紀のスペインのイエズス会士イグナチオ・デ・ロヨラの主著『霊操』（一五四八年）なのである（全集9）。

このように、ほかでもなく宗教を「アヘン」として警告し断罪しようとするマルクス主義の環境において、きわめて意外なことにも、きわめて伝統的な——しかもカトリックの——宗教的用語が、逆にきわめて革新的な映画の手法（モンタージュ）の根本理念として採用されていることは、わたしにはきわめて興味深い逆説のように思われる。このことはひるがえって、フォルマリストたるエイゼンシュテインの理論と実践が、必ずしもいつも当局側の意向に副うものだったわけではないことを、いみじくも証し立てることにもなるだろう。

## バザンにおける映画と神学

このエイゼンシュテインにたいして、意図的な編集を徹底的に批判することになる——「禁じられたモンタージュ」——のが、やはりよく知られているようにフランスの批評家アンドレ・バザン(一九一八—五八)である。とはいえ、わたしがここで特に注目しておきたいのは、その彼の場合にも、宗教的な理念が深く影を落としているという紛れもない事実である。つまり、その意味ではバザンとエイゼンシュテインには共通するところがある、ということだ。

この不世出の批評家が映像のリアリズムの本質にして理想とみなすのは、鋳型のようにして現実をそっくりそのままに写し取ることのできる特性であり、そのメカニズムの原点とされるのは、イエス・キリストの遺体をすっぽりとくるんだという言い伝えのある《トリノの聖骸布》(トリノ、大聖堂)である。長さが四メートル余り、幅が一メートル余りのその白い亜麻布の表面には、真ん中で折り返されるようにして、男の全身の前面と背面の両方の姿が影のようにぼんやりと写し取られている。もしその言い伝えが本当だとすると、イエスは埋葬から三日後に復活したとされるから、その間に布の上に刻印されたカロタイプのような写真が聖骸布の正体だということになるが、もちろんそれは荒唐無稽な話である。この聖骸布についてたどれるいちばん古い資料は十四世紀のもので、炭素14による亜麻布の科学調査でも一三〇〇年前後のものと推定されるというから、おそらくはその頃に偽造されたものであろう。とはいえ、ここで重要なのは、この言い伝えのうちに写真的なメカニズムが先取りされ、しかもバザンがそこに映像の起源にして本質——物質的な現前と時間（持続）の刻印——を見いだしている、ということである。

ちなみにゴダールもまた、その『映画史』においてスクリーンを、埋葬用の白布（linceul）のみならず、イエスの顔の痕跡をとどめたとされるヴェロニカの布やサマリア人の白い衣にたとえている。写真や映画のイメージの根源にあるこうした神学的次元を軽視するとしたら、わたしたちは肝心な点を見落としてしまうことになるだろう。「『パッション』のためのシナリオ」（一九八二年）において、編集室の真っ白なスクリーンの前に立って自作のコンセプトについて語るゴダールのシルエット（図I—1）は、あたかもヴェロニカの布かトリノの聖骸布を連想させる（おそらくこれは意図された演出であろう）。哲学者のジャック・ランシエールもまたゴダールに応答するように、イメージのうちに人は、類似性や芸術の人工性や文字の専制を追い払うことのできる肉体の約束——つまり受肉した「子」とその痕跡——を見つづけている、と述べる（『イメージの運命』）。

バザンにはまた「映画と神学」（一九五一年）という興味深いエッセーがあるが、ここで彼は、「映画はつねに神に関心を抱いてきた」とはっきり言い切る。とはいえバザンが高く評価するのは、ハリウッドの「クールな」聖職者や修道女を描いた作品——レオ・マッケリーの『我が道を往く』（一九四四年）や

I-1　「『パッション』のためのシナリオ」

I－2　『沼の上の空』

『聖メリーの鐘』（一九四五年）など――でもなければ、奇蹟や神聖さをことさら持ち上げる作品――ヘンリー・キングの『聖処女』（一九四三年）など――でもない。逆に、たとえば十二歳に満たずして性犯罪の犠牲になり、後に列聖された貧しい実在の少女マリア・ゴレッティ（一八九〇―一九〇二）の「殉教」を題材にした、アウグスト・ジェニーナ（一八九二―一九五七）の『沼の上の空』（一九四九年）のように（図I―2）、「天からのいかなるヴィジョンも声も徴候もない」「奇跡なき」作品に軍配が上げられるのである。一〇五分のこの映画では、ラストの一五分になってはじめて少女の「殉教」が起こるが、それまではローマ南の田舎の貧しい小作農の日常と信仰が淡々と描かれる。ジェニーナは、「宗教的シンボリズムに付随するすべての要素と、［……］伝統的な聖人伝の超自然的な要素を拒絶する」ばかりか、「現実以外の何ものかとして聖性を扱うことをも一貫して否定する」。バザンから引用しよう。

神学においてと同じく映画において起こる問題は、永遠の救済の遡及性である。というのも、明らかに聖人は、現時点において聖人として存在するわけではないからだ。彼［もしくは彼女］はたんに、人としての存在であり、さらに、その死に際して永遠の断罪を宣告されるかもしれない存在である。ジェニーナのリアリズムへの傾倒は、彼をして、その主人公の「聖性」という想定をいかなるイメージにおいても禁じるところにまで至らしめる。主人公の少女は、その殉教をわれわれが目撃している聖人なのではないし、そうであるはずがない。むしろ小さな農民の少女マリア・ゴレッティなのであり、その生を彼女が生きているのを、われわれは目撃しているのだ。(2002 Bazin 3)

ネオレアリズモやブレッソンを高く評価するバザンは、宗教的叙事詩のスペクタクル性や活劇性に抗うことで、超越性ではなくてあくまでも内在性の詩学ないし現象学を重視するのだ。こうした意味での映画の宗教性は、フランスでは、シネフィルの神父で『カイエ・デュ・シネマ』等でも健筆を振るったアメデエ・エフルへと受け継がれ、アメリカでもポール・シュレイダーが『映画における超越的スタイル』(邦訳は「聖なる映画」)において共鳴することになる。「現象学的レアリスム」を唱えるエフルによれば、あいまいな日常のうちにこそ「神秘」は宿る。ここにはもちろん、内在性と超越性という二元論を乗り越えようとする現象学の思想の影響を見て取ることができるだろう。一方、「いかに内在が超越を表現するか」と問うシュレイダーは、スターシス(静止状態)、クロースアップ、緩やかなテンポ、日常性と反復、アンビヴァレンスなどのうちにその可能性を見いだすだろう。「神秘(ミステリー)」も本来的に宗教的な圏域に属するもので、それが生起してくるのは、「ミュオ」つまり沈黙を保っているからである。見えているものがすべてではないこと、見えないものの過剰さがイメージに取り付いていること、カール・ドライヤーの作品の大きな魅力のひとつはそこにあるだろう。

## 聖と俗、超越と内在

俗なるものにこそ聖なるものは宿る、この発想は古くはたとえばバロックの画家カラヴァッジョの絵画にさかのぼる。この画家は、ローマやナポリの市井の人々――そのなかには娼婦もいる――をモデルに宗教画を描いたが、そのことで教会から激しい非難を浴びた。こうしたカラヴァッジョの手法に倣うようにして映画の製作をはじめたのは、言うまでもなくパゾリーニで、彼もまたしばしばローマ教会から瀆聖というレッテルを貼られた。その処女作『アッカトーネ』（一九六一年）は、ローマ郊外に住む最下層の人たちの日常を大半は素人の役者を使って描きだすが、そこに込められるのは彼ら救われない人たちの「救い」や「贖い」といったテーマである。パゾリーニの多くの映画はまた絵画の伝統から大きなインスピレーションを得ているが、そこにはボローニャ大学時代の恩師ロベルト・ロンギの影響のあることが指摘されている。この稀有の美術史家は、カラヴァッジョやピエロ・デッラ・フランチェスカ等を新たに再評価し二十世紀に蘇らせたことで知られるが、パゾリーニは第二作の『マンマ・ローマ』（一九六二年）をロンギに捧げているのだ。

聖と俗、超越と内在とが必ずしも対立しあうわけではないこと、俗なるものに聖性が宿ること、内在のうちに超越があること、映画はおそらくそのことをもっとも豊かに表現できる芸術のメディウムである。フェリーニの作品――たとえば『道』（一九五四年）や『カビリアの夜』（一九五七年）――がまたそれを例証している。これにたいして絵画においては、風俗画や静物画や風景画など世俗的なテーマの作品のうちに聖性を求めることは、はるかに難しい（おそらくある種の抽象画は別にして）。高名な美学者のボリス・グロイスは近著『アートパワー』において、「映画はけっして聖なる文脈のうちには存在していない」とまで言い切る（Groys 67）。なぜなら、基本的に宗教に起源をもつ他の諸芸術とは異なって、映画はそもそも宗教が失墜して商業主義が台頭する時代に誕生したものだからである、という。鋭い批判精神と理論武装で定評のあるグロイスだが、この点に関してはやや一面的という印象を免れない。

宗教学者のミルチャ・エリアーデはその著『聖と俗』（一九五七年）において、聖なるものの顕われを「ヒエロファニー」と呼ぶ。ギリシア語で「聖なる」を意味する「ヒエロス」と「見せる」を意味する「ファイネイン」を組み合わせた新造語である。わたしたちに聖なるものとして受け取られるヒエロファニーは、たとえば身近な事物であれ自然の事象であれ、他でもなく俗なるものを示すことで伝えられる。またエリアーデによれば、もっとも基本的なヒエロファニー――石や木などにおける聖なるものの顕現――と、もっとも高いヒエロファニー――たとえばイエス・キリストにおける神の受肉――とのあいだには質的な差異があるわけではなくて連続している。映画は、まさしくバザンのいうように、これら現実の事物や出来事を鋳型のようにそっくりと写し取ることができるからこそ、聖なるものへと開かれていくのである。バザンは時に「啓示される現実」という言い回しを用いることがあるが、これはヒエロファニー的な意味において理解されうるだろう。ここで「啓示される」の原語は「レヴェレ」という動詞の過去分詞だが、これはもともと「ヴェールを剝ぎ取る」という意味であり、「黙示録（アポカリプス）」がまさしくそれと同義である（バザンの用語には宗教的内包が深く刻まれているのである）。

ところで、フランスの宗教社会学者エミール・デュルケームやクリフォード・ギアツによれば、宗教は社会的に構成されるものに他ならない以上、聖なるものを実体化したり、ヒエロファニーを脱文脈化したりすることは禁物である。聖性とは、対象に本来的にそなわる性質なのではなくて、それを聖なるものたらしめる社会的な文脈や言説の問題なのだ。映画の場合に当てはめるなら、いかに表現されるか、いかに受容されるかの問題だということになるだろう。周知のようにバザンは、ヴィットリオ・デ・シーカやロッセリーニらの作品に寄り添いつつ、長回しやパンフォーカスの手法においてこそ現実は啓示され――すなわちその覆いを剝がされ――、多義的でしばしば神秘的なものにすらなる、と考えたのだった。その教訓は今日、一部で熱烈に支持されている「スロームーヴィー」――たとえばタル・ベーラやアレクサンドル・ソクーロフなど――に生かされている(Cortade; Jaff)。ちなみに、現代フランスを代表する哲学者のひとり、ジャン゠リュック・ナンシーもまた、主に写真を念頭に置いて、超越／内在の対のねじれのうちに、閉じられることも再現表象されることもないやり方で世界を開く芸術のあり方を見て、それを「超内在 tranceimmanence」と呼ぶ（Nancy 35）。

## 映画のカトリック性

とはいえ、もちろんバザンも、とりわけカトリックに本来そなわる儀式性やスペクタクル性が、映画そのものと深い関係にあることは十分に認めている。つまり、「カトリシズムの日常的な儀式や規則や実践における外面性、装飾性、典礼性、秘蹟性、聖人性、奇蹟性は、畏敬の念を起こさせる図像としての映画とよく似ている」（2002 Bazin 1）、というのである。つまるところ、映画とは基本的にカトリック的なものなのだ。だからこそ、たとえばフェリーニが一九七二年の作品『フェリーニのローマ』において描きだした荒唐無稽のシークエンス、すなわち、ヴァチカンで教皇や枢機卿たちの見守るなか、神父や修道女たちをモデルにさまざまに奇抜なデザインの僧服の豪華ファッションショーが繰り広げられるというスペクタクル的で狂気じみた場面（図Ⅰ―3）が、アイロニカルな第一級のパロディ――あるいは「瀆聖」――として機能しうるのだ。「瀆聖」もまた聖別と正反対のものというわけではない。両者は二項対立にあるのではない。その語源となる「プロ‐ファヌム」とは、「聖所（ファヌム）」の「手前（プロ）」にあるという意味であり、聖なるものの傍らで、聖なるものに寄り添っているのが「瀆聖」に他ならない。これはまた、「パロディ」がもともと「パラ‐テン‐オデン」、つまり「歌の傍らにあるもの」としての散文を意味していたのと似ている（アガンベン『イタリア的カテゴリー』）。冒瀆的と評されてきたルイス・ブニュエル（一九〇〇―八三）の一連の作品――たとえば『ナサリン』や『ビリディアナ』や『銀河』など――もまたそうした意味において理解されるだろう。

Ⅰ-3　『フェリーニのローマ』

さらに、「カトリック性とは生まれながらのオーディオ・ヴィジュアルである」と述べるのはメディオロジーの提唱者レジス・ドゥブレである。ドゥブレはまた、映画をカトリシズムに、図書館をプロテスタンティズムになぞらえてもいる。

一方、「映画のカトリック性というものがある」、こう断言するのは意外にも『シネマ2　時間イメージ』（一九八五年）のジル・ドゥルーズである。この一文は、「思考と映画」と題された第7章の「映画は本質的に何にかかわるか――映画とカトリック性：知ではなく信仰――この世界を信じる理由

（ドライヤー、ロッセリーニ、ゴダール、ガレル）」と要約される節に登場する。少し長くなるがその部分を引用しておこう。

確かに映画は、始めから信仰と特別な関係をもっていた。映画のカトリック性というものがある（あからさまにカトリック的な映画作家が、アメリカにもたくさんいるし、そうでないものもカトリシズムと複雑な関係をもっている）。カトリシズムには、壮大な演出があり、また映画にも、エリー・フォールのいっていたように大聖堂を継承するような崇拝があるではないか。［……］あるいはむしろ始めから、キリスト教と革命、キリスト教的信仰と革命への信念は、大衆芸術を引きつける二つの極であった。つまり演劇と違って、映画的イメージは、人間と世界との関係をわれわれに示していた。それ以来このイメージは、人間による世界の変革の方向において、あるいは人間自身がそうであるところの内的な、また高次の世界において発達した……。今日でも、映画のこの二つの極が弱体化したということはできない。ある種のカトリック性が多数の映画作家にたえまなく着想を与えているし、革命的情熱は第三世界の映画に注ぎ込んだ。（1985 Deleuze 222-223; 239）

ここでドゥルーズがフランスの美術史家エリー・フォールの名前を呼び出してくるのは象徴的である。というのも、この美術史家は、後にゴダールがその映画のなかで何度か言及したり引用したりすることでも知られるが、すでに一九二〇年代から――つまりパノフスキーやルドルフ・アルンハイムにも先駆けて――新しい芸術メディウムとしての映画に注目し、絵画との関係などからその特質を論じていたのである。たとえば「造形的映画 cineplastique について」（Faure 16-33）という一九二二年のエッセーにおいてフォールは、運動と変容（メタモルフォーズ）を獲得した「動くシンフォニー」としての映画の魅力を語りつつ、ありえないが面白い比喩に訴えている。すなわち、はるか二千光年先の星の住人が強力な望遠鏡を用いてキリストの受難（紀元後三〇年頃）を撮影していたとしたら、生きた記憶として、わたしたちの地球のもとに届けられるだろう、というのだ。フォールがここであえて受難のキリストを読者に喚起させるのは、絵画か映画かを問わず、いかにそのイメージが西洋の映像の原点にあるかの間接的な証拠でもある。ちなみにフォールはまた、一九三四年のエッセー「映画の神秘への序説」において、映画と社会との関係を、中世における教会建築と社会との関係にたとえていたことを付言しておこう（Faure 48-68）。薄暗がりのなかで多くの人が同じ体験を共有する映画は、現代の聖体拝領——すなわちパンとワインが信者にキリストの肉と血として供される儀式——でもある、というのだ（もちろんこのことは、VHSやDVDによる映画の今日的な享受には当てはまらないかもしれない）。

## ドゥルーズの「精神衝動 noochoc」

さて、もういちどドゥルーズに戻るなら、同じ第7章「映画と思考」の前半部、つまり「映画のカトリック性というものがある」と喝破することになるよりも前の部分で、彼は、スピノザに依拠する「精神的自動装置 automate spiritual」と、みずから「精神衝動 noochoc」と名づけるものとに関して比較的詳細な議論をおこなっている（1985 Deleuze 203ff.; 218ff）。それゆえ管見によれば、この部分は、「映画のカトリック性」への導入ともなる一節として読むことができる。以下で少しその論旨を追ってみることにしよう。この章の冒頭、ドゥルーズは次のように述べる。映画イメージの「自動的運動は、われわれの内に精神的な自動装置を作動させ、それが今度は自動的運動にたいして反作用する」、と。要するに、映画における運動とわたしたちの精神の運動とのあいだには、途切れることのない相互作用があるというのだ。このように絶えざる運動イメージのインタラクティヴな振動によって引き起こされる力能を、ドゥルーズは新たに「精神衝動」と呼ぶ。おそらくこの語は、精神や魂などを意味するギリシア語の「ヌース」と、衝撃を意味する「ショック」とを組み合わせた新造語である。ラテン語の「ヌーメン」にはまた、「聖なる力」という意味もある。つまり、ドゥルーズのいう「精神衝動」もまた宗教的な起源を持つのだ。

ドゥルーズは言及しているわけではないが、この「ヌース」から「ヌミノーゼ」なる造語を案出し、そこに戦慄的な神秘と魅力的な神秘という二面性をもつ「聖なるもの」（一九一七年）の本質を見ようとしたのは、ドイツの神学者ルドルフ・オットーであった。さらにオットーらの議論を踏まえて、オランダの宗教現象学者ファン・デル・レーウが『芸術と聖なるもの』（一九五七年ドイツ語版、一九六三年英語版）において、諸芸術（舞踏、演劇、音楽、建築、彫刻、絵画）の宗教的起源とその「世俗化」について論じたことは、まだわたしたちの記憶に新しい。要するにわたしが言いたいのは、フランスの哲学者が新たに提唱する映画の「精神衝動」なるものの背景には、彼自身が意識していたかどうかは別にして、宗教と芸術をめぐる長くて深い議論の蓄積がある、ということだ。

さて、そのドゥルーズの主張に戻るなら、「すべてはあたかも映画がこう主張しているかのように進行する。すなわち、運動イメージのおかげで、あなたたちはあなたたちの内に思考する人を目覚めさせる衝動（ショック）を免れることはできないのだ、と。［映画とは］自動的運動のための主観的でかつ集団的な自動装置であり、つまりは「大衆masses」の芸術なのだ」。言い換えるなら、「精神衝動」はたんに個人的な体験ではない、集団的な自動装置でもあり、その意味において、宗教と同じく、逆説的にも思考の停止とも踵を接しているのである。それゆえ、「精神的自動装置は、あらゆるプロパガンダのマネキンになってしまう危険があった」(1985 Deleuze 204; 220)。ここでドゥルーズはすかさず、エイゼンシュテインの「思考モンタージュ」による「革命的人間」と、レニ・リーフェンシュタール(一九〇二―二〇〇三)が構築する「ファシスト的人間」とを、対照的に、しかし同じコインの表と裏としてとらえなおしていく。「運動イメージは最初から、戦争の組織に、国家のプロパガンダに、日常のファシズムにと、歴史的、本質的に結ばれていたのである」(Ibid. 214; 230)。わたしが特にここで注目しておきたいのは、映画のカトリック性について語られるのが、まさしく映画のもつこうした「精神衝動」の二面性について分析された直後である、という点である。やはりドゥルーズは、ここで言及してはいないのだが、たとえば群集心理について先駆的な論考を残したフランスの心理学者ギュスターヴ・ル・ボンや、「模倣の法則」をめぐる社会学者ガブリエル・タルドの鋭い考察が、映画の黎明の時代とほぼ重なるという事実は、改めて確認されていいだろう。プロパガンダやイデオロギー的操作は、宗教においてそうであるように、映画に本来的に付きまとっているものなのだ。

映画は一方で、一面的な正義感や晴れやかなヒロイズム、安直な慰めや偽りの救済、排他的なユートピア、扇動的な終末思想、暴力的な黙示録等をこれでもかと描き出してきたが、他方で聖と俗、超越と内在との豊かな関係を切り開いてもきた。代表的な名前だけを挙げるなら、かつてカール・ドライヤーやベルイマン、ジョン・フォード、ロッセリーニやフェリーニ、ブレッソンやロメール、タルコフスキーらがそうであったように。そして今日たとえば、ラース・フォン・トリアー、ナンニ・モレッティ、マーティン・スコセッシやテレンス・マリック、ペドロ・アルモドバルやアルベルト・セーラ、ソクーロフやアンドレイ・ズビャギンツェフらにたしかに受け継がれているように。

映画のなかで起こっていることは絵空事であるとしても、それがわたしたち観客の内に引き起こす感情は紛れもない現実であり、リアルなものとして体験される。すでにドイツ観念論の哲学者シュライアマハーが主張していたように、宗教の本質は、何らかの教義や知識や行為にではなくて、直感や感情にある。映画と宗教、両者は外在的でも付随的でもなくて、優れて内在的で本質的な関係にあるのであり、この点を看過するなら、わたしたちは映画の重要な部分を見落としてしまうことになるのではないだろうか。

# II　サイレントのイエス

映画の発展はイエス・キリストとともにあった。これはたんなる比喩ではない。この章で見ていくように、イエスの誕生から受難や復活までの話は、サイレント時代の映画がもっとも好んで取り上げたテーマであり、しかも、はじめて三〇分を超える作品が撮られたのもイエスを扱ったものであった。「ベン・ハー」や「クォ・ヴァディス」など関連のテーマを含めると、欧米で約七十本ものイエスにまつわるサイレント映画が製作された（Campbell）。このことは、欧米の観客ならば、イエスの生涯にまつわる主要なエピソードに大なり小なり通じていたこととも無関係ではない。つまり、イエスに関しては、程度の差こそあるにせよ、観客の側にすでに予備知識や期待があるため、映像はそれに応える必要があっただろう、ということである。

それゆえ、たとえばノエル・バーチが、初期映画における「原初的表象モード」から「制度的表象モード」への移行を論じるに際して、イエス・キリストをテーマにした映画が一定の役割を果たした点に言及しているのも、偶然ではない。というのも、ストーリーが観客にある程度まで共有されていると、話の展開が予想されるため、ワンシーン・ワンカットの限界（リュミエール兄弟やウィリアム・ケネディ・ディクソンのもの）を打ち破ることができやすくなるからである（Burch 155-174）。逆にいうと、不連続のカットを幾つかつないだとしても、観客は筋の流れを追うことができるのだ。

トム・ガニングも指摘するように、一方で、連続し一貫したストーリーの提示へと向かう手法と、他方で、あくまでも断片的なエピソードの集積にとどまろうとする手法とが同居するからこそ、つまり単線的な古典的技法の発展の図式に還元できないという点に、イエスの映画の面白味はある。ガニングはその共存を「重ね書き写本（パランプセスト）」になぞらえている（Gunning）。

しかも、イエスの生涯にまつわるイメージについては、聖書の挿絵、教会堂の壁画やステンドグラス、祭壇画や彫刻などにいたるまで、長くて厚い美術の伝統が背後に控えている。さらに、復活祭の頃になると多くの町や村で地元の人たちによる受難劇が上演されてきたという風習は、今もヨーロッパの各地に残っている。なかでも南ドイツのオーバーアマガウで十年にいちど上演されてきた「受難劇」は有名で（次回は二〇二〇年）、これは、ボヘミアのホーリッツの「受難劇」とともに、早くもそれぞれ一八九八年と一八九七年にフィルムに収められていた（残念ながら消失）。つまり、映画黎明期の人々は、活人画（タブロー・ヴィヴァン）の伝統にもまた親しんでいた、ということである。

それゆえ、容易に想像されることだが、イエスの生涯を映像化しようとするなら、こうしたさまざまなメディウムに刻印されてきたイメージの伝統を無視することはできなかった。換言するなら、映画が美術や演劇の伝統をいかに吸収し、さらにその呪縛からいかにして解放されて独自の表現を獲得するか、そこにサイレント時代のイエスの映画の見どころがある、ということだ。この点を念頭に置いたうえで、具体的に幾つかの作品を検討することにしよう。

## 活人画の連なり――リュミエール兄弟の作品

出発点となるのは、やはりリュミエール兄弟のもとで製作された作品だろう。これは、一本が一分足らずの十二のエピソードからなるもので、順に以下のとおりである。「マギの礼拝」「エジプト逃避」「ラザロの蘇生」「ユダの裏切り」「最後の晩餐」「イエスの捕縛」「鞭打ち」「十字架の道行き」「十字架に釘打たれるイエス」「磔刑」「埋葬」「復活」。これらに加えて「エルサレム入城」があったとされるが、こちらは失われている（もし現存していれば、「ラザロの蘇生」と「ユダの裏切り」のあいだに置かれていたはずだ）。

ここで選ばれているエピソード（消失した「エルサレム入城」も含めて）は、いずれもすでに絵画の主題としておなじみのもので、各場面の演出にも絵画の伝統からの影響が色濃く残っている。また、幼年期のエピソードである最初の二つと、次の三番目のイエスの起こす奇蹟を除くと、後の九つは受難のエピソードに属するもので、ここには、上述したような受難劇の伝統からの影響を見てとることができるだろう。イエスの生涯のなかでも特に受難のシークエンスに重心が置かれるという構成は、以後のサイレント映画でも特徴となるものである。

いずれのエピソードとも、正面に構えたカメラによってワンシーン・ワンカットでとらえられる。ノエル・バーチの言葉を借りるなら、それらはいわば「活人画の連なり」（Burch 157）のような様相を呈しているのである。そのなかで特筆すべきは「エジプト逃避」と「磔刑」である。前者について、絵画の伝統では、幼いイエスを抱いてロバに乗ったマリアと、そのロバを引いて旅を先導するヨセフのいる光景か、あるいは、ヤシの木の下などで一家三人が長旅の疲れを癒すためにしばし休息している場面で描かれることが多い。リュミエール作品では後者の休息の場面が選ばれているが、面白いのは、大きなスフィンクスのセットが設えられていることである。左から一家がフレームに入ってくると、母子がロバから降りて、スフィンクスの膝のところに登ってそこで休息をとる（図II—1）。

II-1　「エジプト逃避」

中世やルネサンスの絵画では、スフィンクスが「エジプト逃避」の場面に登場することは、わたしの知る限りない。このテーマにおいて、いかにもエジプトらしいスフィンクスやピラミッドがお目見えするようになるのは、十七世紀のバロック以降のことで、さらに十九世紀になるといわゆる「オリエンタリズム」の流行のなかで、幾つか作例が出てくるようになる。また同じく十九世紀のフランスでは、ロゼッタ石により古代エジプト文字の解読に成功したシャンポリオンを嚆矢として、数々の発掘によってカイロの考古学博物館の事実上の創設者となったオーギュスト・マリエットらの功績のおかげで、エジプト考古学が発展しつつあったことをここで思い起こしておきたい。

注目すべき前例として挙げられるのは、フランスのサロン画家リュック゠オリヴィエ・メルソンの作品《エジプト逃避途上の休息》（一八七九年、ボストン、美術館）（図II—2）で、そこには、夜も更けてあたりが暗くなりはじめた頃、幼子を抱いたマリアがスフィンクスの膝元で眠りについている場面が描かれている。この着想はこの画家以前に例がない。イエス

II-2　オリヴィエ・メルソン《エジプト逃避途上の休息》

から発する明るい光が、あたかもスポットライトのようになって、眠る幼児とマリアの表情を照らしている。リュミエールのショットはおそらくこの絵からインスピレーションを得たのではないだろうか。メルソンの作品は一八七九年のサロンに出展され、「真正なる詩」として好評を博したというから（Grotenhuis）、リュミエール兄弟が実際にその絵を見ていた可能性も否定できない。映画のなかで、セットのスフィンクスの腹部に白くて大きい光の輪が見られるが、これはおそらくメルソンの絵におけるイエスの光輪に対応していると考えられる。両者に違いがあるとすれば、絵ではヨセフもすっかり疲労困憊して地面に倒れこんでいるのにたいして、映画では、かいがいしく動いて二人の世話をしている点である。ちなみにルイ・フイヤードの『降誕』（一九一〇年）でも似たようなショットがお目見えしている（図II—3）。

実は同じ一八九七年、リュミエール兄弟のもとで数々のシネマトグラフを撮っていたアレクサンドル・プロミオ（一八六八―一九二六）が、『ピラミッド』という一分余りの作品を残している。そこには、先述した考古学者オーギュスト・マリエットによっていわば「再発見」され、再発掘がはじまっていたギザの大スフィンクスとピラミッドの前をキャラバンが通りすぎる光景がとらえられている。ギザやテーベのスフィンクスはまた、初期の写真家たちをも魅了したモチーフで、十九世紀の後半、フランスのフェリックス・ボンフィルや、フローベールの友人としても知られる「凡庸な芸術家」マキシム・デュ・カン、さらに英国の写真家フランシス・ベッドフォードらによって、盛んにカメラに収められていた。それらではたいてい左アングルから大スフィンクスがとらえられ、その背後にカフラー王のピラミッドが控えている。左から撮られるのは、ピラミッドとスフィンクスが同じショットのなかにきれいに納まるからである。

現地でのロケはまだかなわなかったとしても、リュミエール兄弟が「エジプト逃避」のセットにスフィンクスを持ち込んだ背景には、こうした、エジプト考古学の隆盛、オリエンタリズムとエキゾチシズム、絵画や写真の影響など、さまざまな要因が絡んでいると思われる。このようにイエスの映画は、その誕生からすでに、たんにキリスト教内部の枠組みにとどまらない興味深い政治的・社会的・文化的問題を孕んでいるのである。

Ⅱ-3 『降誕』

もうひとつ言及しておきたいのは、磔の場面である。イエスの十字架を真ん中にして、左右に二人の罪人の十字架が並ぶという構図は絵画でもおなじみのものなのだが、奇妙なことにも、それら三つの十字架の影がくっきりと大きく背景の書割りに映りこんでいるのだ（図Ⅱ—４）。場面はゴルゴタの丘の頂という設定だから、地面の上ならまだしも、この垂直の影はどう見てもありえないことである。照明のミスというには余りにも初歩的なものだから、おそらくは最初から意図されていたと考えるべきだろう。

II-4 「磔刑」

絵画においては、イエスの死を暗示するものとして十字架(状)の影が利用されることがある。リュミエール兄弟とほぼ同時期の作例としては、たとえばジャン＝レオン・ジェロームの《エルサレム》(一八六七年、パリ、オルセー美術館)や、ラファエル前派の画家ウィリアム・ホルマン・ハントの《死の影》(一八七〇年、マンチェスター、市立美術館)などがある。特に後者では、大工仕事の手を休めて大きく背伸びをしている若いイエスの影が、磔のようなかたちでくっきりと大きく背後の壁に映っている。おそらく映画の製作者たちは、こうした絵画の例を知っていて、同じような効果を狙ったのだろう。

## フェミニスト的解釈――アリス・ギィ＝ブラシェの『イエスの生涯』

次に取り上げるのは、フランスの女流監督の草分け的存在、アリス・ギィ＝ブラシェ(一八七三―一九六八)による『イエスの生涯』(一九〇六年)である。二十五のシーンからなる三四分の作品で、大半はスタジオのセットで撮られているが、たとえば「ゲッセマネの祈り」や「十字架を担いでゴルゴタの丘に登るイエス」のショットは屋外で撮影されている。美術監督を務めたのは、後に数々の名作を手がけることになるアンリ・メネシエ(一八八二―一九四八)で、各場面の建築の堂々としたセットは、古代の雰囲気を十二分に伝えている。

二十五のシーンは基本的に固定カメラで撮られていて、ワンシーン・ワンカットで進んでいくのだが、例外的にカメラを動かしたり、複数のショットを編集したりする新しい試みも取り入れられている。たとえば、イエスが巨大な十字架を担がされてゴルゴタの丘を登るシーンでは、騎兵や民衆に先導されたイエスが画面右奥から蛇行する道をゆっくりと登ってくると、カメラは左にパンして、今度は同じ一行――多数のエキストラが動員されている――を背後からとらえる。このショットがおよそ二分間つづく。話は前後するが、最後の晩餐の場面では、イエスの姿が突然にもフェードインによって、天使たちをともなう受難の「悲しみの人（イマーゴ・ピエターティス）」へと変容するが、それはおそらく、ユダが見ている不吉な幻視を表現している（図II―5）。これもまた映画ならではの効果である。

一方、イエスの復活のシーンは、遺体が埋葬される墓の内と外、そしてふたたび内部という三つのショットで組み立てられている。まず、天使たちに囲まれた石棺の蓋が開いて、そのなかからイエスが蘇ってきてゆっくりと宙に浮き上がっていく様子が、多重露光による特殊撮影で描かれる。すると次に画面は墓の外に切り替わって、聖母やマグダラのマリアら複数の女性たちが墓を訪ねてくるところをとらえる。彼女たちが順に墓のなかに入っていくのを見届けると、画面はふたたび墓の内部に切り替わり、次々とフレームのなかに彼女たちが納まって、感嘆の身振りで石棺を丸く取り囲むようにして拝跪したところで映画の終わりとなる。実際に福音書でも、埋葬から三日後、イエスの遺体に香料を塗るためにマグダラのマリアを含めて二人ないし三人の女が墓を訪れるという話になっているのだが、この映画では実に十人もの女たちが墓のなかに入ってきて、イエスの復活を称えているのだ。これは図像にも先例がない。

ギィ＝ブラシェの作品には、このように女性の存在と役割を際立たせる演出が随所に認められる。

「イエスの眠り」――このタイトルにはもちろんイエスの死も暗示されている――という字幕ではじまる三番目のショットは、揺り籠のなかで眠る幼子をマリアと養父ヨセフが温かく見守るという設定で、そこに八人の合奏の天使たちも加わってイエスを称える。この場面は福音書の記述に必ずしも対応するわけではない。純白の衣装を着けた有翼の子どもの天使たちのイメージは、十九世紀後半に人気を博したアカデミズムの画家ウィリアム・アドルフ・ブグローが描いた多くの可憐な天使たちを髣髴とさせる。ブグローの絵は、ギィ＝ブラシェのインスピレーション源のひとつだったに違いない。

さらに、全編三四分間の大半（四分の三）は、七番目のショット「エルサレム入城」から最後の「復活」まで受難サイクルで占められているのだが、最初の六つのショットは、先の「イエスの眠り」も含めて、女性にかかわるエピソードがおそらく意識的に選ばれているのである。すなわち、四番目の「サマリアの女」（屋外のロケ）、五番目の「ヤイロの娘」、六番目の「マグダラのマリア」である。順に、イエスによる喩え話、蘇生の奇蹟、罪の赦しにかかわるテーマで、いずれも図像の伝統はあるものの、マグダラのマリアを除くと、イエスのビオピックに必要欠くべからざる存在というわけではない。喩え話にせよ奇蹟にせよ、もっと人口に膾炙した別のエピソードを福音書から選ぶことは可能だったはずだが、ギィ＝ブラシェはおそらくあえて女性にかかわるテーマを映像化したのである。

受難のシークエンスでも、十九番目に「ヴェロニカ」のエピソードが独立して扱われている。十字架を担ぐイエスのもとに駆け寄ってきた女が、イエスの顔の血と汗を布で拭い取ると、その布にイエスの顔が浮かび上がってきたという話で、その女はヴェロニカと呼ばれてきた。この話は福音書にはないもので、中世の言い伝えに過ぎないのだが、人の手によらないで奇蹟的に生まれたイエスの肖像――聖顔布――の物語として、特にカトリック世界で広い信仰を集め、頻繁に絵にも描かれてきたという伝統がある。このシーンの最後でギィ＝ブラシェは、聖顔布を手前に大きく掲げるヴェロニカの半身像の正面カットを組み込んでいる（図II—6）。背景はあくまでもまだニュートラルな面だが、これはこの映画で唯一、クロースアップに近いショットになっている。このように、本作は女性のキャラクターを前面に押し出していて、そのため、最初の「キリスト伝のフェミニスト的解釈」とか「女性のための福音書」とかと評されることもある（2016 Shepherd）。

もうひとつ、この映画に特徴的と思われるのは、ユダヤ人の扱いである。とりわけ十二番目の「大祭司カイアファの前のイエス」と十四番目の「ローマ総督ピラトの前のイエス」に顕著にそれが見られる。ユダの裏切りによって捕縛されたイエスは、まずユダヤ教の大祭司カイアファのもとに連行され、最高法院で裁かれる。この裁判のシーンは、軽く左右にパンするカメラの動きをともなって、約二分間つづく。ここで強調されるのは、壇上に居座るカイアファや律法学者たちが見せる、イエスを断罪する大げさな身振りである。こうして、イエスを死に追いやったのは、ほかでもなくユダヤの権力者たちであったことがアピールされるのだ。ちなみに、このシーンに登場する二人の女は、攻撃的な男たちとは対照的に、イエスを弁護し守っているように見える（Shepherd 67）。

つづいてイエスは、ローマ総督ピラトに引き渡される。このシーンで特筆されるのは、ピラトの館の構造で、画面の左に開いたアーチ状の窓の向こう側に、イエスの死刑を求めて騒ぎ立てるユダヤの民たちの様子がしっかりと映し出されている点である（図II—7）。福音書にもあるとおり、ピラトはみずから判断を下すことを避け、イエスの処遇をユダヤの民衆に委ねる。このエピソードをギィ＝ブラシェは、ディープフォーカスを利用して巧みに映像化しているのである。ジャン＝ルイ・コモリが「映画的イメージにおける信憑性の要因のひとつ」とみなす「原初的なパンフォーカス」（Comolli 210）の手法が、ここで利用されている。

これら二つの場面で暗示されているのは、繰り返すなら、ほかでもなくユダヤ人たちがイエスの死を望んでいた、ということである。絵画においても伝統的に、受難サイクルが描かれるとき、反ユダヤ主義が示唆されることは珍しくないが、映画では絵画にも増して、イエスの処刑を望んだのはユダヤ側なのか、それとも支配者であるローマ側なのか、はたまた両者の結託によるのかという

II−5 『イエスの生涯』

II−6 『イエスの生涯』

II−7 『イエスの生涯』

問題が観客の関心を引くことになる。それゆえ、反ユダヤ主義を助長しているという非難を受けてきた作品——たとえばメル・ギブソン（一九五六生）の『パッション』（二〇〇四年）など——も少なくない。すでに四人の福音書記者たちのあいだにも、微妙な見解の違いが認められる。一例を挙げれば、マルコでは、イエスは「長老、祭司長、律法学者たちから排斥されて殺され」（8:31）たとされるのにたいして、ルカでは、「異邦人たちに引き渡されて」侮辱や拷問を受けた末に殺される（18:31-32）、という具合である。さらにマタイはもっと直截で、イエスの血の「責任は、我々［ユダヤの民］と子孫にある」（27:25）という。わたしたちも本書で何度かこの問題に立ち返ることになるだろう。

ギィ＝ブラシェが反ユダヤ主義者だったかどうか、わたしは知らない。だが、ユダヤ人冤罪のドレフュス事件が一八九四年に勃発していたこと、さらにユダヤ人が世界征服を企てているという『シオン賢者の議定書』なる似非文書——近年ではウンベルト・エーコの小説『プラハの墓地』の題材にもなっている——がまことしやかに偽造されて流布したのも一九〇〇年頃であったことを思い起こすなら、反ユダヤ主義の風潮が当時の西洋に根強くあっただろうことは想像に難くない。それに棹差す作品であったことは確かなように、わたしには思われる。

## 自然主義のイエス——シドニー・オルコットの『秣桶《まぐさおけ》から十字架まで』

次に取り上げるのは、シドニー・オルコット（一八七二—一九四九）の『秣桶から十字架まで』（一九一二年）と題された七一分の作品である。タイトルも示すように、イエスの誕生から磔刑までを描いたもので、その最大の特徴は、スペクタクル性や神秘性を退けて、基本的に自然主義を追求した点にある。このことは、エジプトとパレスチナにロケが敢行されていること、天使や悪魔といった空想的な存在が画面から完全に排除されていること、イエスの起こす奇蹟のエピソードが制限されていること、さらに復活や昇天という超越的なエピソードは描かれていないことなどにはっきりとあらわれている。アメリカではまた十九世紀初めより、通称『ジェファーソン聖書』と呼ばれる、第三代大統領トーマス・ジェファーソンの著わした『ナザレのイエスの生涯と道徳』がよく読まれてきたが、そこでも超自然的で神秘的なイエスのイメージはあえて避けられている。こうした伝統がオルコット作品に反映されているとも考えられる。

他方、この時代の映画の潮流はむしろ逆に、『カビリア』（監督ジョヴァンニ・パストローネ、一九一四年）や『ポンペイ最後の日』（監督マリオ・カゼリーニ、一九一三年）、『クォ・ヴァディス』（監督エンリコ・グアッツォーニ、一九一二年）などのイタリア映画に象徴されるように、スペクタクル性豊かな歴史活劇に向いていたことを考えると（小川佐知子）、オルコットの自然主義はまさに特筆に価するものである。その意味では、後述することになるが、パゾリーニの傑作『奇跡の丘』の先駆ともなる作品であるとさえいえるかもしれない。

この映画の脚本はまた、女性のシナリオ・ライター、ジーン・ゴーンティアによるもので、活劇性を抑制した「フェミニストのイエス」を表現していると評されることもある（Tatum 26）。たしかに、必ずしも福音書に依拠しているわけではないイエスの幼少年期にまつわる独創的なエピソード、たとえば聖母マリア――ゴーンティア本人が演じている――が幼いイエスに本を読んで聞かせ、養父ヨセフがその様子をじっと温かく見守っているというショットは、絵画ではバロック期に幾つか類例のあるもので、人間としてのイエスとその家族の理想を親しみやすく映像化していると見ることができる。とはいえ、このことは見方を変えると、保守的な「二十世紀初頭のアメリカの家庭の、後期ヴィクトリア朝的な信仰を反映したイエス像」(ed. Reinhartz 100) を映しだしているとも読み取れる。いずれにしても、イエスとその家族の表象は、かつて絵画においてそうであったように、あるいはむしろそれ以上に、映画においてもまた、家族観やジェンダー観とも切り離しえないものなのである。

少し成長した少年イエスが、養父ヨセフの大工仕事を手伝って木材を運ぶというシーンでは、ジェームズ・ティソの絵画が踏まえられている。オルコットはここで、イエスと木材とによって十字の影が地面にできる瞬間をカメラに収めているが(図Ⅱ—8)、これはティソの絵にはない着想で、そうすることで将来の受難が暗示されることになる。場面は前後するが、マリアへの受胎告知と、エジプトに逃げるようにというヨセフへの夢の告知のシーンもまた、同じくティソの絵が下敷きになっているが、絵のなかで神々しく輝く天使は意識的に省かれ、強い光線だけによって神秘のメッセージを伝えようとしていることがわかる。

Ⅱ-3 『秣桶から十字架まで』

ちなみにティソは、一八九〇年代に何度か聖地に赴いたことのある画家で、その体験をもとに三百枚以上にも及ぶイエスの生涯にまつわるグアッシュ画を残していた。それらは当時、パリやロンドン、さらにニューヨークなどで公開され広い人気を博すとともに、聖書の挿絵としてフランスやイギリスで出版もされた。ティソのこのシリーズ画はサイレント映画にも大きな影響を与えたとされ、アリス・ギィ＝ブラシェの作品でもまた、とりわけ衣装や風俗の描写にそれがはっきりと認められる（Reynolds）。

Ⅱ−9 『秣桶から十字架まで』

一方、「エジプト逃避」の場面は三つのショットからなり、それぞれに現地ロケが活かされている。まず、広大な砂漠の平原を、ヨセフに引かれてロバに乗る母子が手前に向かって歩いてくるショット。次に、ギザの三つの大ピラミッドに向かって進む一家を背後からとらえたショット。そして最後に、大スフィンクスの前でしばしの休息をとる一家のショット、という具合である。特に、大スフィンクスをフレームいっぱいに収めた最後のショットは、人物の動きはほとんどないにもかかわらず、実に三五秒間もつづく（図Ⅱ—9）。話題のスポットをじっくりと見せることで、観客のエキゾチックな興味に応えようとした結果であろう。

女性や家族にまつわるエピソードに焦点を当てているという点で、ギィ＝ブラシェの作品と共通するところがあるオルコットだが、逆に対照的なのは、ここでは大祭司カイアファの前のイエスの場面が描かれていないことである。イエスへの裁きは、ローマ総督ピラトのみに託される。しかもその裁きの場面が執拗に繰り返される。つまりオルコット作品では、イエスの処刑がローマ側の意向によるものであることをあえて強調することで、反ユダヤ主義的な印象を観客に与えないように配慮されているのである。本作は特にユダヤ系の資本によるものではないが、一九一〇年代から二〇年代にかけて、大手の映画会社が主に東欧系のユダヤ人移民によって次々と設立されていたというアメリカの事情を考慮するなら、これは意図的な演出だったと思われる（ちなみに、ユダヤ人にとってアメリカがまさしく「エクソダス」の地、「約束の地」となったのには、この国がもともと宗教上の理由で英国を脱したピューリタンたちに端を発するという経緯がある。それゆえ、ハリウッドが好んで幾度も『出エジプト記』のテーマを自由と解放の物語として描いてきたのも偶然ではない）。

さて、イエスへの数々の拷問や十字架の道行きの各ショットは、人物の全身や膝から上をフレームいっぱいにとらえることで、臨場感あふれる効果を上げているが、カメラはあくまでも固定されたままで、役者たちのあいだに入り込んでいくことはまだないし、十字架上のイエスの視点と一致することもない。それは一九二〇年代まで俟たなければならないだろう。

Ⅱ-10　『秣桶から十字架まで』

さらに印象的なのは、イエスの磔をはるか遠くに望むマリアたちのショットで、手前で背中を向けている彼女たちの視線の先では、点のような人物たちがあわただしく動いていて、処刑が進行している様子が、パンフォーカスでとらえられている。このショットは、その少し前、物語が受難サイクルへと入る直前、イエスがはるかかなたにエルサレムの町を望む美しいショット（図Ⅱ—10）と対応している。エルサレムへの入城とともにイエスの受難ははじまるのだ。

先述したようにこの映画は、十字架上で息を引きとるイエスのカットで幕を閉じ、それにつづく復活や昇天はあえて描かれていない。つまり、神の子というよりも人の子としてのイエスが前面に打ち出されているのである。その意味で、イエスのビオピックのひとつの潮流の原点となる作品といえるだろう。

## 光と影のスペクタクル——ジュリオ・アンタモーロの『クリストゥス』

オルコット作品の自然主義とある意味で対照的なのが、ジュリオ・アンタモーロ（一八七七—一九四五）の『クリストゥス』（一九一六年）である。ここでは、要所要所でいにしえの名画を活人画として取り込むことで、荘厳さと神秘性を盛り上げようとする作り手の意図が際立っている。活人画のショットには、スクリーンのフレームの四辺に沿うようにして絵の額縁が出現することもある。こうした処理は、ルネサンスの美術に親しんできたイタリア（くわえて西洋）の観客を意識してのことであろう。

ここで活人画となった名画の数々を登場順に列挙しておこう。ベアト・アンジェリコの《受胎告知》（フィレンツェ、サン・マルコ修道院）、コレッジョの《羊飼いの礼拝》（ドレスデン、国立絵画館）、ラファエッロの《キリスト変容》（ローマ、ヴァチカン美術館）、レオナルドの《最後の晩餐》（ミラノ、サンタ・マリア・デッレ・グラーツィエ修道院）、マンテーニャの《磔刑》（パリ、ルーヴル美術館）、そしてミケランジェロの名高い彫刻《ピエタ》（ローマ、サン・ピエトロ大聖堂）である。

とりわけ「キリスト変容」は、イエスが生前に弟子たちの前でみるみる光に包まれて神々しくなり、旧約の預言者モーセとエリアの二人と語り合ったという神秘のエピソードで、ラファエッロはそれを多人数の複雑な構図のなかに表現しているのだが、映画では、徐々に人物たちが集まってきてそれぞれがポーズをとるという流れになっている。つまり、あらかじめ完成されたものとしてではなく、活人画がつくられていく過程そのものが描かれているのである。その手法はあたかも、後にマニエリスムの複雑な絵を活人画にしてスクリーンに載せることになるパゾリーニの『ラ・リコッタ』（一九六三年）を早くも先取りするかのようである。

だが、もちろんそれだけではない。この映画には内容と技法の両方にわたって、さまざまな新機軸がちりばめられていて、それがこの作品を忘れがたいサイレント映画にしている。たとえば、ここでもまたエジプトでのロケが敢行されているのだが、その成果がふんだんに活かされている。生まれたばかりのイエスにはるばると貢物を届けにくる「マギの旅」は、膨大な数のエキストラやラクダや羊を動員してロングショットで雄大に撮影されている。そこには同時代のグリフィス（一八七五—一九四八）の作品にも引けをとらないスケール観がある。砂漠を横断する壮大なキャラバンのシーンは、パストローネの一九一四年の『カビリア』に範をとったものである。

「エジプト逃避」のシークエンスでは、ロバでベツレヘムを出発した一家が、オアシスを抜けて砂漠に入るときにはラクダに乗り換えている。このラクダにまたがる聖母子という設定は、絵画の伝統ではほとんどありえなかったものだ。一家はさらに大ピラミッドへと向かい、その傍でしばし休息をとる。つづいてカルナック神殿のスフィンクス群のもとにやってくると、そのひとつにマリアは身体をゆだねて休む、といった調子である。

さらにエジプトでのロケは、もうひとつ別のシークエンスにも利用されている。それとは、「瞑想、二つの文明、巨大スフィンクスの前のイエス」という字幕ではじまるもので、洗礼を受ける前のイエスがエジプトに行って、異教の文明と出会い瞑想するという筋書きになっているのである。もちろんこれは福音書にはないもので、この映画の独創である。とはいえ、十二歳から三十歳頃まで、つまりエルサレムの神殿で学者たちと対等に議論する少年時代から、ヨハネによってヨルダン川で洗礼を授かるまでの約十八年間のイエスのことは聖書で語られていないため（いわゆるイエスの「空白期間」）、古くからさまざまな臆測がなされ、オリエント各地をイエスが訪れたという言い伝えが生まれてきたという経緯がある。そのなかには、はるばるインドに行ったというものまであって、これらの話はとりわけポストモダンのイエスの映画で好まれているが、このテーマについては後の章で触れることになるだろう。

II-11 『クリストゥス』

さて、アンタモーロ作品に戻るなら、ほぼ二分間のこのシークエンスは、ギザの大スフィンクスの前に立つイエスや、カフラー王の神殿の跡をゆっくりと瞑想しながら歩くイエスの姿が五つのショットで描かれている。その間、「花崗岩の神殿とカフラー王の神殿入り口での祈り」と「古代の諸宗教の遺跡のあいだで湧いてくる新しい着想、〈アモン〉と〈モントゥ〉と〈コンス〉に捧げられた神殿」という二つの字幕がはさまれ、さらに「いたるところで砂漠の遊牧民たちに真理の言葉を広めつつ」という字幕で終わる。つまり、イエスはエジプトの多神教の廃墟のなかで瞑想を重ね、それを乗り越えるような新しい教えに目覚めた、というわけである（図II―11）。事実はどうであれ、たとえば図像の伝統では、廃墟と化した古代の異教神殿を背景にして、イエスの物語が描かれるのは珍しいことではない（レオナ

Ⅱ-12 『クリストゥス』

ルドの《東方三博士の礼拝》はその顕著な例である）。滅びつつあるかつての宗教（文明）と、生まれつつある新しい宗教（文明）とが、こうして対比されるわけである。アンタモーロの発想源のひとつには、時流のオリエンタリズムとともに、そうしたキリスト教美術の図像があったと考えられる。

次にこの映画の特徴として挙げられるのは、ディープフォーカスがひじょうに効果的に使われている点である。たとえば大祭司カイアファの前で裁かれるイエスの場面にそれが見られる。舞台は最高法院の広い部屋、カメラはこれを真正面からとらえている。カイアファは画面のいちばん手前のひときわ高いところで観客に背中を向けて座っていて、集まった長老たちに大きく片手を上げて何やら命令を下している様子。イエスはというと、綱で全身を縛られた姿で階段の下に小さく立っているだけで、最初はまだほとんど目立たないが、すぐにその場で縄を解かれて、大祭司の前へと連れてこられる。このときにやっとイエスの存在に気づく観客もいるだろう。画面の中央、消失点の位置には四角い扉口があって、何人かの兵士たちが見張っている様子が、はっきりとディープフォーカスでとらえられている。すると、この扉口の方から三人の証人が次々と手前のカイアファに向かって急いで駆け寄ってきて、イエスの罪状を申し立てる。

注目すべきは、アンタモーロが大胆にもこの場面をスクリーンに垂直（奥行き）の方向に据えている点である（図Ⅱ―12）。これまでの映画では、またこれ以降でも、この場面はスクリーンに平行かやや斜めにとらえられるのが通例であるが（右にカイアファ、左にイエス

Ⅱ-13 『クリストゥス』

という構図）、ところが本作では、その定石を見事に破って、画面をほぼ九〇度回転させたかたちになっているのだ。その結果、背中を向けた左のカイアファの表情はうかがえないものの、その存在や仕草に圧倒的な威圧感が与えられることになる。くわえて、真中の空間を向こうから手前に次々と駆け寄ってくる証人や長老たちの動きにも緊張感がみなぎる。このような垂直線上での展開は、絵画はもちろん、演劇や受難劇の芝居でもほとんど見られないもので、映画ならではの新鮮さと醍醐味がある。アンタモーロもそこを狙ったのだろう。

つづく「この人を見よ（エッケ・ホモ）」の場面では、茨の冠をつけたイエスがユダヤの群集に示されるシーンが、短い四つのカットのモンタージュによって構成され、十字架の道行きへと一気に盛り上がっていく。まず、ひときわ高いローマ総督の館のバルコニーに立つキリストとピラトの背後から、「殺せ、殺せ」と叫ぶ大エキストラの群集を見下ろすショットがくる。次にカメラが反対に向いて、茨の冠をかぶせられたイエスと彼を指さすピラトの二人を半身像のミディアム・クロースアップで見せるショット（この構図は絵画に多くの先例がある）。三番目に、大群集の背後にカメラが大きく引いて、バルコニーを見上げるロングショット（このときにはイエスの姿はかすかに見分けられるだけ）。そして最後に、もういちどピラトとイエスの背後にカメラが移動して、二人の視点で群集をとらえる俯瞰のショットである。このときすでに、騒々しい群集のあいだを縫うようにして、大きくて重々しい十字架が運ばれてきているのが見える（次のシークエンスで、イエスはこれを担いでゴルゴタの坂を上ることになる）。またバルコニー上のイエスの傍には、ピラトの妻が両手を合わせて祈る一瞬の姿もフレームの左隅にしっかりと収められている（図II—13）。福音書によると、彼女は不吉な夢を見ていて、イエスの処刑にかかわらないようにと夫ピラトに進言したのだが、功を奏することはなかった。このように、この「エッケ・ホモ」のシークエンスは、短いながらも（二二秒）、視点の切り返し、ロングショットとクロースアップの交互の編集という、後に古典的な文法ともなる手法が巧みに使われているのである。とりわけ、最初と最後の俯瞰ショットでは、手前のバルコニー上の人物と、向こうの地上の群集とがスケールの点で見事なコントラストをなしている。このようにパンフォーカスは、空間の連続性ばかりではなく、反対に分離や対比を表現することもできるのだ（Comolli 215）。

II−14　『クリストゥス』

　ロングショットとクロースアップの組み合わせは、磔刑の場面にも認められる。三本の十字架の全体をすっぽりとフレームに収めるショットにはさまれるようにして、「わが神、わが神、なぜわたしをお見捨てになったのですか」と叫んでゆっくりと天を仰ぐ十字架上のイエス、そしてわが子の最期を悲しみのうちに見守るマリアの表情（図II—14）が、それぞれ胸から上のクロースアップでとらえられているのである。これらもまた、これまでのイエスの映画では見られなかった

Ⅱ-15 『クリストゥス』

ものである。

　くわえて、この作品では光と闇と影の効果へのこだわりが随所に見られる。たとえば、イエスの誕生のシーンは、光のみによって暗示される。すなわち、産気づいたマリアを連れてヨセフがみすぼらしい藁葺き小屋のような建物の内部に入ると、画面はこの小屋を外側からすっぽりフレームに収める夜の闇のショットに切り替わって、しばらくすると、藁の隙間から明るい光が漏れはじめてきて、闇のなかで輝きだす。つまり、イエスの誕生は光の効果だけで表現されているのである（主役たちの姿はどこにもない）。かつて中世の女性神秘家スウェーデンのビルギッタは、神々しい光に包まれて主が誕生するというヴィジョンを見たことで知られ、その後の図像にも影響を与えているのだが、アンタモーロが下敷きにしたのは、西洋では名高いこの聖女の神秘体験だったのではないかと、わたしは想像している。

　映画の終盤、十字架から降ろされたイエスの遺体を埋葬するために墓に向かう行列のシーンもまたこのうえなく美しい。夜の暗闇のなか、何本もの松明を掲げて埋葬の行列が坂を下っていく。登場人物たちは闇に呑み込まれて黒い影となり、闇から浮き上がってくるのは松明の揺れる灯りと煙だけ。カメラはこの光景を真横からじっと遠望している（図Ⅱ―15）。その三〇秒間の忘れがたいシヨットは、あたかもホタルたちが一瞬だけはかなくきらめいて闇のなかに消えていくかのようにも見えるのだ。

極めつきは、つづく埋葬のシークエンスである。なぜ極めつきかというと、聖骸布ができる写真的なメカニズムをそれとなく示唆しているように、わたしには思われるからだ。どういうことか。墓所に到着するとイエスは香油を注がれ、全身を——顔も含めて——すっぽりと余すところなく白い亜麻布で覆われる。世話をしているのはヨセフというユダヤ人で（養父のヨセフとは別人物）、福音書によると、この善良な人物がローマ総督ピラトに願い出て、イエスの遺体を「まだ誰も葬られたことのない、岩に掘った墓のなかに納めた」（ルカ 23:53）のだった。マグダラのマリアは遺体の傍にひれ伏して嘆き悲しんでいて、まだあきらめのつかない様子だ。

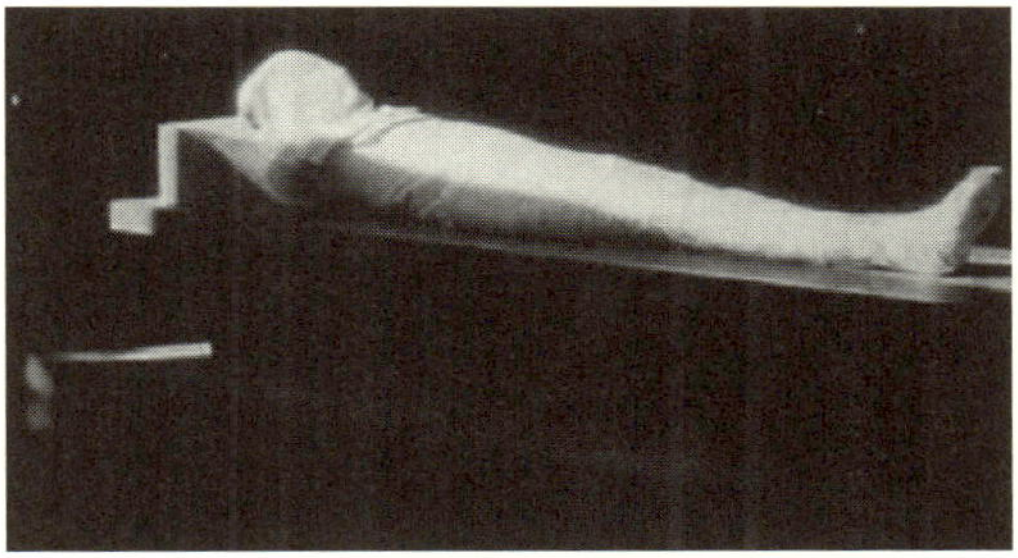

II-16 『クリストゥス』

だが、いつまでも悲嘆にくれてばかりはいられない。ヨセフに手をとられてマグダラのマリアが立ち上がり歩みだすと、場面はふたたび墓の外へと切り替わって、大きな墓穴が石板でふさがれるところが映される。すると今度は、「埋葬の影」という字幕とともに、もういちど突然に墓の内部へと場面が転換して、石板の蓋が墓穴にかぶされる様子が、その石板の影の動きのみによって示される。その影は、亜麻布にくるまれたイエスの遺体の上をゆっくりと這っていく。このシーンは、幾何学的な影の動きだけで構成されていて、光学的でもあれば神秘的でもあるような不思議な雰囲気を醸しだしている（図II―16）。

そして、この影がイエスの遺体を覆いつくすや、画面はもういちど墓の外へと切り替わり、墓穴を閉ざす石の蓋をとらえるのである。亜麻布の上を動くこの影の描写は、わたしには、トリノの聖骸布の成り立ちを映像化しているようにも見えるのだが、それはやや強引な解釈であろうか。とはいえ、アンタモーロがその重要な聖遺物のことを知らなかったはずはないだろう。

この作品は本国イタリアで大いに評判となり人気を博したことが知られているが、それだけではなく、イエスのビオピックの歴史において、映画的手法の成熟と発展の点で、国際的にもたしかに重要な位置を占めることはここで改めて強調されていいだろう（Zanzottera）。最近でも、マルコ・ベロッキオ（一九三九生）が『愛の勝利を　ムッソリーニを愛した女』（二〇〇九年、原題は「勝利を」）で、まだ若い社会主義者のムッソリーニが第一次世界大戦で負傷して送り込まれた教会病院のなかで、天井いっぱいに張られたスクリーンにアンタモーロの『クリストゥス』が上映される様子を表現している。ベッドに横たわるムッソリーニの表情と、十字架上のイエスの表情とが、交互にクローズアップで描かれる。まるでこのとき、未来のファシストは受難のイエスに自己を投影している、とでもいわんばかりに。

### 映画による／という福音――セシル・B・デミルの『キング・オブ・キングス』

ところで、世界的な人気をさらったという点では、セシル・B・デミルの『キング・オブ・キングス』（一九二七年）の右に出るものはないだろう。彼自身、世界中で八億人がこの映画を見たと、その自伝のなかで豪語しているほどだ（Tatum 49）。この映画は、福音書（マタイ 28:16–20）や『使徒行伝』(1:8)のセリフに依拠する、「メッセージが地の果てまで届くようにと彼自身が命じた」という字幕ではじまる。「彼自身」とはもちろんナザレのイエスのことだが、監督のデミルはそこに自分自身を重ねていたに違いない。地の果てまで映画のミッションとメッセージを届けるのは自分である、と。ある意味ではその矜持が、この映画を第一級のエンターテインメント作品たらしめているのであり、さらに同じく聖書に題材をとった同じ監督の『十戒』(一九二三年、一九五六年にみずからリメイク)とともに、後のハリウッドのスペクタクル史劇(いわゆる「ペプラム」)の嚆矢たらしめているのである。

とはいえ、この一五五分にも及ぶ長編は必ずしも福音書に忠実というわけではない。いたるところにデミル特有のサービス精神が発揮されていて、たとえば、マグダラのマリアは美しい高級娼婦にしてファム・ファタル、イスカリオテのユダはその愛人で、彼女をはさんでイエスとのあいだにほとんど三角関係じみた感情のもつれが生じるという設定などは、その最たるものである(これらについてはさらに第Ⅵ章を参照)。エキゾチシズムとデカダンス、エロティシズムと神秘主義がスペクタクル性豊かに結びついた作品でもあるのだ。

さらに、この作品には宗教上の助言者たちがいたことが知られているが、そのうちのひとりに、当時のベストセラー『誰も知らない男』(一九二四年)の著者で政治家でもあったブルース・バートンがいる(Tatum 55)。この本のなかでイエスは、人類の罪と苦しみを一身に背負ってあがなう受難の主というよりも、人を引きつける魅力をそなえ、自己プロモーションにも長けた男、「ホモ・エコノミクス」として描かれるが、デミルのイエスもまた、奇蹟や説教などで独自のショーマンシップを発揮するのである。

たとえば、盲目の少女を癒すシークエンスは象徴的である。この奇蹟そのものは福音書でも語られているが、デミルはこれを大きく改変している。少年のマルコ（後の福音書記者）に手を引かれて少女がイエスの家にやってくる。この哀れな少女を、イエスの母マリアが優しく迎え入れ、イエスの元に案内する。「どうかわたしの目を開けてください」と、ひざまずき天を仰いで懇願する少女の姿が、胸から上のクロースアップで映される。すると画面は暗転したかと思うと、暗黒のスクリーンを大きく斜めに横切るようにして一条の光が差しはじめ、そこに『ヨハネによる福音書』の名高い一節――「わたしを信じる者が、だれも暗闇の中にとどまることのないように、わたしは光として世に来た」（12:46）――の字幕が重なる。画面がもういちど少女の表情に戻ると、今度は彼女自身が光に包まれていき、「光が見える」と思わず喜びの声を上げる。すると次のショットでは、スクリーン全体を覆う光のなかから、フェードインしていくように、ゆっくりと徐々にイエスの顔が浮かび上がってきて（図II―17）、ついにはっきりとした像を結ぶようになる。この瞬間はまた、わたしたち観客が本作ではじめてイエスの姿を目の当たりにする瞬間でもある。このショットまで、映画は幕を開けてすでに二〇分近くが経過しているのだが（そこまでは主にマグダラのマリアの娼館が描かれていた）、イエスはいちども姿を見せていなかったのだ。つまりイエスは、盲目の少女の目が見えるようになるのとまったく同時に、観客の前に姿を現わすのである。これらのシークエンスは、ショットと切り返しショットの繰り返しからなるのだが、実のところ切り返しショットの相手を、少女は――そして観客も――最初見ることができないでいた。こうしてイエスの姿が鮮明になると、今度カメラははじめてプロフィールの二人を同時にフレームに収め、喜びに抱き合う瞬間をとらえる。

これは、ひじょうによく計算された演出である。デミルはここで、盲目の少女とイエスの奇蹟を、それぞれ観客と映画のメタファーとして使っているという解釈があるが、それはまさに当を得ているといえるだろう（Zordan 42）。つまり、イエスが奇蹟によって盲目の少女の目を開いたように、デミルは映像の奇跡によって観客の目を開かせる、というわけである。ここにもまた監督デミルその人の野心と自信とが見え隠れしている。たしかに、このイエスの奇蹟には、本来、見えているつもりでいて実は何も見えていない人間にたいする警告の意味も込められているのだ。さらにここで付言するなら、イエスはまるで光輪に包まれた東方イコンのように登場するという点を指摘することもできるだろう。ビザンティンには、最初のイエスのイコン——「マンディリオン」——は、神々しいイエスの顔が画布上に残した光と影の痕跡であったという言い伝えがあって、それがイエスの肖像の原型とみなされてきたという経緯がある。

ところで、癒される盲人は、福音書では少女とされているわけではいない（マタイ9:27-31; ヨハネ9:1-41）。それをわざわざいたいけない少女へと脚色したのにも、それなりの理由がありそうだ。そもそもこの少女をイエスの元に案内したのは、先述のように、後に福音書記者となる少年のマルコなのだが、この話も福音書にはないもので、映画のオリジナルな脚色である。同じく本作では、少年マルコもまたイエスから不自由な右脚を治癒してもらったという設定になっている。もちろん、福音書においても、イエスは子供たちを慕い愛する人物として描かれている。子供のようにならなければ、人は神の国に入ることはできない、これはイエスのメッセージでもあった（マルコ10:13-16）。これを踏まえて、デミル作品ではユーモアあふれるエピソードが創作されている。ごく幼い少女が、「マルコはあなたが折れた脚を治せるといっていたよ」（字幕）といって、左脚の外れた木製の人形をもって近づいてくると、イエスは小枝を使って器用にこれを直してみせるのである（図Ⅱ―18）。このように、本作には子供たちの出番が少なくないが、そこにはおそらく、映画の観客層を年少者にまで広げようという製作側の意向が働いていたと想像される。

もう一点、この作品で見過ごすことができないのは、大祭司カイアファの扱いである。彼は、宗教よりも収入に関心があって、神殿から得られる利益をイエスがおびやかしかねないために、その命を狙っていることが、映画の序盤でわざわざ字幕によって示される。こうして善悪のわかりやすい二元論が幅を利かせることになるが、これもまたより広い観衆にアピールするためであろう。

受難のシークエンスでも、まるでカイアファひとりがイエスを十字架に追いやったかのように描

Ⅱ-17　『キング・オブ・キングス』

Ⅱ-18　『キング・オブ・キングス』

Ⅱ-19　『キング・オブ・キングス』

かれる。ローマ総督ピラトにイエスが連行されるときも、わざわざ総督邸まで押しかけていって執拗にピラトをけしかけては、イエスを死に追いやろうとする。というのも、死刑を宣告できるのはローマ総督だけだからである。福音書では、複数のユダヤの祭司長たちや長老たちがイエスを訴えたことになっているのだが、デミル作品では、カイアファひとりにその役回りをさせているのだ。イエスに罪はないとするピラトにたいして、大祭司は執拗に食い下がる。あげくに、「ごろつきたちを買収して、やつを死刑にと叫ばせろ」と部下に命令する始末。字幕によると、このセリフは『マタイによる福音書』(27:20)に依拠しているというが、実のところは、福音書には「群集を説得した」とあるだけで、「買収」という強い表現になっているわけではない。ついにカイアファ本人がピラトに「十字架にかけろ」ときっぱりと言い放つと、その後につづくようにしてユダヤの群集もいっせいに同じ文句を叫びはじめるのである。磔刑の場面でも、カイアファはわざわざイエスの足元まで近づいていって、「イスラエルの王なら、十字架から降りてくるがいい。そうすれば信じよう」(マタイ 27:42)と罵倒する。そのグロテスクなまでの悪漢ぶりは、カリカチュアの域をかすめるほどで、イエスの処遇に思い悩むピラトとは対照的である。このように、福音書ではユダヤの権力者たちと民衆の両方に当てられている役割を、カイアファひとりに集中させることで、デミルは、むしろ反ユダヤ色を牽制しようとしたと考えられる。悪いのはお上で民衆に罪はない、というわけだ。自伝のなかでもデミルは、イエスの時代のユダヤの民たちは彼を慕っていたこと、その死の責任を負っているのは一部の腐敗した宗教的指導者だったことに、わざわざ言及しているほどである(Westbrook 264)。とはいえ、こうしたカイアファの描写は、公開当時、アメリカのユダヤ人コミュニティのあいだに不満をもたらしたのは事実だったようである(2013 Shepherd 265)。ちなみにこの磔刑のシークエンスでは、嘆くマリアたちの表情が十字架から見下ろすイエスの視点から、苦しむイエスの表情が見上げる彼女たちの視点からとらえられるが、このカメラの双方向からの動きも後のお手本となるものである。

盲目の少女が目を開くと同時にイエスが姿を現わす映画の最初と同じく、ラストもまた象徴的である。復活したイエスが弟子たちに伝えることば、「全世界に行って、すべての造られたものに福音を宣べ伝えなさい」（マルコ16:15）が字幕で示されると、光輪に包まれたイエスが天空に昇りはじめる。下界の町並みには高層ビルが立ち並んでいるから、どう見ても二十世紀はじめの大都会である。そこに「わたしはつねにあなたたちとともにある」という文字が浮かび上がってくるのだ（図II—19）。このラストにも二重の意味があるように思われる。文字どおり教化的な意味と、映画という現代の「宗教」にまつわる意味である。すなわち、全世界に伝えられる「福音」とはまた映画のことでもあり、「わたし」とはデミル自身のことでもあるだろう。

## 群集心理の犠牲者イエス——ジュリアン・デュヴィヴィエの『ゴルゴタの丘』

さて、本章の最後をジュリアン・デュヴィヴィエ（一八九六—一九六七）の『ゴルゴタの丘』（一九三五年）に飾ってもらおう。この映画はトーキー作品だが、サイレントの成果を集約し、さらにこれ以降の作品へと橋渡しをするという意味では、本章を締めくくるにふさわしい隠れた名作で、若き日のジャン・ギャバンがローマ総督ピラトを演じたこと、クラシックの作曲家ジャック・イベール（一八九〇—一九六二）が音楽を手がけたことでも知られる。物語は、イエスのエルサレム入城（枝の主《しゅ》日《じつ》）から復活まで、題名も示すとおり受難を中心に構成されているが、奇蹟は一切スクリーン上に載せられることはなく、神の子としてよりも人の子イエスのイメージが色濃い作品に仕上がっている。セリフの数が必要最小限に抑えられている点、役者の表情や身振りにまだ誇張が見られる点などにも、サイレントとのつながりを認めることができるだろう。

この映画のストーリーは、デミルのものとは違って、共観福音書にかなり忠実に従っているのだが、最大の特徴は、前半でイエス本人がほとんどその姿を見せない、という点である。たとえ映ったとしても、ほんの一瞬のことか、それともロングショットによるかである。たとえばエルサレム入城で、イエスの通る道に自分たちの衣を敷いて熱狂的に迎え入れる民衆たちの様子が、イエスの視点からの主観ショットで描かれるが、ロバに乗った彼自身の姿は映されることはない（図II―20）。また神殿の清めにおいても、境内にひしめく商人や両替商たちの屋台を矢継ぎ早にひっくり返すイエスの上半身は、まるで偶然のように瞬間的にフレームのなかに入ってくるだけで、カメラはむしろ混乱する商人たちのあわただしい動きを追いかけていく。民衆の興奮とは裏腹に、祭司長側やピラトは、最初は静観して成り行きをうかがうという立場をとっている。使徒たちのなかでは、ユダの存在がもっとも際立っていて、祭司長たちに利用されて結果的にイエスを銀貨三十枚で売り渡すことになる顛末にも、イエスその人の姿はない。つまり、こういうことだ。この作品の前半部では、「ユダヤの王」とか「救

II-20　『ゴルゴタの丘』

世主」、「預言者」とか「魔術師」などと、さまざまな肩書で呼ばれる謎の男は、その本人というよりも、彼を取り巻く多様な人物たちの反応を通して描かれていくのである。それはあたかも、立場が変われぱイエスにたいする見方も変わってくる、とでもいわんばかりである。

そのイエスが観客の前にはじめて堂々と姿を見せるのは、全九〇分のうち開始からすでに二五分余り経過した「最後の晩餐」のシークエンスにおいてである。今やみずからの死を悟ったイエスにカメラが近づいていって、胸から上をクロースアップに収める。繰り返すが、このときはじめてわたしたちはイエスの顔を目の当たりにするのだ。

もう一点、この映画の大きな特徴として挙げておきたいのは、ユダヤの群集の扱いである。先述したように彼らは、最初は歓喜の渦のなかでイエスを迎えるのだが、最高法院の祭司長たち――アンナスとカイアファ――の策略にのって悪い噂を広め、ついにはイエスの処刑を一致して叫ぶようになる。ピラトによる裁きのシーンでも、イエスの拷問のシーンでも、カメラは、イエスその人よりもむしろ、無数のエキストラからなる大群集をロングショットでとらえ、さらにはそのなかへと分け入って彼らの表情に肉薄していく。この大群集の叫びのすぐ後に、個々人の叫びのクロースアップがモンタージュされる。こうして、個人の心理は完全に群集心理と一体化していることが印象づけられることになる。

さらに、鞭打ちのシークエンスでも、拷問を受けるイエスその人にではなくて、歓喜の声を上げてそれをじっと見つめている群集のほうにむしろカメラはゆっくりと近づいていく。彼ら群集は、イエスを鞭打つ兵士たちに自己同一化しているのだ。そのひとりの女は、イエスをさいなむ鞭の音がヴォイスオーヴァーで流れるなか、最初は拷問を見て楽しんでいるのだが、次第に耐えられなく

II-21 『ゴルゴタの丘』

なって気絶してしまう。カメラは接近しながらその様子もしっかりとフレームに収めている（図II—21）。ゴルゴタの道行きの場面でも、重々しい十字架を担いで坂を上るイエスを罵倒したり、石を投げつけたりする匿名の群集のクロースアップが強調される。

このように、ロングショットとクロースアップを巧みに組み合わせることで、映画の後半は、受難を目撃するユダヤの群集に焦点が当てられているのである。これは、福音書の記述に縛られることのない、映画ならではの独自の解釈にして表現といえるだろう。くしくもその結果、『ゴルゴタの丘』のデュヴィヴィエは、結果的にユダヤ人全体の責任を浮き彫りにすることになるのだが、それは、『キング・オブ・キングス』のデミルが、大祭司長カイアファひとりに責任を転嫁していたのとはきわめて対照的である。製作側に反ユダヤ主義的な意図があったかどうかは定かでないが、それよりも関連が深いと思われるのは、同じフランスの心理学者にして社会学者、ギュスターヴ・ル・ボンによる「群集心理」をめぐる議論である。一八九五年に上梓されて大きな反響を呼んだ同名のタイトルの本のなかで、著者は、到来しつつある時代を「群集の時代」と名づけ、操縦者や先導者によって暗示誘導されるようになる群集の心理にメスを入れたのだった。感染、衝動、過激化、反復、同一化といった概念がル・ボンの分析においてキータームとなるが、まさしくそれらは、デュヴィヴィエ作品においてイエスを十字架にかけろと叫んだ「群集」に当てはまるものなのである。つまるところ、この映画においてイエスは、「群集心理」の犠牲者として描かれているように、わたしには思われる。そこにはまた、ナチズムが台頭する時代背景が深い影を落としている。

いずれにしても、この映画が興味深いのは、イエスその人の神秘性よりも、彼を取り巻くさまざまな人物や群集のほうにむしろカメラを向けることで、イエスを多様な解釈に開かれた存在として提示した点にあるように思われる。これこそ、その後のイエスのビオピックへとつながる視点でもあった。

# Ⅲ

# イメージの力、言葉の力、音楽の力——パゾリーニ『奇跡の丘』

イエスを描いた映画のなかで今日もなおもっとも高い評価を得ているのは、パゾリーニの『奇跡の丘』（一九六四年）である。なぜか。思うにそれは、この作品において映像と言葉と音楽とが相乗効果となって見事な合体を見せているからである。その意味では、イエスのビオピックというジャンルを超えた傑作でもある。というわけで本章では、主にこの作品を取り上げることにしよう。さらに、パゾリーニのものほど広く知られてはいないが、ロッセリーニが晩年にメガホンをとった『メシア』（一九七五年）にも若干の検討を加えておきたい。ハリウッドのスペクタクル活劇とは異なるイエス像がここにもあるからである。

## 雄弁なる革命児としてのイエス像

『奇跡の丘』のイタリア語の原題は「マタイによる福音書」、そのタイトルどおり、基本的にこの福音書を踏まえて作品は構成されている。では、なぜパゾリーニは四つの福音書のうち、あえてマタイのものを選んだのか。その答えのヒントは、一九六八年に歴史家ジョン・ハリデイによるインタヴューに応えた彼自身の発言のなかにある。いわく、「わたしは、貧しい人々のなかで革命の準備ができている知識人として、キリストを表現したいと考えた」、と。パゾリーニはマタイの「革命的」な性格に惹かれている、あるいはマタイをそのように解釈しているのだ。そこには「わたし自身の個人的なテーマや動機が詰まっている」とも。それゆえ、彼の映画は「革命的福音書を、そして唯物論者マタイをリリースする」(Aichele 533)、とまで述べる評者もいるほどだ。

たしかに、マタイの描くイエスは雄弁で、ときに論争的な調子すら帯びる(そもそも本作では、イエス以外の登場人物にはほとんどセリフがなく、もっぱらイエスがしゃべっているのが特徴だ)。その意味で象徴的なのは、イエスが山上から弟子と民衆たちに向けて説いたとされる「山上の垂訓」で、マタイの福音書の第五章から第七章にまたがるこの部分は、他の福音書には見られないものである(ルカやマルコでは、説教の一部が断片的にちりばめられているのみ)。パゾリーニはこの「山上の垂訓」を中盤の最初に置き、ほぼ六分ものあいだただひたすらイエス(エンリケ・イラソキ)に語らせつづける。さらに、福音書ではその後につづく第十章のエピソード、つまり十二人の使徒をひとりずつ名前で呼んで選びだし激励するという部分が、映画ではテクストとは逆に、「山上の垂訓」の直前に置かれている。すなわち、福音書に残された数あるイエスの言葉のなかでもいちばん過激なセリフを、弟子たちに振り向いて発する厳しい表情を、カメラはクロースアップでとらえるのである。いわく、「わたしが来たのは地上に平和をもたらすためだ、と思ってはならない。平和ではなくて、剣をもたらすために来たのだ。わたしは敵対させるために来たからである」(10:34-35)、と。革命的イエス像が、最初にくっきりと観客に印象づけられるショットである。

そして、「山上の垂訓」がこれにつづくわけだが、ここでもイエスは抑揚の利いた響きで簡潔な言葉を語る。まるで物語の流れから独立したかのようなこの長いシークエンスは、まず広い荒野を見渡すロングショットではじまる。そこに、「心の貧しい人々は幸いである」で口火を切るイエスの言葉――いわゆる「真福八端《しんぷくはったん》」あるいは「謙遜の祈り」――がヴォイスオーヴァーで流れる。カメラがゆっくりと右にパンすると、民衆たちが集まってくる数カットをはさんで、声の主であるイエスのクロースアップに切り替わる。こうして開始される垂訓は必ずしも福音書の順番に沿うわけではない。パゾリーニのイエスは、ほぼ次の順序で説いていく。「求めなさい、そうすれば与えられる」(7:7-12)、律法の完成について(5:17-20)、「地の塩」と「世の光」のたとえ話(5:13-16)、天に富を積むこと(6:19-21)、神と富の両方に仕えることはできないこと(6:24)、人の面前で善行をしないこと(6:1-4)、復讐してはならないこと(5:38-42)、敵を愛し祈ること(5:43-48)、人を裁いてはならないこと(7:1-6)、祈るときにも偽善者のようであってはならないこと(6:5-15)、自分の命や体のことで思い悩まないようにすること(6:25-34)、そして最後に「狭い門から入りなさい」(7:13-14)で締めくくられる。

これら各々の垂訓は別々のショット(二十余り)でつながれていくが、いずれもやや下方からとらえられたイエスの顔のクロースアップであることに変わりはない。ただし、手持ちのカメラは微妙に前後に動いたり、左右にぶれたりしているうえに、各ショットの背景や明暗のバランスにも巧みな変化がつけられている。強風でイエスのかぶるヴェールがたなびくこともあれば(図Ⅲ―1)、雷鳴がとどろき稲光にイエスの顔が照らされるショットも用意されている。予想される弟子たちや民衆のカットがさしはさまれることは一切なく、ただひたすらイエスがしゃべりつづけるのである。この間ずっと基本的に音楽が入ることもないが、唯一例外的に、このシークエンスの終盤の一部(約八〇秒)で、モーツァルトの『フリーメーソンのための葬送音楽』(K477)が使われている。この曲はまた、序盤のイエスの洗礼と終盤の磔刑という主要なエピソードでも流れるものだが、本作において音楽が占める重要な役割――他の作品と同じくパゾリーニ自身によって選ばれている――については、これからも何度か立ち返ることになるだろう。

## パゾリーニとカトリック

とはいえ、この映画の政治的性格を余りに強調したり（Staley & Walsh 44）、パゾリーニはもっぱら「マタイを脱神話化して政治化する」（Walsh 44）、とみなすことには一定の留保が必要であろう。ましてや、宗教的で政治的なプロパガンダ映画と見ることは禁物である。「ポエジーとしての映画」という彼の信念が、何よりそうしたレッテルを拒んでいる。彼はまたカトリックのマルクス主義者と呼ばれることもある。だが、一九四九年に共産党から除名されたという経歴をもつこの詩人にして映画監督は、いわゆる正統派マルクス主義者ではないし、イエスの磔刑を扱った同年のオムニバス映画の一編『ラ・リコッタ』（一九六三年）では、冒瀆的だとしてローマ教会から激しい非難を受けていた（この短編作品については拙著『映画は絵画のように』を参照願いたい）。フリウリ語や農民文化をこよなく愛した彼が、モダニズムや進歩主義にたいして深く懐疑的だったこともよく知られている。さらに、学生運動のさなかにあって、ブルジョワ出身の学生たちよりも、貧しい労働者である警官たちを彼が擁護したことは神話にすらなっている。事実、『奇跡の丘』は、カトリックの右派からは「革命の予言者、反ブルジョワのゲリラ」と揶揄され、政治的な左派

Ⅲ-1　『奇跡の丘』

からは「キリストの神性が保たれたままだ」と攻撃されたという経緯がある。これらの批判に応えて、パゾリーニは、「カミソリの刃の上を渡っているようなものだ」、と本音を吐いたこともある（1997 Baugh 96–100）。一方、本作は、一九七〇年代にペルー出身の司祭グスタボ・グティエレス（一九二八生）が提唱することになる「解放の神学」——貧者や被抑圧者たちの解放——を先駆けているという解釈も成り立つが（ed. Reinhartz 113）、これはどちらかという結果論に過ぎないだろう。

この作品の前年、パゾリーニは『怒り（ラ・ラッビア）』という二部からなるドキュメンタリー作品（一〇四分）を、作家のジョヴァンニ・グアレスキ（一九〇八—六八）——お人好しだが頑固なキャラクター、神父ドン・カミッロの生みの親でもある——との競作で撮っている。その第一部（五三分）においてパゾリーニは、当時の政治的・社会的情勢を伝えるニュース映像や記録映像のモンタージュに交えて、中盤にヴァチカンの映像を差し込んでいる。具体的には、サン・ピエトロ大聖堂前の広場で繰り広げられる、前教皇の壮麗な葬儀と新教皇の選出を祝う二つの儀式の記録映像で、ハンガリー動乱やキューバ危機、アルジェリア民族解放戦線やマリリン・モンロー神話などに挟まれるようにして編集されている。これらの映像に、パゾリーニ自身の手になる詩がヴォイスオーヴァーで重ねられるが、それを朗読しているのは、シチリア出身の画家でコミュニストでもあったレナート・グットゥーゾである（パゾリーニの美術通はとみに有名で、自身もデッサンや絵を残しているが、この時期とりわけグットゥーゾに傾倒していて、彼についてのエッセーも著わしている）。

その淡々としてかつ堂々たる声は、前教皇の葬儀の映像では、「キリスト教は王の宗教、ブルジョワの宗教となった」、あるいは「貴族的教皇の棺」などと強い批判の調子を帯びているが、新教皇の場面に替わると肯定的なものにがらりと一転する。たとえば、「新しい教皇は、その甘くて謎めいた亀のような微笑において、貧民たちの牧者たるべきことを自覚しているように見える。なぜなら、古代世界は彼らのものであり、何世紀ものあいだ、われわれの偉大な歴史とともに古代世界を引っ張ってきたのは、まさしく彼ら貧民たちだからである」、といった具合である。

ここで新旧二人の教皇は名指されているわけではないのだが、当時の観客なら誰もが、教皇ピウス十二世（在一九三九—五八）と教皇ヨハネ二十三世（在一九五八—六三）であることがすぐにわかったはずである。前者は、ファシズムやナチズムとの隠れた関係、さらには反ユダヤ主義的な対応が取りざたされてきた悲運の教皇であり、たいして後者は、東西冷戦やキューバ危機に際しても積極的に仲介に乗りだし、対話へと開かれたエキュメニカル（統一的）な教会を模索した期待の教皇であった。どちらかというとローマ教会に批判的だったパゾリーニも、この教皇ヨハネ二十三世にたいしては、その得体の知れない「亀のような微笑」のうちに、どこかで一縷の期待を寄せていたのだろう。この『怒り』の翌年に製作された『奇跡の丘』は、実際にも、「親愛にして喜ばしくも打ち解けたるヨハネ二十三世の思い出に」捧げられていて、このことはタイトルクレジットの最後にはっきりと謳われているのである。

ちなみにわたしは以前に、パゾリーニとカラヴァッジョを比較して、二人ともイエス・キリストのことは好きだったかもしれないが、教会組織そのものは嫌いだったろうと書いたことがあるが、もちろんその印象は今も変わってはいない。カラヴァッジョもまた、イエスや聖母マリアを絵のテーマに取り上げたが、聖なるものを汚しているとしてローマ教会側からしばしば大目玉を食らったのだった。よく知られているように、バロックの画家がローマの庶民——娼婦すらも——をモデルにして宗教画を描いたとすれば、二十世紀の詩人監督もまた、名もなき市井の人々——しばしばスラム街の住人ルンペンプロレタリアートたち——を好んで使った。その手法は『奇跡の丘』でも活かされている。俗なるもののうちにこそむしろ聖性が宿る、カラヴァッジョもパゾリーニもそう考えていたのではないだろうか。このことは、先に引用した『怒り』のなかのセリフ「貧者たちの牧者」とも通底している。イエスは本来そういう存在だったはずだ。さらに、監督自身の次の意味深長な発言も無視できないだろう。いわく、「わたしは信者ではないので、少なくとも意識の上では、キリストが神の子であるとは信じていない。しかしながら、キリストが神聖であること、人間性という語の通常の意味を超えた偉大で厳粛で理想的な人間性が彼のうちにあるということは、信じている」、と（ed. Reinhartz, 112）。つまり、イエス・キリストという「人間」の超人的な魅力にパゾリーニは惹かれているのだ。マタイを介してパゾリーニは、迷いや困惑をほとんど見せることのない、確固たる信念と強烈な存在感にあふれるイエス像を打ち出す。

主役のイエスを演じたカタルーニャ人のエンリケ・イラソキは、母親がイタリア人のごく普通の青年だが、バルセロナ大学の学生で反フランコの活動家だったころ、イタリア旅行中に監督の目に留まり、その期待に見事に応えてみせる。やや面長のその顔は、クレタ島の出身でスペインを中心に活躍した画家エル・グレコの描くキリストをどこか髣髴させるところがある。その他、この作品を根底から支えているのは、多数のイタリアの無名のむしろ卑俗ですらあるような「貧者たち」である。くわえて、パゾリーニを取り巻く文化的・文学的なサークルの面々がカメオ出演していることもよく知られている。たとえば、作家のナタリア・ギンズブルグがベタニアのマリア、作家で詩人のマリオ・ソクラテとフランチェスコ・レオネッティがそれぞれ洗礼者ヨハネとヘロデ二世、批評家で劇作家のエンツォ・シチリアーノがシモン、さらに若き日の哲学者ジョルジョ・アガンベンがフィリポなどといったラインナップである。なかでも特筆されるのは、聖母マリアの後年を監督の実母スザンナ——フリウリ地方の出身——が演じている点である。当初パゾリーニは、この映画を本来の舞台であるイスラエルの各地で撮る予定だったが、現地が余りにも近代化していることに失望して、急遽、中部から南部イタリアの田舎町や丘陵地帯——アクイラ、バシリカータ、マテーラなど——に変更したという経緯もある。

それゆえ、登場人物の描写にせよ物語背景の設定にせよ、本作の表現はあまりにも素朴で飾り気がない、という印象を観る者に与えるかもしれない。おそらく、スペクタクル性豊かでエンターテインメント性あふれる現代のさまざまな映像を見慣れた若い観客層にとっては、むしろ退屈にすら映るかもしれない。とはいえ、わたしはここで、素朴さには二種類があるという、フランスの哲学者ポール・リクールの考え方をあえて補助線として導入しておきたい（『悪のシンボリズム』）。簡単に言うなら、「第一の素朴さ」と呼ばれるのは、ストレートで字義通りのものと結びついている。たとえば、聖なるものを神々しい光や輝き、鳩などの伝統的シンボルによって表現するデミルの作品は、この部類に属するといえるだろう。これにたいして「第二の素朴さ」とされるのは、反省や批判の段階を経て純化されたより高次のもので、パゾリーニの「素朴さ」はもちろん明らかにこちら側に属するものである。

## 多彩な音楽の力——コンゴの聖歌からバッハまで

さて、映画を取り巻く状況や文脈の説明がやや長くなってしまったかもしれない。とはいえ、ここまで述べてきたことが決して無駄な情報ではないことは、読者の皆さんにも理解してもらえるだ

Ⅲ-2 『奇跡の丘』

ろう。ここからはふたたび、『奇跡の丘』の作品そのものに立ち戻ることにしよう。

まず意表を突かれるのは、オープニング・クレジットとともに流れてくるエキゾチックな音楽である。観客は、たとえそれがコンゴの聖歌『ミサルバ』の「グロリア」であるということを知らなくても、そのリズムやメロディからアフリカの音楽らしいことは想像がつく。しばらくすると今度は、おもむろにバッハの『マタイ受難曲』へと切り変わる。この組み合わせは象徴的である。というのも、土着的なものと荘厳なもの、素朴なものと洗練されたものという両極の合体は、この映画全体の特徴でもあるからだ。

『ミサルバ』の「グロリア」はその後すぐ、婚約者マリアの不意の妊娠に思い悩むヨセフのもとに突如として天使が顕われてきて、その子は聖霊の賜物であると告げる瞬間にも流れてくる。マリアのもとに走る無骨なヨセフの背中の映像とともに、それは歓喜の一瞬でもある。つづく「東方三博士の礼拝」の場面のバックに流れるのは、黒人霊歌『時には母のない子のように』である。洞窟住居で知られる南イタリアの町マテーラの坂を下りてくるマギたちの行列が、ゆっくりと聖家族のもとに近づいてくる。伝統的な図像では、彼らがはるばる東方から持ち来たった高価で珍しい貢物の数々が並ぶのだが、パゾリーニはそれらを画面からあえて外している。マリアが生まれたばかりの赤子をマギのひとりに手渡すと（図Ⅲ—2）、彼はその子を高く掲げる。その様子を見守るヨセフ、マリア、女たち、他のマギ、そして微笑む子供たちの素朴な表情がクロースアップでモンタージュされる。こうして観客もまたおのずと、奇蹟の子の誕生を彼らとともに祝福することになるのだ。この間セリフは一切なく、ゆったりとして抑揚のある、そして厳かだがどこか物悲しげな黒人霊歌だけが聞こえてくる。将来その幼子が犠牲に捧げられる運命にあることにかんがみるなら、その曲はまさに的を射た選択と言えるだろう。

さらに話は「エジプト逃避」、ヘロデによる「幼児の大虐殺」、ヘロデの死、そしてエジプトからの帰還と、基本的に福音書に沿って進んでいくが、これらにおいても、（ヨセフの夢のなかの天使のお告げを除いて）登場人物たちのセリフはほとんどない。そもそもパゾリーニは、物語の滑らかな流れや因果関係にはほとんど頓着していないようだ。各エピソードのシークエンスがそれぞれ独立しているように見えるという点では、サイレント時代のイエスの映画を連想させるところもあるが、こういった特徴はある程度まで、本作が依拠しているテクスト『マタイによる福音書』それ自体のものでもある。かつてエーリヒ・アウエルバッハは大著『ミメーシス』において、福音書の語りの非連続性について、あるいは水平の展開の統一ではなく垂直のつながりについて指摘していたが、それはパゾリーニ作品にも当てはまる。ローマン・ヤコブソンの用語を借りるなら、統辞的というよりも範列的なイメージの展開という言い方もできるだろう。「ポエジーとしての映画」というエッセーも示すように、そもそもパゾリーニには、因果関係や筋の展開に支配された慣例的な語りは散文的なものになってしまい、映像の真の力を発揮できない、という強い確信がある。水平の物語の流れをあえて断ち切るのは、そのためである。

「幼児虐殺」のシークエンスでは、ヘロデ王の兵士たちの顔をひとりずつカメラが追うと、突然

Ⅲ-3 『奇跡の丘』

に合図の口笛が鳴り、彼らが一気に駆けだしていき、逃げ惑う母子を次々と殺戮していく（図Ⅲ—3）。ここでも、エジプトに逃れるマリアから、突然に兵士たちのショットへと切り替わるため、物語の流れが断ち切られる。幼児たちの遺体が宙空を舞い、地面に散乱する。マテーラの丘陵をバックに撮影された迫力あるその場面は、まだ記憶の新しいナチスのジェノサイドやファシストによるスラブ人の虐殺、さらにはレジスタンスの犠牲などを観客に連想させたかもしれない。この場面の音楽は、セルゲイ・プロコフィエフ（一八九一—一九五三）がエイゼンシュテインの映画『アレクサンドル・ネフスキー』（一九三八年）のために作曲した同名の曲が使われている。激しい曲調の部分だけが編集されているとはいえ、別の映画のためにつくられた曲を改めて使うということは、一般的にはあまりないことだろう。あえてその方法を選択したのは、おそらく熟慮の末である。なぜなら、エイゼンシュテインのその映画は、差し迫るナチスの脅威を、十三世紀のドイツ騎士団のロシア侵略に重ねて描いた作品でもあるからだ。

一方、福音書のテクストにはない独自の場面も描かれている。エジプトからベツレヘムに戻るよう天使から告げられると、ヨセフはあたりを見回しはじめる。パンするカメラはこのヨセフの視線に対応していて、遊ぶイエスやマリアの姿をロングショットでとらえる。すると幼いイエスがまだおぼつかない足取りでこちらに近づいてきて、ヨセフが彼を優しく抱き上げる。それを見守るマリアの笑顔もクロースアップで挿入される。こうして、ヨセフを中心としたイエスの家族の親密な結びつきが描かれる。ここでもセリフは一切なく、バックにはバッハの『二台のチェンバロのための協奏曲 ハ短調第一番』（BWV 1600）の穏やかなメロディが流れている。このように家族を守り慈しむ養父ヨセフのイメージが西洋で流布しはじめるのは、ルネサンス以来のことで、「聖家族」や幼子を抱くヨセフの図像にそれは反映されている。ところがそれ以前では、「寝取られ亭主」や老いた不能者というマイナスのイメージが付きまとっていて、ヨセフはどちらかというとからかいの対象であった。美術史に詳しいパゾリーニは、明らかにルネサンスやバロックの図像の伝統に通じていて、このシークエンスをあえて加えたのだろう。あるいはことによると、家族をもつことのない同性愛者パゾリーニが、映像で代理による願望充足を果たしているのだろうか。このシーンに限らず、さまざまなエピソードのなかで随所に挿入されている子供たちの生き生きとしたショットもまたこの作品の特徴のひとつである。そこで子供たちは、デミルの作品のようにスタンドプレーを演じさせられているのではなくて、まるでカメラの存在など気にしていないかのように、自発的かつ自由に動きまわり笑みを振りまいているように見える（図Ⅲ—4）。イエスも言うように、天の国は彼らのものなのであり、本作でのパゾリーニはその言葉を尊重しているのだろう。

Ⅲ-4 『奇跡の丘』

## ショットの力

このヨセフとイエスのツーショットにつづいて場面はがらりと一転。深い渓谷が真正面のやや高い位置からロングショットで俯瞰されると、カメラは上にティルト（首を振る）しながらズームで川床に集う人々に近づいていく（図Ⅲ—5）。こうしてわたしたちは突然にも洗礼の場面へと誘われることになる。このシークエンスは、パゾリーニでは珍しくもアクションの状況を設定するショット——エスタブリッシング・ショット——ではじまるのだが、ここでも、ストーリーの流れよりも映像それ自体に重きをおく演出は活きている。舞台はヨルダン川ではなくて、中部イタリアのヴィテルボ郊外のキーア渓谷である。パゾリーニはその地形の特徴をフルに活用して、観客を一気に引き込んでいくのだ。このショットにおいて、自然の風景への眼差しと超越的な視点とが見事に合体している。

ヨハネが数人に洗礼——川面に体を浸す本来のやり方ではなくて、頭上に水をかけるやり方で——を施すと、カメラはすかさずそのヨハネの険しい表情をクロースアップでとらえる。このときまでバックには『時には母のない子のように』が流れているが、「悔い改めよ、天の国は近づいている」と力強くヨハネが説きはじめると、ゆっくりとその歌声は消えていく。実にここまで二〇分以上が経過してはじめて、わたしたちはセリフらしいセリフを耳にすることになるのだ。それが洗礼者ヨハネであるというのは、もちろん偶然ではない。なぜなら、彼こそイエスの先駆者といえる存在だからである。「わたしの後から来る方は、わたしよりも優れている」（3:11）、こう彼が言い放つと、画面はイエスのクロースアップに切り替わり、おもむろにヨハネの方へと向かってくる。これこそ、成長したイエスが観客の前に姿を見せる最初の瞬間であり、イエスのいわゆる「公生涯」

III−5 『奇跡の丘』

の幕開きである。無表情のイエスと、興奮気味のヨハネとの対照が印象的だ。二人の対面と洗礼のバックを飾るのは、モーツァルトの『フリーメーソンのための葬送音楽』である。洗礼を受けた瞬間にイエスが天を仰ぐと、カメラは後ろ上方に大きく引いて、ふたたび群集を見下ろす。するとこのとき、「これはわたしの愛する子、わたしの心に適う者」(3:17)という天の声が、ヴォイスオーヴァーで響き渡る。これは福音書の記述に合致するものだが、神の霊が鳩のように降りてきたというくだりは省略されている。聖霊の鳩や光輪、あるいは神々しい光の効果など、伝統的な聖性のシンボルを好んだデミルとは対照的に、パゾリーニはもはやそれらに頼ることは一切ない。

さらに悪魔の誘惑、投獄された洗礼者ヨハネ、弟子たちの召命などとつづいて、本章の最初に述べた「山上の垂訓」へと進んでいくことになる。本作は、確固とした意志と使命をそなえた人間イエスに焦点が当てられているとはいえ、奇蹟のエピソードが描かれないというわけではない。「山上の垂訓」の直前には、重い皮膚病を患った若者を癒す奇蹟（8:1–4）が置かれているし、その後も、脚の不自由な貧者を癒す話や、五つのパンと二匹の魚から一瞬にその数を増やして、無数の貧者たちの飢えを満たす話（14:13–21）、弟子たちの目の前で湖の上を歩いてみせるという奇蹟（14:22–33）などが映像化されている。マタイはもっと多くの奇蹟を報告し、他の福音書の記述を合わせると、その数はゆうに二十近くにもなるが、パゾリーニはそのなかから厳選しているのだ。死者の蘇りに関するものは省かれ、貧者や病人にまつわるものだけが選ばれる。パゾリーニのイエスは、湖の上を歩くという超人的な力を秘めているが、祈禱師や呪術師なのではなくて、あくまでも「貧者の牧人」なのである。それゆえ、「キリスト変容」の場面が省かれているとしても不思議ではない。弟子の目の前でイエスが見る見るうちに

Ⅲ–6　『奇跡の丘』

神々しい光に包まれていくという神秘性を示すこのエピソードは、視覚的効果の点でも絵心を刺激するもので、伝統的に美術やサイレント作品でも好まれたものだが、パゾリーニはあえてこれを外しているのである。

代わって、中盤でわたしたちの興味を引くのは、イエスと母マリアにまつわるエピソードである。すなわち、マリアと兄弟たちがイエスと話をしようと待っていると、「わたしの母とは誰のことか。わたしの兄弟とは誰のことか」といってはねつけ、弟子たちを指してここに自分の身内はいるといったという話（12:46–50）である。パゾリーニはここで自分の愛する母スザンナをマリア役で登場させる。わが子をいとおしく見つめる母のクロースアップと、強いまなざしで彼女に対峙する息子

のクロースアップとが、ショットと切り返しショットでとらえられる。「わたしの母とは誰のことか」、と突き放すようなセリフを息子の口から聴いた瞬間、母はやや曇った表情で頭を垂れる。だがすぐにつづけて、「天の御心を行う人が、わたしの兄弟、姉妹、母である」という息子の強い信念を耳にすると、母はうっすらと笑みを浮かべて、息子の行く末を静かに見守ろうと決意しているように見える。さらに、生家を後にするイエスと弟子たちを見送るマリアのクロースアップにつづいて（図Ⅲ—6）、振り返って進むイエスの横顔のクロースアップがくる。その頬には一筋の涙が伝わっているように見えるのだが、それはわたしの気のせいだろうか。おそらくこれらの場面——バックにはバッハの『協奏曲ハ短調』（BWV1060）の哀感漂うヴァイオリンが流れている——でパゾリーニは、イエスに自分を重ねているのではないだろうか。詩人監督とその母との特別に親密な関係のことを知っている観客なら、なおさらのことそう思わないではいられない。一九七〇年のエッセー「不人気の映画」で彼は、社会の保守的規範への隷属から民衆を救う芸術について語っているが、それは芸術家の自由であると同時に自己犠牲でもあるとされる（Pasolini 1600-1610）。まさしくイエスが自己を犠牲にしたのと同じように、芸術家も自己を犠牲にして抵抗する、というわけだ。

本作『奇跡の丘』の三年後に監督は、フロイトの精神分析の鍵概念に名前を与えている古代ギリシアのテーバイの王、オイディプスの悲劇を撮ることになるが（『アポロンの地獄』）、広く知られているように、この作品は自伝的性格を有している。その証拠に、この映画は、古代の悲劇を挟むようにして、二十世紀はじめのボローニャに男児が誕生し、母親（シルヴァーナ・マンガーノ、イオカステの役も演じている）がその子を溺愛するというシークエンスで幕を開け、最後にふたたび現代のボローニャへと戻って、成長して盲目となったその子（オイディプス王を演じたフランコ・チッティ）が、ふたたび生家を訪ねるというシーンで幕を閉じるのである。彼いわく、「人生ははじまったところで終わるのだ」。そのとき案内役を買っているのが「アンジェロ」と呼ばれている青年で、演じているニネット・ダヴォリは、一九六〇年代初めに監督に見いだされ、九本の映画に出演したパートナーであった。

## 幕間劇——サロメの舞い

さて、ここでもういちど『奇跡の丘』に帰ろう。洗礼者ヨハネの斬首に関連して、映画のちょうど真ん中にまるで幕間劇のようにして挿入されているのが、ヘロデの宴とサロメのダンスのおよそ四分間のシークエンスである。この場面は、南イタリアはバーリ近郊の町ジョイア・デル・コッレにある中世の優雅な城の中庭でロケされていて、まるでその前後の話からは独立したような独特の、軽妙で華やいだ雰囲気がみなぎっている。それはまた、この監督が一九七〇年代前半に手がけることになる、いわゆる「生の三部作」——『デカメロン』（一九七一年）と『カンタベリー物語』（一九七二年）と『アラビアンナイト』（一九七四年）——を予告するような映像でもある。

ヘロデ王の家臣たちがかいがいしく祝宴の準備をはじめている。娘サロメに舞の衣装を着せてやる母ヘロディア。若くて美しいサロメの見事な舞に、ヘロデ王もご満悦の様子だ（図Ⅲ—7）。その褒美に何か望みのものはあるかとヘロデがサロメにたずねると、ヨハネの首と応えるという名高いエピソードである。だが、パゾリーニの映像には、微塵のおぞましさもグロテスクさもない。そんないたいけない少女が、人間の生首を所望するなどとは、とても想像できないほどだ。その可憐さと軽妙さは、ルネサンスの画家フィリッポ・リッピが描いたフレスコ画《ヘロデの宴》（一四六〇—

六四年、プラート、大聖堂）のなかのサロメに通じるところがある。伴奏に使われているのは、やはり初期ルネサンス調の素朴なフルートのメロディである。ファム・ファタルとしてのサロメという、十九世紀より文学や美術で大流行したイメージを、パゾリーニはきっぱりと拒絶しているのだ。絵画の伝統においても、また映画の先例、たとえばリタ・ヘイワースが主演したことで知られるウィリアム・ディターレ（一八九三―一九七二）の『情熱の女サロメ』（一九五三年）においても、この話には、盆にのるヨハネの生首が必要不可欠――リッピのフレスコ画連作のなかにさえ、このモチーフは含まれている――なのだが、本作では、ヨハネがまさに斬首されようとするその瞬間にカットが入り、画面が次に切り替わるのだ。おそらくパゾリーニは、観客に一息入れてもらうために、この麗しい舞のシーンを幕間劇（インテルメッツォ）として挿入したのではないだろうか。

Ⅲ-7　『奇跡の丘』

### 主観ショット――ペテロとヨハネの視点

こうして映画は後半、つまりイエスの受難のシークエンスへと突入していくことになる。後半で特筆すべきは、イエスが大祭司長カイアファのもとと総督ピラトのもとで裁かれる二つのシークエンスだが、その前にイエスが律法学者とファリサイ人たちを「偽善者」と呼び、その「不法」を厳しく非難する六分余りの長い演説のシークエンスがくる。イエスの言葉はマタイの福音書の第二十三章にほぼ準じている。舞台はエルサレムならぬマテーラの「サッシ」と呼ばれる洞窟住居。

Ⅲ-8　『奇跡の丘』

カメラはまず方々から集まってくる多くの民衆たちを数カットでとらえる。背後からのロングショットの奥に演説するイエスが小さく見えている（図Ⅲ－8）。さらにカメラはこの民衆たちのあいだに入っていき、力強いイエスの言葉に耳を傾ける彼らの表情をフレームに収めていく。老若男女であふれるマテーラの「サッシ」に、イエスの毅然とした声が響き渡る。「不幸なるかな、偽善者の律法学者とファリサイ人たちよ」、と。この間、すでに軍勢たちが駆けつけて様子をうかがい、妨害する機会を狙っている。エルサレムのために嘆く説教の最後になってはじめて、イエスの上半身がアップになる。このシークエンスは、先の「山上の垂訓」とは対照的に、ロングショットとクロースアップを巧みに組み合わせながら、イエス本人というよりも、その説教に聞き入る民衆の方にむしろ焦点を合わせるのである。イエスの言葉に重なるようにしてバックに流れているのは、ロシア革命の葬送曲『同志は斃れぬ』（Oliva 4）。革命の犠牲者を悼むこの曲が、イエスの犠牲への前奏となっているのだ。多様な音楽のなかから曲を厳選してくるパゾリーニの才能はここにも発揮されている。

そのすぐ後につづくショットでカイアファが祭司長たちに向けて明言する。「イエスを捕らえねばならぬときがきた。だが、策略をもってして、死にいたらしめるのだ」、と。このセリフも福音書を踏まえてはいるが（マタイ26:3-5）、語調ははるかに強くなっている。こうしてパゾリーニは、イエスが捕縛された理由、つまり、民衆を前にして時の権威者たちを激しく批判し告発したからだということを、はっきりと打ち出すのだ。哀れなユダは権力の「策略」に利用されたに過ぎない。

Ⅲ-9　『奇跡の丘』

かくしてオリーヴ山で捕らえられたイエスは最高法院へ連行され、その中庭で裁かれることになる。このショットは手持ちカメラでペテロの視点から描かれるが、意表を突くような構図になっている。画面手前を見物人たちの後頭部が大きく占め、その隙間から向こうに小さく裁きの様子が見えているのである（図Ⅲ―9）。呼び出されてくる証人たちの動きに応じて、カメラもぶれながら左右に大きく移動する。ペテロの顔のクロースアップがあいだにいちど挟まれる。証言者たちやイエスの声は遠くから小さく聞こえるだけ。ついには、「神を汚した」、「死刑にせよ」などと遠声で聞こえてくる。実は四人の福音書記者のなかで、イエスの死の責任をはっきりとユダヤ人に帰しているのは、他でもなくマタイである。「その血の責任は、我々と子孫にある」、とユダヤの民に言わせているのである（27:25）。「マタイによる福音書」とタイトルを打っている以上、パゾリーニもこの強烈な一言――ユダヤ人差別の根拠ともなってきた――を無視できなかったに違いない。その反ユダヤ主義を和らげるのに、このロングショットは一役買っている。パゾリーニにとって、責任は――どんな民族であるにせよ――民衆にではなくて権力者の方にある。

ところで、このペテロの主観ショットは、パゾリーニが『奇跡の丘』の翌年に発表した「ポエジーとしての映画」において論じた「自由間接話法」に対応するものであるが、それだけではない。手持ちカメラの効果によって、リアルタイムの「シネマ・ヴェリテ」のような効果がもたらされているのである。ここでペテロの視点が選ばれているのは、偶然ではない。捕まる直前にイエスはこの使徒に、「おまえはわたしのことを知らない」と三度も否定することになると予告していたからである。それを打ち消すようにして、ペテロは連行される師のあとをずっと追ってきたのだ。だが、現実にその予言どおりになってしまう。後悔の涙にむせぶペテロもまたある意味でイエスを裏切っているのだ。このペテロの後悔につづいてユダの後悔と首吊りがテンポよく描かれていく。パゾリーニは、ペテロとユダとをほぼ対等にとらえているように思われる。二人とも無言だが、それぞれのシーンでバックに流れるバッハとジャズのメロディが、各々を代弁しているかのようだ。

ところで、本作で大祭司長たちは、ひじょうに特徴的な被り物を身に着けている。それは、かなり嵩の高い円筒状の形をしているもので、美術通のパゾリーニはこれを、ルネサンスの絵画、具体的にはピエロ・デッラ・フランチェスカの「聖十字架伝説」のフレスコ画（一四五二―五八年頃、アレッツォ、サン・フランチェスコ聖堂）、なかでも《聖十字架の称揚》からヒントを得て転用している。イエスが磔になったとされる真の十字架が七世紀のビザンチン皇帝ヘラクリウスによって奪還され、エルサレムに戻るという場面である。とはいえ、ピエロの絵のなかでその被り物を着けているのは、ユダヤ教徒ではなくてキリスト教徒たちである。パゾリーニがそれを知らなかったはずはないから

Ⅲ-10 『奇跡の丘』

（ピエロを再評価し二十世紀に蘇らせたのは、ボローニャ大学時代の恩師で美術史家のロベルト・ロンギであり、先述のように、一九六二年の『マンマ・ローマ』は彼に捧げられている）、あえてユダヤ教のリーダーたちに被らせたのには何か理由があるのかもしれないが、詳細は不明である。おそらくパゾリーニは、その被り物に古い権威を象徴する記号のような役割を担わせていたと考えられる。そればかりでなく、ピエロと同じくその幾何学的な形態の特徴に惹きつけられてもいたのだろう（ちなみに、本作の冒頭を飾る妊娠したマリアのショットも、ピエロの《出産の聖母》［一四六七年、モンテルキ］を踏まえている）。

つづいてイエスがピラトの館に送られる場面は、若い使徒ヨハネの視点からとらえられる。やはり手持ちカメラのロングショットで、手前に見物人たちの大きな後頭部、その向こうにイエスとピラトたちが小さく写っている。カメラは揺れながらやはり左右に移動していく（図Ⅲ―10）。そこにはどこかアマチュア・フィルム風の趣向もあるが、これもやはり意図されたものだろう。場所は今度は屋外ではなくて屋内で、

先の最高法院の中庭にくらべるとやや暗い。この裁きのあいだ、不安そうなヨハネの両目の超クロースアップが四度それぞれ短くさしはさまれる。裁きの後イエスはローマ兵たちから「ユダヤの王」などとからかわれて嘲笑されるが、この場面もヨハネの視点から描かれている。

## ロッセリーニの『メシア』との比較

このように、あえて選ばれたルポルタージュ的な手法の特徴は、たとえばロッセリーニの『メシア』の同じ場面と比較するとよりいっそう際立つ。この作品におけるピラトの裁きのシークエンスは、パゾリーニとはまったく対照的に、周到に計算され演出された見事な長回しによって表現されているのだ。途中ほんの一瞬だけイエスの全身のカットが入るだけで、実に五分強つづくのである。ピラトの館の中庭に連れてこられたイエスが、ローマ軍の兵士たちに囲まれている。カメラは後ろに引いて、その中庭の左側に集まる大祭司たちをフレームに収めると、今度は右斜め上にティルトしさらにズームして、階段を下りてくるピラトをとらえる。次にほんの二秒間だけイエスの映像がさしはさまれるが、カメラはすぐにピラトに戻って、中庭まで彼が下りてくると、大祭司たちとイエスとのあいだを何度も往復して尋問を繰り返すピラトの姿を、近づいたり離れたりしながら追っていく（図Ⅲ―11）。こうして、いまだ判決のつけかねているピラトの様子が巧みなカメラの動きで表現されるのである。パゾリーニの手法のひとつの源泉は他でもなくネオレアリズモにあるのだが、かつてのその巨匠は今や周到に演出された様式美の方に傾倒しているのである。同じく七〇年代にロッセリーニは、テレビ用に伝記映画の秀作を何本か製作しているが、たとえば『ブレーズ・パスカル』（一九七一年）や『コジモ・デ・メディチの時代』（一九七三年）においても、厳密に計算された演出と時代考証の効いたセットを前面に打ち出している。

ここでロッセリーニの『メシア』について少し触れておくなら、彼のイエスもまた雄弁に語るが、その言葉や口調はパゾリーニと違ってけっして攻撃的でも挑発的でもない。またロッセリーニは、十二人の使徒たちばかりではなく、聖母マリアやマグダラのマリアたち女性の弟子たちにもそれ相当の存在感を与え、彼女たちをも含めた弟子や仲間の共同生活の場面を中心に描きだす。この点でも、聖母マリアを除くとほとんど女性の存在に目を向けていないパゾリーニ作品とは、好対照をなしている。ロッセリーニは、イエスの集団をいわば当時のユダヤ社会のマイノリティとして描きだすのだ。イエスはその指導者だが、他のメンバーと平等とみなされる。ユダの裏切りや大祭司長たちの策略がことさら強調されることもない。日常生活のなかでイエスはつねに何か動作をしながら――大工仕事をしたり、農作業をしたり、食事をしたり、歩いたり等々――、そして相手の肩に手をかけたりしながら、共同体のメンバーにわかりやすく語りかける（図Ⅲ―12）。力強く一方的に演説するパゾリーニの「山上の垂訓」とは正反対に。それはまるで、いにしえの共同体において口承が果たしていた重要な役

Ⅲ-11　『メシア』

Ⅲ-12　『メシア』

割に、わたしたち観客の注意を向けさせようとしているかのようでもある。

フラッシュバックやクロスカッティング、空想や奇蹟の場面などもいっさい介在しない。カメラは、ほぼワンシーン・ワンカットでズームを駆使しながら、登場人物たちの動きを慎重に追いかけていく。ロッセリーニのこの親しみやすい教師イエス――「神の僕」というよりも「人の教師」(Baugh 92)――は、強いカリスマ性を帯びたパゾリーニのイエスとは、ある意味でやはりひじょうに対照的である。十年前に封切られた有能な後輩の評判の傑作を念頭において、今や円熟の域に達した先輩は、後輩のイエス像とはまた異なるイメージを観客に届けようとしたのだろう。とはいえ、神秘性や超越性、スペクタクル性やエンターテインメント性、感傷性や心理描写、奇蹟や拷問などが極力避けられているという点、さらにキリスト教の教権的で不寛容な局面にたいして鋭く批判的であるという点において、二つの作品が共通するところも少なくはない。

## イメージの力、言葉の力、音楽の力

さて、ふたたびパゾリーニに戻るなら、カイアファとピラトの裁きにかかわる二つのシークエンスにつづいて、話は一気に結末へと突き進んでいく。だが、イエスへの鞭打ちや拷問の場面は省かれる。大きな十字架を担がされてピラトの館を後にし、ゴルゴタの丘に登っていくイエス。この「十字架の道行き(ヴィア・ドロローサ)」は、絵画でも映画でも伝統的に、重みに耐えかねて倒れ崩れるイエスの姿として描かれてきたが、パゾリーニはその表現も拒絶する。群集たちに交じって、母マリアとヨハネがイエスの歩みを見守りながら追ってきて、イエスらとともにゴルゴタの丘――洞窟住居を見下ろすマテーラの丘――までやってくる。この場面はマタイ(および共観福音書)では

Ⅲ-13 『奇跡の丘』

Ⅲ-14 『奇跡の丘』

なくて、ヨハネの福音書に依拠している。そのヨハネによると、十字架上のイエスはマリアにヨハネを指して「あなたの子です」と告げ、若い弟子をマリアに委ねたのだった。パゾリーニのイエスはそのセリフを発することはないが、映画の最後になってマタイの記述から外れる要素が入ってくるのだ。それというのもおそらく、監督の実母スザンナが演じるマリアにもうひとつの見せ場を与えるためである。十字架のイエス（図Ⅲ―13）と、悲しみのあまり崩れ落ちるマリア（図Ⅲ―14）とが、何度も交互に映しだされる。マリアの慟哭の表情はクロースアップにもなるが、やはりセリフは一切なくて、モーツァルトの『フリーメーソンのための葬送音楽』だけが高らかに響いている。先述したように、セリフをほとんどイエスひとりに集中させることで、その映像の力に声の力を重ね合わせる一方で、セリフを省いた他の場面では、バックに流れる音楽に言葉の代わりを演じさせているのである。これまで見てきたように、物語外から届くこれらの音楽は、たとえば、コンゴの土着的な聖歌や黒人霊歌という地理的にも時間的にも大きくかけ離れたものであっても、あるいは、バッハのようなプロテスタントの音楽であっても、カトリック的な物語内の構造と意味的、感情的に多様なかたちで呼応しあうのである。

「父よ、なぜわたしを見捨てられたのです」という叫びとともにイエスが息絶えると、マタイの福音書にあるように（27:51）、天は裂け、地は崩れる（このときマテーラの洞窟住居の一部が崩壊しているように見えるのだが、この貴重な歴史的遺産を破壊するということはありえないだろうから、これはいったいどのようにして撮影したのだろうか。先行研究にもその点に言及したものは、残念ながらわたしの知る限りない）。今日でこそマテーラの洞窟住居は、稀有の歴史遺産としてとみに有名となり、世界中から多くの観光客を集めているが、戦後の復興と経済成長期にあってそれは、南イタリアの後進性と非文明の象徴ともみなされていて、時の政府によって集団移住も推進されたほどであった。その点で、カリスマ的指導者パルミーロ・トリアッティ（一八九三―一九六四）率いるイタリア共産党もまた例外ではなく、由緒ある洞窟住居は荒れ果てたまま放置される状態だったという（Pontrandolfi）。そんななか、前衛主義者にしてかつ伝統主義者、共産主義者にしてカトリックにも並ならぬ関心を示す屈折したモダニストのパゾリーニは、この土地の比類なさを早くから見抜いて愛着を注ぎ、想像的な古代のエルサレムとしてみずからの映像作品のなかで見事によみがえらせてみせる。イエスの力強い言葉が高らかに響き、アフリカの民俗音楽からクラシック音楽まで多彩なジャンルの曲の数々が鮮やかにこだまするのは、他でもなくマテーラをはじめとするイタリアの小古都の石の壁や渓谷の山肌においてなのである。

# Ⅳ　変容するイエス像

パゾリーニの詩的作品とハリウッドのスペクタクル活劇によって象徴されるイエス像が一九六〇年代だったとするなら、一九七〇年代に入ると、ポストモダンやポストコロニアル、さらにフェミニズムや脱構築の思想等を背景にして、イエスのイメージはますます多様化していくことになる。哲学の分野においても、弱い神（ジャンニ・ヴァッティモ）、神なき時代のメシア（アガンベン）、内部からの脱構築（ジャン＝リュック・ナンシー）などが唱えられるようになる時代でもある。この章では、そうした時代のイエス像の変容を追ってみることにしよう。対象となるのは主に、デイヴィッド・グリーン（一九二二―二〇〇三）のミュージカル『ゴッドスペル』（一九七三年、ステファン・シュワルツ音楽）、フィリップ・ガレル（一九四八生）の『処女のベッド』（一九六九年）、マーティン・スコセッシの『最後の誘惑』（一九八八年）、デレク・ジャーマン（一九四二―九四）の『ザ・ガーデン』（一九九〇年）、フランコ・ロッシ（一九一九―二〇〇〇）の『少年の名はイエス』（一九八七年）、アレッサンドロ・ダラートリ（一九五五生）の『エデンの園々』（一九九七年）、メル・ギブソンの『パッション』（二〇〇四年）、マーク・ドーンフォード＝メイ（一九五六生）の『サン・オブ・マン』（二〇〇六年）などである。これらにおいてわたしたちは、ヒッピーのイエス、神経症のイエス、マザー・コンプレックスのイエス、クィアなイエス、ニューエイジ的なイエス、外典のなかの異端的なイエス、黒人のイエスなど、さまざまなイエスの姿に出会うことになるだろう。

## カウンターカルチャーのイエス――デイヴィッド・グリーンの『ゴッドスペル』

カウンターカルチャーの隆盛のなかでヒッピー風のイエスを描いたミュージカル映画としては、ノーマン・ジュイソン（一九二六生）の『ジーザス・クライスト・スーパースター』（一九七三年）が有名だが、この作品ではイエス本人よりも脇役のユダの存在の方が際立っているため後の第Ⅵ章で取り上げることにしたい。これと同じ年に製作されているのが『ゴッドスペル』（ゴスペルつまり福音と同義）で、ここではイエスと弟子たちは、まさしく現代のニューヨークに生きるヒッピーとして登場する。幕開きのシークエンスが印象的だ。まず壁に描かれたグラフィティが、フレームいっぱいに大きくクロースアップで映される。するとカメラはやや後ろに引いて右にパンすると、ブルックリン橋が現われ、向こうに望むマンハッタン島には完成間近いワールドトレードセンターのツウィンタワーを見ることができる。このシークエンスはまさに当時のニューヨークを象徴している。ヴォイスオーヴァーで流れてくるのは創造主の声、「わたしは彼［イエス］を、彼自身の再創造＝娯楽のための庭師とするだろう」。ここで「レ‐クリエーション」には、「再創造」と「娯楽」の二重の意味が込められていると考えられる。一九七〇年代のニューヨークがまさにその舞台となるのだ。

つづくカットは、そのブルックリン橋を渡る洗礼者ヨハネの姿を俯瞰ショットでとらえるが、彼はまるで時代外れの大道芸人のような出で立ちをしている。カメラはさらにマンハッタンで働き学ぶ若者たちの日常を別々に追うと、おそらくは現状に飽き足らないためだろうか、彼らがヨハネに引き寄せられるようにして、ひとりまたひとりと洗礼の場所となるセントラルパークにある天使像

Ⅳ-1 『ゴッドスペル』

の噴水のところに集まってくる様子を、ドキュメンタリーのようにして追っていく。最後にここにやってくるのがイエス（ヴィクター・ガーバー）で、彼が洗礼を受けると、道化師のようなメークアップと、ヒッピーのようでもスーパーマンのようでもある衣装に変身する（図Ⅳ—1）。グラフィティとストリート・パフォーマンス、ヒッピーとロック、これらアメリカのカウンターカルチャーのエッセンスがこうして最初から強く印象づけられる。イエスはまさにそれらを集約する存在なのだ。キース・ヘリング（一九五八—九〇）やバスキア（一九六〇—八八）といったアーティストたちが活躍するよりも少し前の話である。

ヨハネによって洗礼を受けた若者たち——イエスを入れて男性五人と女性五人——が向かう先は廃品投棄場のようなところ。彼らはそこで大道芸人よろしく、顔にペンキを塗り、役に立ちそうなガラクタを調達してマンハッタンの中心街へと乗りだしていく。福音書の十二使徒は男ばかりだったが、ここで男女が同数になっているのは、男女平等をうたう時代精神を反映しているのだろう。いにしえの説教や奇蹟の数々は、彼らが現代のニューヨークで繰り広げるストリート・パフォーマンスやヴォードヴィルへと変貌する。完成間近いワールドトレードセンターの屋上で、はるか眼下にマンハッタンの街並みを見下ろしながら披露される全員のダンス・パフォーマンス（曲は『オール・フォー・ザ・ベスト』）の映像は圧巻だ（図Ⅳ—2）。タイムズスクエアのデジタル・サインの広告スクリーンにシルエットとして映るイエスとユダのダンスのシークエンスもまた見ものである。オフ・ブロードウェイのチェリー・レーン劇場

――ミュージカル『ゴッドスペル』が初演された場所でもある――でイエスが奏でるピアノは、どこか物悲しい。

この現代のおとぎ話の設定はしかし、ある種の両義性を孕んでいる。というのも、はたして彼らは役者として集められ、ニューヨークの街全体を舞台にして現代風にアレンジされたイエスの受難劇を演じているのか、それとも、イエスとその弟子たちのような人間は現代のニューヨークにもいて、その寓話が描かれているのか、どちらかに決定することは困難だからである。おそらくは両方が含意されているのだろう。とはいえ、洗礼から受難へとつづく物語を彼らヒッピーたちが演じているあいだ、いつどこへいってもニューヨークの街にはまるで彼らだけしかいないかのように静まり返っていて、市民たちの影はまったくどこにも見当たらない。例外的に、通りにあふれる人々の光景が映されるのは、ただ最初と最後のシークエンスだけである。つまり、彼らが召命されてセントラルパークの噴水にやってくるまでと、彼らがメインテーマ『デイ・バイ・デイ』を合唱しながらイエスの遺体を担いで通りの向こうへと消えていく最後のシーンである。これら両者にはさまれて繰り広げられる彼らのパフォーマンスは、どんな繁華街に出向こうとも、当人たちのあいだだけで演じられていて、市民の姿はどこにもないのだ。それゆえ、ヒッピー仲間が自分たちの自己満足のために寓意劇を上演しているようにも見える。あるい

Ⅳ-2 『ゴッドスペル』

は、彼らがいわば「ドロップアウトした存在」(Tatum 136) であることを暗示するために、あえてそういう演出が採られたという解釈も可能だろう。とはいえ、反体制的な政治的メッセージがあからさまに込められているというわけでもない。いずれにしても、この軽妙なミュージカルは、同時にどこか寂寥感もたたえている。ユダに裏切られて時代の犠牲となるイエスの磔の場は、十字架上ではなくて、最初に登場した廃品処理場の鉄のフェンスの上で、その姿は、サブカルチャーの英雄スーパーマンのようでもあれば、悲喜劇的な道化ピエロのようでもある。

## 神経症のイエス——スコセッシの『最後の誘惑』

一方、この映画から十五年後に製作されたスコセッシの『最後の誘惑』のイエスは、自己のアイデンティティにもメシアとしての使命にも確信を持つことのできないポストモダン時代の迷える人間イエスである。しかも性的な妄想にさいなまれている「神経症」のイエスでもある (Risio 100)。この作品は、ギリシアの作家ニコス・カザンザキスの同名の小説 (一九五一年、邦訳は『キリスト最後のこころみ』) を踏まえているとはいえ、そうしたイエスの特徴は原作よりもはるかに顕著になっている。全体として、中近東のエキゾチシズムにポップな調子を重ね合わせた異種混交的なスタイルにおいても、この映画は紛れもなくポストモダンの時代を反映している。そもそもイエス役のウィレム・デフォーは青い目のブロンドで、これまでイエスを演じてきたどの役者たちよりも、はるかにアングロ・サクソン的である。スコセッシはあえてユダヤ的イメージを避けているようにさえ思われる。

たとえば、イエスが水をワインに変えるという奇蹟を起こす「カナの婚礼」のシークエンスでは、甕の水がワインに変化したことを確かめる男に向かって、イエスが「それ見たことか」といわんばかりに得意満面の笑みを浮かべ、杯を軽く掲げて飲み干す。現代の欧米人が示すような表情と仕草を見せるこのイエスに、カメラはすかさずズームで迫っていく（図Ⅳ―3）。オリエンタリズム漂う婚礼の祝宴のなかで、このイエス＝デフォーのクロースアップはいかにもミスマッチのように思われるのだが、それもおそらく意図された演出である。何よりもカメラの動きがそのことを証明している。

Ⅳ-3 『最後の誘惑』

さらに「最後の晩餐」では、イエスから渡されたパンとワインを弟子たちが順に回していくシーンで、バックにアラブ風の音楽が流れてくる。「最後の晩餐」はユダヤの過越し祭の食事セデルに起源があるから（実際にその直前には、ユダヤ人たちが羊を屠って祝う場面が挿入されている）、ここではユダヤとアラブが重なっていることになる。しかも、セネガルの歌手バーバ・マールが歌うその曲の歌詞は、イスラーム色の濃いものであるという。英訳から部分的に訳すとほぼ次のような内容になる。「神は偉大なり。アラー以外にいかなる神もいないと証言する。ムハンマドは神の預言者であると証言する。祈りに来たれ。救いに来たれ」。それゆえ、このような映像と音楽との組み合わせは「まったくもって不適切」であると酷評されてもいる（1997 Baugh 60）。とはいえ管見では、このポストモダン的パスティッシュもまた製作側があえて意図したもので（音楽監督はイギリスの高名なミュージシャン、ピーター・ガブリエルが担当している）、宗教的で民族的な同一性に縛られない異文化融合的なイメージが狙われている、と見ることは可能だろう。ユダヤ教とキリスト教とイスラームとが和解可能であることを象徴していると解釈することもできる。こうした異質な映像と音楽とを組み合わせる手法は、おそらくパゾリーニの『奇跡の丘』に着想を得たものだろう。ちなみに本作では、十二人の男の弟子ばかりか、マグダラのマリアをはじめとする女の弟子たちも「最後の晩餐」に参加していて、同じようにパン（イエスの肉）とワイン（イエスの血）に与《あずか》っている。これもまた、福音書の記述から逸脱するもので、絵画にも先例はないが、男性中心主義的なキリスト教の伝統がこうしてさりげなく批判されているように思われる。

このように、スコセッシの作品はそれまでのイエスのビオピックと大きく異なる特徴を有するもので、「偶像破壊的」と評されることもあるのだが（Reinharts 60）、カザンザキスの原作と同様に、聖書への忠実さや歴史的信憑性なるものは、そもそも最初から意図されてはいない。映画は、キリストの二面性、つまり人間性と超人間性、そして霊魂と肉体との葛藤をめぐる原作の冒頭の一節を引用した後で、「この映画は福音書に基づくものではなく、永遠の精神的葛藤をフィクションとして探求するものである」という、予想される批判にたいしてあらかじめ布石を打つかのような字幕とともに幕を開けるのだ。

イエスの神性と人性をめぐっては、すでに初期キリスト教の時代から論争の的になってきたが、人性を支持したとされるアリウス派は第一ニカイア公会議（三二五年）において異端を宣告されたといわれる。スコセッシのイエスは、神性と人性とのあいだを揺れ動く異端的なイエスだが、それだけにはとどまらない。ある種のコンプレックスと性的妄想に悩まされる、フロイト以後のイエスでもある。大工ヨセフの子として彼は、ローマの抑圧的支配の象徴である処刑の道具の十字架をつくる職人という役柄で、そのことで負い目を感じている。ローマ人に加担してユダヤ人を裏切っているのではないか、と。売春宿では、まるで覗き見るかのようにして、幼なじみ（という設定）のマグダラのマリアが客と行為するところにじっと眼を凝らしているのだが、彼女が求めても彼はそれを拒絶する。イエスのこうした内なる葛藤は、しばしば本人のヴォイスオーヴァーでモノローグのようにして語られる。速いカメラの動きや意外なアングル、手持ちカメラによるトラヴェリング、さらにあえてバランスを崩した構図が、彼の葛藤に呼応するような不安定な映像をつくりだす。それらは、イエスの視点からの主観ショットとしてとらえることができる。そもそもスコセッシ作品の主人公たちは、『ミーン・ストリート』（一九七三年）であれ、『タクシードライバー』（一九七六年）であれ、また『レイジング・ブル』（一九八〇年）であれ、自分が被害や苦痛を受けることである種の快楽を感じているマゾヒスティックな性格を示すことが少なくないが、イエスもまたそうした例に漏れないのだ。それゆえ、これらの映画で見事に監督の期待に応えたロバート・デ・ニーロが当初イエス役に想定されていたのも、偶然ではない（デ・ニーロは辞退した）。

### イエスの妄想——最後の三〇分間の「誘惑」

予想にたがわず、封切られるやこの映画はカトリック側からもプロテスタント側からも非難の声を浴びることになる（Riley）。わけても批判が集中したのは（悪名高い？）ラストの三〇分である。十字架上で苦しみあえぎ、「父よ、なぜわたしをお見捨てになるのですか」と叫ぶイエスの足元に、愛らしいブロンドの少女が立っている。「誰なのか」というイエスの問いかけにたいして、本人は守護天使だと名乗るのだが、実は彼女は悪魔の化身——カザンザキスの原作では「黒人の少年」になっているが、スコセッシは周到にもこれを書き換えている——で、イエスを最後の妄想へと誘うために、あるいはフロイト的な言い方をするなら、現実にかなわなかったものを夢によって願望充足させるために、そこに姿を現わしたのだ（たしかに、悪魔とは堕ちた天使のことに他ならない）。血なまぐさいイエスの手足から大きな釘を一本一本はずし、生きたまま十字架からイエスを降ろす、この天使にして悪魔の仕草がクロースアップのスローモーションで描かれる。可憐な悪魔に誘われるようにして、イエスのもうひとつの人生がこうしてはじまることになるのだ（図Ⅳ—4）。それは突き詰めるなら、満たされることのなかった性的欲望を、マグダラのマリアとのあいだで、そして彼女が不幸にも命を落とすと、次にはその姉とされるマルタとのあいだで満たし、子孫をつむいでいくというストーリーになるのだが、この妄想のなかで——神学的にもストーリー的にも——いっそう興味深いのは、そのことよりもむしろ、使徒パウロとイスカリオテのユダに割り当てられた役割である。

順番に追っておこう。あるときイエスが自分の子供たちを連れて歩いていると、ひとりの男が民衆を前に熱心に説教をしているところに出くわす。その男こそ、改宗したサウロことパウロで、彼はイエスが神の子であったこと、磔にされたイエスが三日後に復活を遂げたこと、そうして神の国はイエスによって開かれたことを切々と説いている。それを耳にしたイエス本人は、お前が語っているのは嘘の話だと納得させようとするのだが、パウロの方はそんな言いがかりには一向に動じる気配もない。自分は、民衆が必要としていること、彼らが信じたいと思っていることのうちに「真実」を見いだしているのであり、民衆を救うためならあなたを十字架にかけ、あなたを復活させもするだろう、とパウロはイエスに反論するのだ。かくして、これまでにも神学上でよく言われてきたように、キリスト信仰が基本的にパウロに起源をもつこと、キリスト教がパウロに端を発することが、こうした意外な設定によって改めて示唆されるのである。史的イエス、あるいはイエスの歴史的実像なるものは、キリスト教にとって本質的な問題ではない、このシークエンスはそう語っているように思われる。ことによると、（ゴダールも『映画史』で述べているように）嘘の上にキリスト信仰は成り立ってきたのかもしれないが、その嘘は真剣にして深妙な嘘なのだ。

Ⅳ-4　『最後の誘惑』

一方、イスカリオテのユダ（ハーヴェイ・カイテル）はというと、死の床に伏したイエスを訪ねてきて、開口一番「裏切り者」と叫ぶ（ちなみにユダは自殺したはずではないかと疑問に思われる読者もいるだろうが、目下わたしたちが立ち会っているのは、断末魔のなかでイエスが見ている妄想であることを忘れないようにしよう）。それは他でもなく自分に向けられてきた汚名なのだが、ユダはまるでこれを逆手に取るかのようにして、かつての師イエスに浴びせているのである。なぜイエスが「裏切り者」なのかというと、ユダによれば、死を恐れて十字架に定められた運命から逃れ、普通の生活を送ろうとしたからである。それゆえイエスはまた「臆病者」で「哀れな人」でもある。いまや老いて死の床にあるイエスは黙ってそれを聞くしかない（直前にローマ軍によるエルサレムの神殿破壊という紀元七〇年の出来事が描かれるから、イエスは妄想のなかでさらに四十年近く生き延びていることになる）。なぜこんなことになったのかと問うユダに、神が天

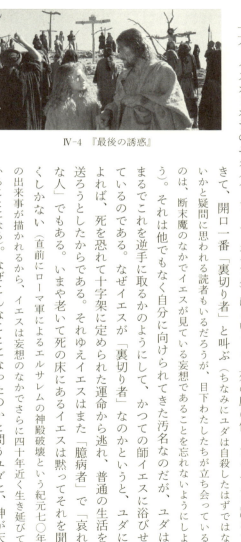

使を遣わして自分を助けてくれたのだと応えるイエスだが、どこに天使がいるのかと反論するユダが、例の少女の方を指さすと、彼女は一瞬にして激しく立ち上る炎へと変わり、悪魔の正体をさらすのである。「神に背いたあなたに犠牲も救いもない」、畳み掛けるようにユダがこう言い放つと、イエスはもだえつつ神に赦しを請い、もういちど十字架に戻してくださいと叫ぶや（図Ⅳ―5）、我に返って妄想から覚めるのである。

こうして場面はふたたび磔のシーンへと帰ってくる。苦しみのなかでほのかに笑みを浮かべた十字架のイエスが、「これでことが成就した」（ヨハネ19:30）――つまり旧約の預言が実現した――と二度繰り返すと、静かに瞼を閉じて息絶えていく。すると突然、まるで映写機に不具合が生じてフィルムが空回りしたかのようになって、映画は幕引きとなる。それは、磔刑につづく復活と昇天への余韻を残す演出であるとも、あるいは復活を描かないことへの口実であるともとれるような神妙な終わり方である。

Ⅳ-5　『最後の誘惑』

ちなみに、この作品でユダは最後の三〇分の妄想シーンばかりではなくて、全体でひじょうに重要な役割を果たしていて、イエスはいつもたいていユダに相談したり助けを求めたりする。二人のツーショットが全編にちりばめられるが、たいていはイエスがユダを見上げていて助言を仰ぐことが多い（図Ⅳ―6）。二人が添い寝することもあれば、ユダがイエスを敵や悪魔から守ることもある。二人は幼なじみで、冒頭からすでにユダは、支配者ローマのために処刑の道具（十字架）をつくる

Ⅳ-6　『最後の誘惑』

イエスを「裏切り者」呼ばわりしていたのだ。イエスの最初の弟子となるのもユダで、他の弟子たち以上にイエスと親密な関係を保っている。洗礼者ヨハネのもとに行くことをイエスに勧めたのもユダである。イエスが革命の道から外れたら、殺すとまで脅すのもユダ。それゆえ、イエスは信頼するユダに自分を裏切るように勧め、十字架に送って救世主にしてくれと懇願することになる。ユダを説得するこのシークエンスが、二人のクロースアップを交えて実に四分近くもつづく。ユダは幼なじみのたっての願いに悩み苦しむが、ついにはそれを聞き入れて実行に移すことになったのだった。イエスの捕縛の場面でも、ユダは「お迎えにきました、ラバイ（わが師）」といってイエスに熱く接吻するのだが、そこにはどこかクィアな雰囲気すら漂っている（クロースアップの二人のキスについては、カラヴァッジョやルドヴィコ・カラッチなどバロック絵画に先例がある）。ここでは、わたしたちが常識的に抱いている「裏切り者」とは根本的に異なる——転倒した——ユダのイメージが展開されるのだが、こうしたユダをめぐるさまざまな解釈と映画の関係については、第Ⅵ章で詳しく検討することにしたい。

スコセッシ作品に戻るなら、イエスの捕縛の後、大祭司長カイアファのもとでの裁きは描かれないまま、ローマ総督ピラト（デヴィッド・ボウイ）による尋問につづいて、十字架の道行きとなる。これはおそらく反ユダヤ的な印象をできるだけ払拭するためであろう。そもそも本作では、イエスを死に追いやったのは、他でもなくイエス本人なのであり、ユダヤの権力者や群集でも、ローマの支配者でも、ましてやユダ個人でもないのだ。このようにイエスにせよユダにせよ、スタンダードの紋切り型に慣れてきた観客に揺さぶりをかける、そこにこそこの作品の真の狙いはあるといえるだろう。

## マザー・コンプレックスのイエス――フィリップ・ガレルの『処女のベッド』

スコセッシのイエスが「神経症」だとすれば、「マザー・コンプレックス」のイエスを早くも一九六〇年代末に提示していたのは、ヌーヴェル・ヴァーグの影響下で活動をはじめたフランスの監督、フリップ・ガレルが弱冠二十一歳でメガホンを撮った作品『処女のベッド』(一九六九年)である。フロイトの症例「少年ハンス」の生まれ変わりのようなそのイエス(ピエール・クレマンティ)にはまた、ヒッピーと神経症のイメージも重なっている。最初のショットから衝撃的で意表を突かれる。大海原に漂うベッドの上に、黒い衣装に身を包む女――まるで最初から喪に服しているかのような聖母マリア――が股を開いて横たわっていて、カメラは彼女を頭部から真正面の鋭い短縮法でとらえる。すると、濡れた白装束の若い男が海からこのベッドに上がってくるのだが、これがおそらくイエスの誕生にして洗礼でもある。驚いた母は身を起こして、寒さで震えている息子の濡れた身体を丹念にぬぐい、おびえる息子を励ますとともに、「わたしの息子よ」といってその頭に茨の冠をかぶせてやる。母はまた新聞を取りだしてきて、東ベルリンから逃亡した一家をドイツ人民警察が殺害したという記事を息子に読んで聞かせる(図Ⅳ―7)。時局を盛り込みつつガレルは意識的にアナクロニズムと戯れているのだ。息子は母に突然、「父さんはどこにいるのか」と尋ねると、母は上方を指さしながら「天にいるのよ」と答える。イエスは天に向かって、「父さん、応えてください」と大声で叫びだすが、これはどちらかというと磔刑のイエスが発するようなセリフである。

マリアはまたイエスに子守唄のような歌をうたって慰め、ホーンスピーカーを持たせて伝道へと送りだすのだ（最初からここまでが二人の半身像のクロースアップの四分半近い長回しで描かれる）。この映画にはまた、製作当時の学生運動とそれにたいする当局の弾圧の暗示が、節々にちりばめられている。

このように若いガレルの作品は、まるで不条理劇を連想させるかのような、斬新にして破格の展開で幕を開けるのだが、何よりも特徴的なのは、イエスにオイディプスのイメージが重ねられている点である（しかも彼にはひとりの使徒もいない）。とはいえ映画では、息子は父をそれと知らず殺害するのではなく（ガレルにとって、ニーチェのいうように、父はとっくに死んでいるのだろう）、息子の世話をしている——シャツにアイロンがけをして息子に着せようとする——母を思わず手にかけてしまうのだ。それも、古代ギリシアの王オイディプスの場合と同じく、まるで偶然の運命のいたずらでもあるかのように、唐突に。子は母の余りの愛に耐えかねてしまったのだろう。代わりにイエスはマグダラのマリアにますます惹かれていき、あげくに彼女を妊娠させるのだが、マグダラのマリアと聖母マリアとが同じ女優によって演じられているために、観客には母と交わっているかのようにも見えるように仕組まれている。

Ⅳ−7　『処女のベッド』

　イエスとオイディプス。異教とキリスト教、あるいは神話と宗教を代表するこの二人の西洋の大立者は、しばしば比較対照されてきたという伝統があり、ガレルの特異なこの作品も、大なり小なりそこに依拠して

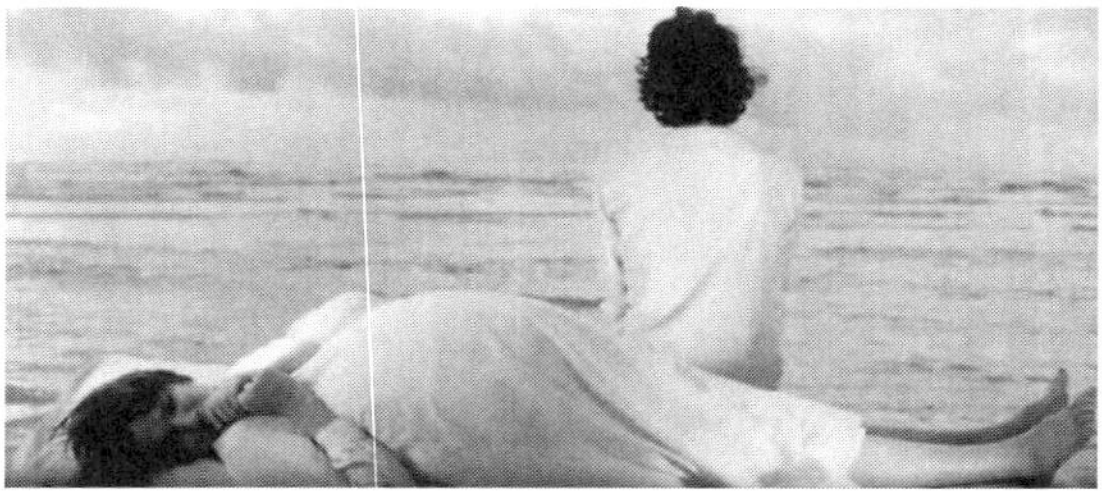

Ⅳ-8 『処女のベッド』

いると考えられる。たとえば、カトリックの司祭で神学者のハンス・ウルフ・フォン・バルタザル（一九〇五―八八）は、イエスをオイディプスと比較し、イエスのうちに悲劇のヒーローの後継者を見ていたのだった（Taylor）。それによると悲劇は、ペシミズムやニヒリズムの世界観によりも、むしろ苦痛との戦いやカタストロフに関わっている。つまり、神的なものとの緊張のなかに人間が巻き込まれることに悲劇は生まれるのだ。これを受けるようにして、高名な文芸批評家のテリー・イーグルトンもまた、犠牲のイメージのうちに悲劇の根源をとらえ、オイディプスとイエスの両方にスケープゴートの原型を見ている（『甘美なる暴力』）。要するに、犠牲は悲劇の中心的カテゴリーだというのだ。さらに、本書の第Ⅲ章ですでに述べたように、パゾリーニは、イエスの生涯をつづった『奇跡の丘』と、テーバイの王の悲劇『アポロンの地獄』を、まるで対をなすかのようにつづけて製作していたのだった。

これにたいして、復活と昇天というハッピーエンドが待っているキリストに悲劇はありえないと反論するのは、同じく文芸批評家のジョージ・スタイナーで（『悲劇の死』）、ガレルの本作も、悲劇的というよりも、先述したように不条理演劇やナンセンス文学に近いものである。最後にイエスは十字架にかかるが、そのイエスはどこか案山子のような滑稽な出で立ちをしていて、その足元に、妊娠してお腹の大きいマグダラのマリアが歩み寄って抱きつく。それはまるで大道芸のパロディを見ているかのようだ。つづくラストの場面は、最初のショットと同じく海に浮かぶベッド。お腹の大きいマグダラのマリア――同時に聖母マリアでもある――とイエスとがその上に横になっている(図Ⅳ―8)。するとおもむろに身を起こしたイエスが海へと入り、波間へと消えていく。最初に海から上がったイエスは、最後にこうしてふたたび海へと帰っていくのだ。海はここでマリアの子宮でもあるだろう。

## クィアなイエス――ジャーマンの『ザ・ガーデン』

他方、ゲイのカップルにイエスの物語を紡がせているのは、デレク・ジャーマンの『ザ・ガーデン』である。その舞台となる庭は、園芸家でもある彼自身によってデザインされたもので、そこに込められているのは、楽園のエデンにしてかつ処刑の舞台ゴルゴタでもある。伝統的なイコノグラフィーのなかには、イエスの誕生を告げる受胎告知の場面に、楽園エデンから追放されるアダムとエヴァが描き添えられるものがある(たとえば、ベアト・アンジェリコの《受胎告知》一四三二年頃、コルトーナ、司教区美術館など)。それというのも、人類最初のカップルの罪を贖うべく、イエスがこの世にもたらされたからである。ジャーマンの庭もまた、原罪と贖罪、罪と償いとが同時に繰り広げられる場であり、エイズで逝ったこの監督はイエスの受難に自己を重ねているように思われる。実際にも、磔刑像のもとでうなだれるジャーマン自身のカットが、白黒の画面で何度かモンタージュされている。

この庭においてイエスの受難のシークエンス――からかいと嘲笑、鞭打ち、十字架の道行き、磔刑、埋葬――は、現代のゲイのカップルによって演じられる。向かい合わせにつながれた二人が同

Ⅳ-9　『ザ・ガーデン』

時に背中を激しく鞭打たれ、二人で大きな十字架を担ぎ（図Ⅳ―9）、二人の手に十字架の釘の大きな穴が刻印され、二人の遺体は重なり合うようにして真っ白い布――聖骸布――に包まれる。この二人が象徴するのは、ジャーマンとそのパートナーでもあれば、イエスとその分身としてのジャーマンでもあるだろう。この映画が製作された一九九〇年の時点でジャーマンは、エイズを発病してすでに四年が経過し、余命わずか四年を残すのみだったから、自己への鎮魂と贖罪、そして復活の意味が込められていたとしても偶然ではないだろう。それを裏付けるかのように、ルネサンスの画家ピエロ・デッラ・フランチェスカが描いたフレスコ画《キリスト復活》（一四六三―六五年、サンセポルクロ、市立美術館）が、白黒の複製で何度かモンタージュされている。

とはいえ本作は、こうした個人史的で作家主義的な意味だけに回収されない、もっと広い宗教的射程を秘めているように思われる。キリスト教において古くから、イエスと信者とは、愛のカップルになぞらえられてきたという伝統があるのだ。これは、旧約聖書の愛の詩『雅歌』に登場する「花嫁（スポンサ）」と「花婿（スポンスス）」を踏まえたもので、男女を問わず前者が信者に、後者がイエスに対応する。たとえ信者が男の場合であっても「花嫁」と呼ばれるわけである。十二人のイエスの弟子たちはその最初の「花嫁」であり、なかでも若いヨハネは最愛の「花嫁」である。周知のようにこのヨハネは、「最後の晩餐」の図像においてたいていイエスのすぐ隣に座している。さらに中世以来、多くの修道士や修道女たちが、イエスの脇腹の傷を通してその体内に入っていきたいという、神秘的で性的でもある願望を抱いてきた。心身ともにイエスとひとつになるためである。それゆえその傷口は、唇や女性器として表象されることもあり、そうした図像も少なからず残っている（岡田『キリストの身体』）。ジャーマンも本作で幾度かイエスの脇腹の傷口に焦点を当てている。そもそも福音書によると、十字架のイエスの脇腹の傷口から「血と水とが流れでた」（ヨハネ19:34）とされるが、それは出産のイメージとも重なり、その傷口から若い娘——教会の寓意像エクレジア——が生まれでるという特異な図像まで生まれた。このように宗教的想像力において、イエスはジェンダーの境界線をやすやすとまたぐクィアな存在でもある。今日もなお同性愛について不寛容でありつづけているキリスト教だが、象徴的な次元においては、古くからクィアな想像力が重要な役割を果たしてきたのである（ed. Loughlin）。こうした宗教的背景を念頭におくなら、ジャーマンの作品は、けっして瀆神的でもスキャンダラスでもない、隠れた核心に触れているのだ。

## 中世末期の図像学の再活性化——メル・ギブソンの『パッション』

ところで、意外に思われるかもしれないが、封切られるやたちまち物議をかもしたメル・ギブソンの『パッション』もまた、伝統的な美学（感性論）と図像学に彩られた作品である。このことは、映画研究者のあいだでもあまり注目されることがないようだから、わたしはここであえて強調しておきたい。

では、それはいかなる意味においてか。本作は、福音書の記述よりも、ドイツの修道女アンナ・カタリナ・エンメリック（一七七四—一八二四）の著『主イエス・キリストの痛ましき受難』に記され

Ⅳ-10 『パッション』

た神秘的ヴィジョンの体験に基づいているのだが、彼女の「はらわたをえぐるような」（とギブソン自身が形容している [ed. Corley & Webb 162]）ヴィジョンの数々は、中世末期以来の受難の図像に負うところが大きいのである。余りにもすさまじい拷問シーンを次々と見せられるために、失神者の絶えなかったことが語り継がれているが、エンメリックその人が、イエスの身体に加えられる拷問や暴力を詳しく描写しているのである。たとえば、「主の身体は完全にずたずたに引き裂かれた」(Emmerick ch.12) などといった調子で。しかもこうした苦痛に打ちひしがれ血にまみれたイエスのイメージは、とりわけ中世末期以来の「哀れみのキリスト（イマーゴ・ピエターティス）」などの図像として繰り返し絵に描かれてきたものでもあった。それというのも、こうした絵は、修道士や修道女たちがイエスの受難の苦しみをみずから追体験する――「コンパッシオ」――ための、よすがとなってきたからである。エンメリックもまた「あなたの苦しみをわたしにください」と叫ぶ。

さらに、さまざまな拷問具や受難具――茨の冠、大釘、槍、鞭など――だけを一堂に集めて絵に描き、それぞれが使われた場面を想像させるという図像「アルマ・クリスティ（キリストの受難具）」も中世末期にさかのぼるもので、ギブソンも同じようなショットを二度組み込んでいる。最初は拷問具で、イエス（ジム・カヴィーゼル）がピラトの館の中庭ですさまじい鞭打ち刑にあうシークエンスにおいて。次にイエスの遺体が十字架から降ろされる場面につづいてで、こちらは受難具のクロースアップである（図Ⅳ―10）。悪魔もまた全編に登場するが、なかでも印象的なのは、鞭打ちの拷問を目撃している、幼児を抱いたアンドロギュノスのような悪魔のカットで、その幼児がスローモーションでこちらを振り向くと、不気味でおぞましい老人のような顔があらわになるのだ（図Ⅳ―11）。管見では、これはおそらく、伝統的に「アンチ・キリスト」と呼ばれてきた黙示録的で終末論的な人物像に対応するものである。

本作ではまた、聖母マリア（マヤ・モルゲンステルン）が息子と苦しみを分かちあうかのようにして事の成り行きをじっと見守っている。エンメリックにおいても、「マリアはイエスを心に思い、イエスも彼女とともにいた」（Emmerick ch.11）。さらにマリアは「彼が耐えているすべての拷問を、名状しがたい愛と悲しみで見つめ耐えている」（Emmerick ch.23）。これもまた、中世末期以来のカトリックにおなじみの信仰形態で、「悲しみの聖母」（マーテル・ドロローサ）」とか「聖母の七つの悲しみ」の名で呼ばれてきた。「七つ」という数は、イエスの生涯でマリアが味わったとされる悲しみに対応する。すなわち、幼子イエスの宮参りで老シメオンから我が子の受難を予言されたこと、エジプト逃避、三日間イエスが両親からはぐれたこと、十字架を担ぐイエスに従ったこと、磔刑を目の当たりにしたこと、十字架から降ろされたイエスを抱いたこと（いわゆる「ピエタ」）、イエスの遺体を埋葬したこと、の七つである。前の三つはイエスの幼少年期に、後の四つは受難に関わる。「悲しみの聖母」はしばしば絵画のテーマにもなっていて、そこでは、悲しみのなかで祈るマリアの周り

Ⅳ-11　『パッション』

を取り囲むようにして右の七場が描き込まれてきた。マリアはまさしくこれらの出来事を想起し瞑想しているのだ。そのマリアの胸には、七つの悲しみを象徴するように、七本の矢が突き刺さっていることもある。

一方、「ゲッセマネの祈り」にはじまる、イエス最期の十数時間を描くギブソンの映画では、イエスの不吉な過去は、他でもなくマリアのフラッシュバックとして描かれる。ちなみに、フラッシュバックが多用されていることも本作の特徴のひとつで（十七のシーン）、それというのも、受難へといたる過去の顚末がそれらによって示されるからである。マグダラのマリア（モニカ・ベルッチ）は、姦淫の廉で祭司たちから石を投げつけられようとしたところを危うくイエスに助けられたことを（福音書では、「姦淫の女」とマグダラのマリアとは別人物だが、伝統的にしばしば同一視されてきた）、磔のイエス自身も「山上の垂訓」や直前の「最後の晩餐」のことを、それぞれフラッシュバックで想起している。

Ⅳ-12 『パッション』

これにたいして、ピラトの家臣たちからイエスが散々鞭打ちにされた後、マリアとマグダラのマリアの二人が、ピラトの妻から渡された布で、中庭に飛び散った大量の血を拭き取るという強烈なシーンがあるが（図Ⅳ—12）、これは福音書にも図像にもないエピソードで、エンメリックのヴィジョンだけが典拠となる（Emmerick ch.23）。

さらに、ヴェロニカの聖顔布や遺体を包んだ聖骸布といった、カトリックで中世から親しまれてきた聖遺物への目配りも効いている。ヴェロニカについてはこれまでにも何度か見てきたが、本作では二つのショットが彼女に当てられている。ひとつは、重い十字架に耐え切れずに倒れたイエスのもとに彼女が近づいて自分の白いヴェールを差しだすと、イエスがそれで血にまみれた顔をぬぐうという、おなじみの場面。もうひとつは、しばらくしてイエスがふたたび十字架を担いで歩きはじめると、その列の向こう側に彼女が例の布をもって立ち見守っているという場面である。その布にはたしかにぼんやりとイエスの顔らしきものが写っているのだ（図Ⅳ—13）。つまるところそれは血の染みに過ぎないから、リアルな顔だと逆に本当らしく見えないというパラドクスがあるが、ギブソンはそこのところもしっかり心得ていて、その映像はたんなる染みと顔のイメージのあいだを漂っている。

Ⅳ-13 『パッション』

聖骸布への暗示は、復活を暗示的に描くラストの長回しに関わる。大きな墓穴の石の蓋がゆっくりと開くと、漏れ入る陽光によってできる蓋の影が、洞穴の壁を伝うようにして動きはじめる。墓穴のなかに据えられたカメラは、その影の動きを左にパンしながらゆっくりと追っていき、しばらくすると下方にティルトして手前に引く。すると、薄暗がりのなかから次第に純白の大きな布が見えてくるが、今やその中身——イエスの遺体——を失って下へと沈んでいく。こうして、もぬけの殻となった聖骸布がフレームいっぱいに収められる。さらにカメラが引くと、復活したイエスの横顔が大きくクロースアップで入ってきて、聖骸布とツーショットになる（ここまでほぼ一分間）。ここでいちどカットが入ると、その横顔だけのクロースアップとなり、カメラは固定

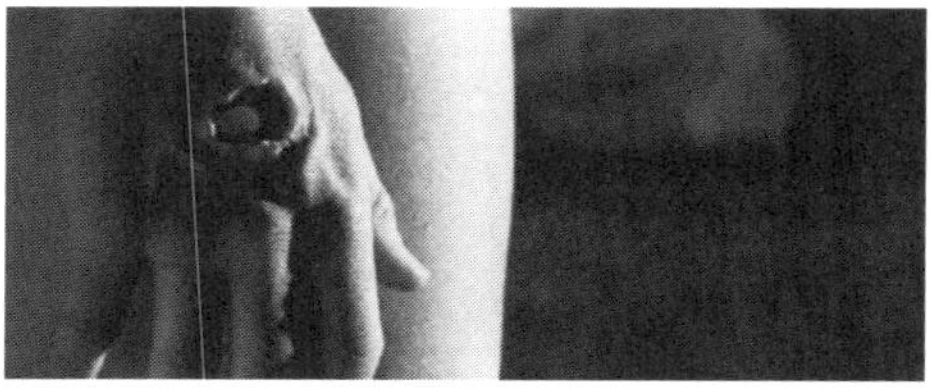

Ⅳ-14　『パッション』

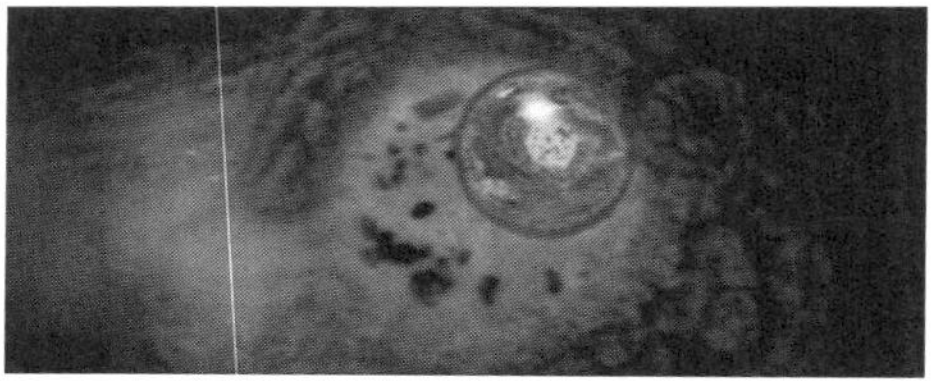

Ⅳ-15　『パッション』

されたまま、しばらくして立ち上がる裸のイエスの右手に貫通する大きな釘穴をとらえて最後となる（図Ⅳ―14）。こうして復活が描かれるのだが、ここでギブソンは、写真のように全身の跡が刻印されたトリノの聖骸布に暗に言及しているように、わたしには思われる。すでに第Ⅰ章でも述べたように、これらの原イコンは、アンドレ・バザンが写真と映画の存在論的な根源に位置づけていたものでもあった。

　もちろん本作に独特の演出もある。一例だけを挙げるなら、十字架のイエス――パゾリーニに倣ってマテーラの丘でロケされている――が息絶えると、カメラは一気にはるか上空に飛んで下界の磔刑を豆粒のように小さく見下ろす。すると、その映像そのものが真ん中に寄ってきて一粒の丸い水滴となって地上に落ちていき（図Ⅳ―15）、イエスの十字架の足元でフレームいっぱいに砕け散る。わが子の死を前に父なる神が流した一滴の涙、というわけである。聖書において、イエスが涙を流すことはあっても、神が涙を見せるという話は聞いたことがない。この演出が暗示するのは、ユダヤ教的な裁く神から、キリスト教の慈愛の神へという変貌なのだろうか。

　ショッキングな映像とハリウッド的なスペクタクル性を究極にまで突き詰めたこの受難劇だが、

実のところは、ここまで見てきたように、中世以来のキリスト教の図像学的な伝統に根ざすところが少なくない。現代の観客にそれがむしろ新鮮でスキャンダラスに映ったとするなら、それは、欧米の一般の人たちにとってさえも、そうした源泉がすでに遠い過去のものとなるか、忘れ去られてしまっているからだろう。とはいえ、中世の弱々しい「哀れみのキリスト」とは対照的に、ギブソンのキリストは、苛まれ痛めつけられ血に染められてもなお、どこかマッチョでたくましい雰囲気をとどめている。イエスその人が、霊的な存在としてよりも、むしろ官能的で物質的な肉の塊のように描かれていることも、批判の対象になってきた（2007 Reinhartz 78）。また、肉体への注視と残虐なリアリティにおいて、中世というよりもバロック美術——とりわけカラヴァッジョ——との近親性を指摘する研究もある（ed. Lyden 456-458）。いずれにしても、『パッション』が狙ったそれまでのイエス映画にはない強度は、実は過去の神学的で図像学的な遺産——いちばん物議をかもした反ユダヤ主義的な基調についてはもちろんのこと——を新たなかたちで詰め込んだ結果だったのである。

## 外典から蘇るイエス——ダラートリの『エデンの園々』とロッシの『少年の名はイエス』

『パッション』が、女性神秘家のテクストと中世末期の図像に多くの源泉があるとするなら、異端的として排除されてきた外典のなかのイエス像を改めて救いだそうとする作品もある。たとえば、イタリアの監督アレッサンドロ・ダラートリの異色作『エデンの園々』がそれである。残念ながら日本では公開されていないが、さまざまなイエス像の変容をたどる本章で取り上げる価値は、十分にあるだろう。というのもこの作品では、いわゆるイエスの「空白の十八年間」が主たるテーマになっているからである。つまり、福音書のなかでは一切触れられていない、十二歳でユダヤ教の博士たちと対等に議論しあってから、三十歳の頃に洗礼を受けるまでのあいだの、比較的長いイエスの知られざる履歴が、外典や各地の伝承等に配慮しながら、空想的に再現されているのである。タイトルの「園」が単数形ではなくてあえて複数形の「ジャルディーニ」になっているのも、おそらく意図してのことである。すなわち、キリスト教の背景には、本来のエデンの園が控えているだけではなくて、さまざまな楽園や桃源郷の神話がこだましている、ということだ。

それを裏付けるかのように、本作のイエス（キム・ロッシ・スチュアート）は、その「空白の十八年間」の後半で、キャラバンに加わってはるばるインドかチベットにまで旅をして、黄金に輝く大きな仏陀の像を崇めている。そのクロースアップに若きイエスの影が重なる（図Ⅳ—16）。こうした設定には、たとえば激動の時代に翻弄されるダライ・ラマ十四世（一九三五生）の前半生を描いたスコセッシの『クンドゥン』（一九九七年）や、二十世紀の「仏陀」をチベットに探そうとするベルナルド・ベルトルッチ（一九四一生）の『リトル・ブッダ』（一九九三年）などからの影響を見てとることはできるだろう。ダラートリのイエスは、その意味で、いわゆる「ニューエイジ」のイエスでもあり、仏陀とも親近性があるのだ。とはいえこの設定は本作のオリジナルではない。イエスがインドに滞在したという説は、神智学やオカルティスムなどとも交差しながら、とりわけ十九世紀以来まことしやかに論じられてきたという背景があり、一部で出版界をにぎわせてもいるのである（たとえばホルガー・ケルステンの『イエスは仏教徒だった？　大いなる仮説とその検証』など）。

さらに本作のイエス——正確にはヨシュア・ベン・ヨセフ——は、東方への旅から辛くも戻ってくるとクムラン教団に加わり、ここで洗礼を授かり、いとこで洗礼者となるヨハネとも再会する。

映画ではこの教団はユダヤ教の一派であるエッセネ派とされている。第二次大戦後に発見された有名な死海文書は彼らの手になるという説が有力である。イエスとエッセネ派との関係については、専門家のあいだで賛否両論があるようだが、洗礼者ヨハネとこの一派とのつながりについては否定されていない（ed. Evans 340-341）。映画のイエスは、教団員が守るべき「会則」を最重要視するこの一派の教えに飽き足らず、「愛」と「霊」を説いて教団から離れていくという筋書きである。たしかにこのイエスには、ニューエイジの思想が色濃く反映されているように思われる。

IV-16 『エデンの園々』

一方、やはり日本での公開はないが、フランコ・ロッシの『少年の名はイエス』では、亡命の地エジプトで成長し、ふたたびパレスチナに戻ろうとするイエス一家の奮闘が想像豊かに語られる。イエスはすでに七歳になっている。この作品で強調されるのは、少年のイエスが起こすさまざまな奇蹟である。レプラの息子と母が嘆き悲しんでいる様子をイエスとマリアがじっと見つめていると、しばらくしてレプラが完治している。土でできた鳥を握ると、その手のなかで生きたものとなり高く飛び立っていく。不漁の網に落胆する大人たちを見て、海水に彼が手を浸すと、その網が無数の魚たちであふれかえる、などといった奇蹟である。マリアは息子がただ者ではないことにそれとなく気づいているが、その子を失うことへの不安につきまとわれてもいる。「ぼくを探す人は、ぼくを見つけるだろう」と、七歳の子が母に応えたりする。このセリフは、旧約聖書の『エレミア書』にある主の言葉

「わたしを尋ねもとめるならば見いだし」(29:13)を踏まえたもので、古くからイエスと結び付けられてきた。

他方でヨセフは、一介の大工にすぎない自分を神はなぜ選んだのか、とつねに自問しているが、父としての愛情をもってその子を育て、子も彼を心から慕っている。ただヨセフは、次第にイエスと話をするのが難しくなっていく、と感じてもいる。こうした幼い少年イエスの奇蹟譚については、もちろん福音書のなかには何の記述もない。それらが語られるのは、『トマスによるイエスの幼時福音』(二世紀末)や『偽マタイによる福音書』(七世紀)といった外典においてで、その子がすでに幼い頃から特別の力を発揮していたことがことさら取り上げられているのである。ロッシの映画は、こうした外典を緩やかに踏まえつつ、さらにそこに、ヘロデ王の執拗な追っ手をいかに逃れて無事ナザレに帰還するかというサスペンス的要素を盛り込みながら、娯楽性もある作品に仕上がっている。紆余曲折を経たすえにやっと無事に故郷にたどり着いた一家は、夜空の下に広がる故郷ナザレの町を遠望する。冬至の日、ナザレでは町のあちらこちらで夜通し松明が焚かれていて、闇のなかからその光が浮かび上がっている。「まるで天が地に降りてきたようだ」——最後の美しいシーンでヨセフが口にする余韻のあるセリフである。

## 黒人のイエス——ドーンフォード＝メイの『サン・オブ・マン』

最後に黒人のイエスに登場してもらおう。イギリスの出身で、南アフリカに本拠を置いて舞台と映画の製作に活躍するマーク・ドーンフォード＝メイの秀作『サン・オブ・マン』がそれである。といっても、一世紀のイエス・キリストが実は黒人であったという設定ではなくて、その誕生から受難と復活までの物語が、そっくり二十一世紀のアフリカの架空の国の出来事に置き換えられているのである。登場人物はすべて黒人、南アフリカの少数民族ホサ族の役者たち（その多くは素人）によってホサ語で演じられる。貧困と飢餓、民族間の闘争、人種差別、軍による抑圧的な支配、非暴力による抵抗といった、現代のアフリカが抱える問題——だが特定の地域への直接的な言及はあえて避けられている——が、イエスの時代のそれらと緩やかに重ねられる。もしも二十一世紀はじめのアフリカにイエスがいたとしたら、彼はどうしただろうか、それがこの映画のテーマである。役名は福音書からとられ、受胎告知から磔刑へといたる話の筋もほぼそれに対応する。それゆえ本作は、現代のキリスト像としてよりもむしろ、ポストコロニアルのイエス像として解釈するのが妥当だろう。

タイトルの「人の子」とはイエス・キリストのことを指すが、「神の子」ではなくてあえて「人の子」の方が選ばれたのには理由があるだろう。福音書では、イエス本人が自分のことを指して「人の子」という言い回しを使うことが何度かある。たとえば、「人の子は仕えられるためではなく仕えるために、また、多くの人の身代金として自分の命を献げるために来たのである」（マルコ10:45）。さらに、最高法院で大祭司カイアファから「お前は神の子か」と問い詰められたとき、イエスは「それはあなたが言ったこと」であって、自分は「人の子」だとわざわざ言い換えている（マタイ26:63–64）。つまり、イエスがおのずと謙《へりくだ》るとき、あるいは奉仕者たることを自認するとき、彼はみずからを「人の子」と呼んでいるのだ。

映画のイエスもまた、神の国の実現についてではなくて、地上における平等と抑圧からの解放、そして連帯について、寓話や象徴を交えることなくストレートかつリアルに語る。とはいえ、カリスマ性のある逞しいこの青年イエスには、奇蹟をもたらす不思議な力——病者を癒し、死者を蘇らせる——もそなわっている。プリミティヴで土着的なものとつながっているからだろうか、ドーンフォード＝メイは奇蹟の場面をあえて組み込む。敵対する者にたいして寛容であること、さもなければ憎しみが人間の未来を奪ってしまうというイエスのセリフは、実際に憎しみの連鎖のなかから抜け出せないでいる現代の国際情勢に向けられた鋭い警告でもあるだろう。福音書の「山上の垂訓」に相当するシークエンスで、イエスは、弟子やスラム街の住人たちを前にして、「わたしがここに来たのは信仰や伝統を破壊するためではない。それらを新たにするためだ」（マタイ5:17-18のパラフレーズ）と説くとともに、アフリカの部族主義、中近東での暴力の応酬、アジアの児童労働、ヨーロッパとアメリカの不正な輸出補助などを攻撃する。カリスマの解放者にして調停者、本作のこうしたイエス像には、南アフリカ聖公会のケープタウン大主教をつとめたことのある平和運動家で人権擁護者、デズモンド・ツツ（一九三一生）の人物像や思想が反映されているという見方もある（Holderness 142）。「他者への思いやり」や「献身」を意味する「ウブントゥ」という彼のスローガンは、今や独り歩きをしてさまざまな領域で拡大解釈されて使われるほどになった。

さて、先述したように本作では福音書の主要エピソードが、二十一世紀アフリカの架空の国の内乱という背景に置き換えられて、現実的だが同時に詩的でもフォークロア的でもあるような独特の映像によって再現されていく。たとえば受胎告知では、殺害された多くの学童の遺体が転がるなか、死んだ振りをすることでその場を乗り切ったマリアに、天使——胸に羽をつけた黒人の少年が演じる——が主の子を宿したことを告げる。天使が去ると、カメラは当惑したようなマリアの表情をフレームいっぱいに収める。すると彼女はおもむろに、まるでわたしたち観客に向けるようにして、

『マニフィカト（わたしの魂は主を崇め）』――受胎告知の後にマリアが神をたたえる賛美歌――を力強く美しく歌いはじめるのである。カメラは固定されたまま、この超クロースアップのショットがおよそ一分半近くつづく。その曲は、ホサ族――十九世紀はじめにキリスト教が入ってきた――のチャペルで歌われているものだという（Baugh 46）。マリアの歌声に重なるようにして、時折、機関銃の音が遠くにこだましているのは示唆的である。このショットに象徴されるように、本作の最大の見どころ聴きどころは、ホサ族の人たちが要所要所で繰り広げるダイナミックな歌とダンスにあるが、それについては後述しよう。また、エスニックな音楽の効果や素人役者たちの素朴だが力強い存在感という点で、この作品はパゾリーニの『奇跡の丘』と比較されることもある（Zwick）。

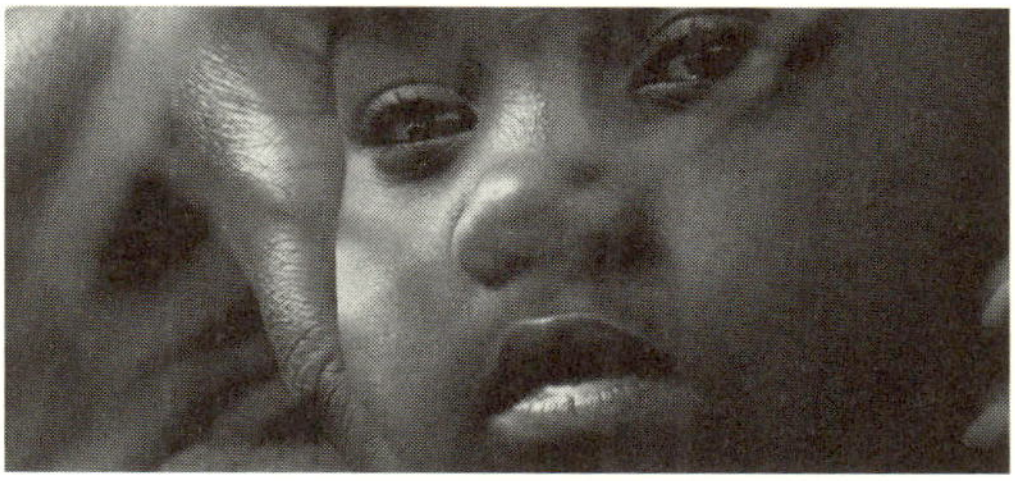

Ⅳ-17 『サン・オブ・マン』

一方、ヘロデ王の軍隊による幼児虐殺は、政府軍（白人ではなく同じ黒人）による幼子たちの虐殺に置き換えられる。藪のなかに隠れてその様子をじっとうかがっているマリアは、最初は自分の手でイエスの両目を覆って見せないようにしているが、しばらくするとその手を放して、痛ましい現実にしっかりと目を向けさせる。スローモーションでクロースアップになる、マリアの手といたいけないイエスの瞳が忘れがたいシーンである（図Ⅳ―17）。福音書ではイエスの一家はエジプトに逃れたことになっているが、ドーンフォード＝メイは、幼いイエス本人に現実を直視させるのである。いつの時代も、いちばんの犠牲者は子供たちなのだ。たとえば、ルワンダのジェノサイド（一九九四

Ⅳ-18 『サン・オブ・マン』

年）のことが観客の脳裏をよぎるかもしれない。

さらにイエスの洗礼は、顔や体に白い粘土を塗っておこなわれるホサ族の通過儀礼として描かれるが、これもまた印象的な美しいシークエンスである（図Ⅳ―18）。割礼や断食も含めて約一ヵ月間に及ぶそのイニシエーションの儀礼がおよそ四分間のモンタージュに縮めて描かれる。こうしてマリアのもとを離れるイエスは、サタンの誘惑にも打ち克って、各地をめぐって弟子たちを召命していくことになる。ここでも本作は新しい解釈を打ち出す。十二使徒たちのうちシモンとフィリポとタダイとアンデレの四人の名前が、それぞれシモーネ、フィリパ、タデア、アンディーへと変えられ、女性の使徒に置き換えられているのである。使徒たちのなかには武器を持っている者もいるのだが、イエスの説得で全員（ユダを除いて）がそれを放棄し、非暴力を貫くことになる。

## 受難のシークエンスの独自性

本作の最大の見どころは、何といっても受難のシークエンスである。不法な集会を開き民衆を扇動したという廉でイエスは捕らえられるが、その証拠をユダがヴィデオで撮影していて、当局に売ったのだった。それゆえ、イエスの説教や奇蹟の場面の幾つかは、このユダの撮影している白黒のヴィデオ映像の画面としてわたしたちに示される。ユダはまた、子供の頃から兵士として訓練されていて、ピストルを手放すことができない。ある意味では彼もまた犠牲者なのだ。面白いのは、イエスが捕縛されるときもユダはヴィデオカメラを手にしていて、イエスに近づいて接吻する瞬間を自分で映像に収めているショットである（図Ⅳ―19）。手持ちのために揺れて焦点の定まらないそれらの映像には独特の臨場感がみなぎる。こうして捕らえられたイエスは激しい拷問を受け、人里離れた荒地に連れて行かれてひそかに銃殺され埋められる。マリアを中心に女たちは、独裁者の藁人形を焼いて歌と踊りで抗議するが、その時にはすでにイエスは虐殺されていたのだ。それを知ったマリアたちが現場に駆けつけ、遺体を掘り起こして町へと小型トラックで運ぶ。カメラは走る車の荷台を最初は横から、次に真正面からとらえる。遺体を抱くマリアの姿はミケランジェロの有名な《ピエタ》（一四九八―一五〇〇年、サン・ピエトロ大聖堂）そのものである（図Ⅳ―20）。こうして遺体が到着すると、高台の上へともたらされ、赤い布でしっかりと十字架に結わえられて、町を一望するように高々と掲げられるのだ。

皆さんもすでにお気づきのように、本作でイエスは十字架上で磔にされるのではない。秘密裏のうちに暗殺されていて、逆にイエスの信者の側が改めて遺体を十字架に掲げるのである。死者を公にさらして抗議する、これはアパルトヘイト下で実際におこなわれていた抵抗の方法であったという。さらに、反アパルトヘイトの活動家で、警察の拷問によって命を落としたスティーヴ・ビコ（一九四六―七七）の最期が重ねられているという見方もある（Holderness 136）。

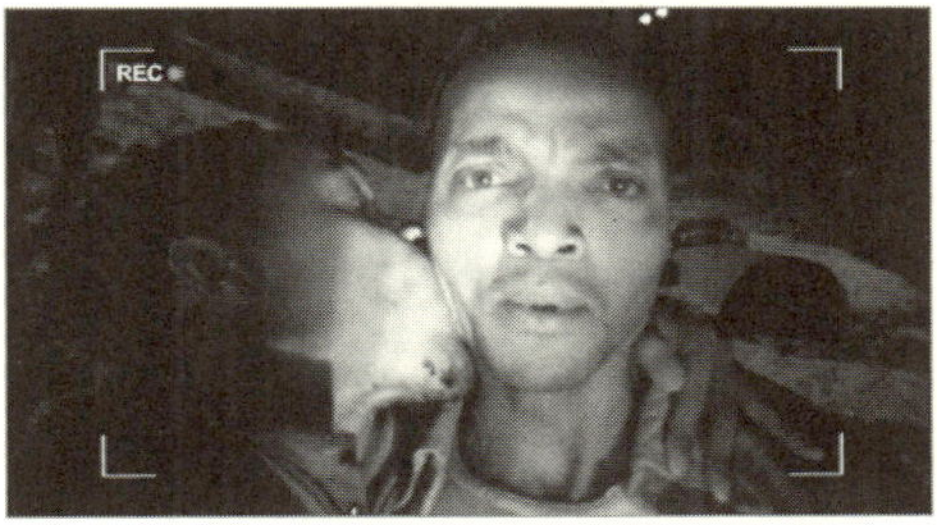

Ⅳ-19　『サン・オブ・マン』

この映画はここまで、一義的に解されるのを避けるために、反アパルトヘイトのメッセージをあえて抑えてきたのだが（先述したように、敵対する側は白人ではなくて同じ黒人である）、最後になって堰を切ったように暗い記憶が噴出してくるのだ。

町を見下ろすように高々と掲げられたイエスの十字架の背後に構えたカメラは、丘へと登ってくる人々の列を、遠くから、しかしはっきりと俯瞰するように映しだす。その数はたちまちのうちに増大していく。するとマリアがおもむろに「この地は闇に包まれている」と歌いはじめる。この歌詞は、イエスが息を引き取る直前、昼の十二時にもかかわらず「全地は暗くなり、それが三時までつづいた」（マルコ15:33）という福音書の記述に基づくものである。すると、そこに集まった大勢の老若男女が次々とその歌に唱和していき、一気に大合唱となる。短い歌詞のフレーズをエスニックな曲調に乗せて何度も繰り返すその合唱をバックに、カメラは人々の表情をモンタージュで追っていく。しばらくすると、誰からともなくその曲に合わせるように力強くステップを踏みはじめ、これもまた全員へ伝わっていく。歌はいつのまにか「闘士たちよ、団結と自由だ！　仲間よ、勇気を！」という掛け声に変わっている。この歌とダンスのシーンは実に五分近くもつづく。全編が九〇分の比較的短い映画だから、このシークエンスがいかに大きなウェイトを占めているかがわかるだろう。

Ⅳ-20　『サン・オブ・マン』

それを中断させたのは、空（ヘリコプター）と陸からその場に駆けつけてきた軍隊による発砲である。逃げ惑う民衆。だが、マリアはそれにもめげることなく、ふたたび立ち上がって「この地は闇に包まれている」と先の曲を新たに口ずさみ、ステップを踏みはじめる。すると、その場に残っていた数十人の仲間たちもかがめていた身を次々と起こして、マリアに唱和しステップを合わせる。このとき、フレームの両端には機関銃を握る兵士の腕が大きく写っていて、マリアたちはそれらに挟まれるようにして画面の奥にいる。イエスの十字架もフレームの右にしっかり収まっている（図Ⅳ―21）。カメラがゆっくりと前進していき、機関銃がフレームから外れると、マリアを中心にした素朴だが力強い歌とダンスに焦点が合わせられる。この一分半の長回しは、本作のなかでももっとも美しくて感動的なショットであると、わたしは思う。地母神的とも形容できるマリアの迫力ある存在感がいちばん際立つ場面でもある。

Ⅳ-21 『サン・オブ・マン』

つづくショットで、路傍の壁に描かれたイエスの十字架の絵――グラフィティ――が二〇秒近く写された後、場面は茶褐色の乾いた地面へと突然に転換する。するとその地肌を這うようにして大きな人影が姿を現わし、さらにそれよりも小さな人影が次々と加わってくる。いうまでもなく、復活したイエスとそれを喜ぶ天使たちの影である（図Ⅳ―22）。しばらくそれらの影をとらえたカメラは、つづいて微笑む黒い天使たちの表情をクロースアップにする。福音書でも天使はイエスの復活を見守っていた。これらのショットにつづいて、今度は丘を登る男――復活したイエス――の大きな背中が映し

IV-22　『サン・オブ・マン』

だされる。無数の子供たち（ここでは頭や胸に羽を付けていない）が彼に従っていく様子がロングショットでとらえられる。ここでイエスの復活は字義どおり以上の意味をもつように思われる。というのも、圧政下にあって、たとえひとりの「イエス」が犠牲になったとしても、また別の「イエス」が現われることが期待されるからである。

次のショットでカメラは彼らに寄ってきて、イエスが観客の方に振り向いて、子供たちを前に右手を大きく上げてガッツポーズをとると、その瞬間にフリーズフレームとなって本編が終わる。この復活の約二分余りのシークエンスでは、「太陽は春に山の上を上るだろう」という歌詞の大合唱が高らかに流れている。受難のシーンとは打って変わって、この悦ばしくも希望にあふれるラストは、いったい何を意味しているのだろうか。少なくとも制度上はアパルトヘイトが廃止されたことを暗示しているのだろうか。だが、話はそれほど単純でもないだろう。一般にフリーズフレームという手法が「宙吊り」の効果をもたらすとするなら、物語（歴史）はまだ完結したわけではないこと、未決定で保留にされたまま未来へとつながっていることを示唆している、と読むこともできる。ちょうど、フランソワ・トリュフォーの『大人は判ってくれない』（一九五九年）のラストシーンにおいて、少年院を抜けだして海辺を自由に駆けまわる主人公の少年のフリーズフレームが、その後につづく彼の人生の物語のはじまりを画していたように。

# V　その子はいかにして生まれたのか

キリスト教徒ではないわたしたちでもよく知っているように、マリアは処女にして神の子イエスを宿したとされる。つまり、処女か母かのどちらかではなくて、マリアの場合には、そして彼女に限って、同時に処女と母のどちらでもあるということだ。実のところ、これは完全なるパラドクスではないだろうか。「不条理ゆえにわれ信ず」、この名言を吐いたのは、初期キリスト教を代表する教父テルトゥリアヌス（一六〇頃—二二〇頃）とされるが、処女懐胎はまさしくその最たるものでもある。このパラドクスはまた、神秘にしてかつスキャンダルでもあると言い換えることができる。なぜなら、姦通の疑いが浮上せざるをえないからである。事実、身に覚えのない婚約者のヨセフがその疑いを抱いたことは、福音書のなかにもちゃんと記されている。生まれてくる子の養父となるヨセフは、見方によっては危うくて哀れな存在なのだ。こうした問題含みの興味深いテーマが神学的にいかに解釈され図像化されてきたのか、それについてわたしは以前に書いたことがあるのでそちらを見ていただければ幸いである（『処女懐胎』）。

では、映画ではどうだろうか。それがまさしく本章の主題である。別の言い方をすると、これはまたデリケートな問題でもある。そもそもイエスは神の子なのか人の子なのか、あるいはイエスにおいて神性と人性とはいかなる関係にあるのか、それはすでに初期キリスト教の時代から盛んに議論されてきたことであった。こうした神学上の重要問題にくわえて、映画の場合にはまた特殊な事情が絡んでいる。とりわけハリウッドでは検閲制度——ヘイズ・コード——によって、一九三〇年代から六〇年代まで広く出産シーンを描くことが禁じられてきたという経緯がある。ちなみに、そのヘイズ・コード成立の立役者となったのは、アメリカのイエズス会士にして作家のダニエル・ロードで、彼はデミルの『キング・オブ・キングス』の製作協力者としても知られる。

今日でこそ、一般に出産シーンは新たな命の誕生の喜ばしい瞬間として感動的に描かれることが多いが、わたしが子供のころには、テレビなどでもむしろ意識的に避けられていたという印象が強い。その意味では、たとえばジガ・ヴェルトフ（一八九六―一九五四）がドキュメンタリー映画『カメラを持った男』（一九二九年）で、一市民の実際の出産シーンを真正面からとらえたリアルな映像は、ほとんど例外的なものだろう。世界的大ヒットとなったヴィクター・フレミング（一八八九―一九四九）の『風と共に去りぬ』（一九三九年）では、ベッドに横たわって陣痛に苦しむメラニーと、その出産を取り仕切らざるをえなくなったスカーレットの孤軍奮闘とが、薄暗い部屋のなかほとんど影のような黒いシルエットで二〇秒間ほど映されるだけで、出産そのものはおろか、妊婦の表情さえうかがい知ることはできない仕掛けになっている。こうしたタブー視にはおそらく、出産を穢れととらえる古来の見方が根強く残っていたことが原因の一端にあると考えられる。仏教はいうに及ばず、ユダヤ教でも、神がモーセに伝えるかたちで、産後の「清め」の期間をこと細かく定めているのである（『レビ記』12:2-6）。マリアもまたこの慣例に倣って、清めの期間が過ぎたとき、ヨセフとともに子を連れて神殿に詣でている（ルカ 2:22）。迫真的な出産シーンを描いたアルフォンス・キュアロン（一九六一生）の『トゥモロー・ワールド』（二〇〇六年、原題は「人類の子供たち」）のような映画がつくられるようになるのは、そんなに昔のことではないのだ。ちなみに、人類が生殖能力を失った近未来世界というその設定において、奇跡的に妊娠した黒人の女キーと、その出産を手助けする主人公の男セオには、マリアとヨセフのイメージが遠くこだましているようにわたしには思われる。

## サイレントからヘイズ・コード時代における降誕シーン

さて、前置きはこれくらいにして具体的に作品を見ていこう。サイレントの時代には、イエスの降誕は、「受胎告知」の場面につづいて、すでに誕生している幼児をマリアとヨセフが拝跪するという場面でとらえるのが定石で、出産そのものが描かれることはない。ここには明らかに絵画の伝統からの影響を見て取ることができる。たとえば、フェルディナンド・ゼッカ（一八六四—一九四七）の『キリストの生涯と受難』（一九〇二—〇五年、四四分）では、飼い葉桶をはさんでマリアとヨセフが跪くと、その桶のなかから赤子が徐々にフェードインしてくるという演出になっている（図V—1）。すると今度はカットを入れることなく、カメラが右にパンをすると、東方三博士の行列が到着する様子をとらえ、さらにもういちど左にパンをして、彼らが聖家族へ貢物を捧げるという一連の流れが描かれる。例外的なのは、第Ⅱ章で触れたアンタモーロの『クリストゥス』で、そこでは先述のように、藁葺きの小屋の隙間から漏れる光の効果のみによって、神の子の誕生の瞬間が暗示されていたのだった。

さらに、一九六〇・七〇年代の映画でも、マリアの出産そのものがスクリーンに載ることはほとんどない。ニコラス・レイ（一九一一—七九）の『キング・オブ・キングス』では、急に産気づいたマリアの出産場所を懸命に探すヨセフと東方三博士の旅の行列とが交互に描かれるが、マギたちが厩《うまや》に到着したときにはすでに幼児は生まれている。この映画の封切は一九六一年のことだから、おそらくはヘイズ・コードがまだ効いているのだろう。ジョージ・スティーヴンス（一九〇四―七五）の『偉大な生涯の物語』（一九六五年）では、「はじめに言《ことば》があった。言は神とともにあった」にはじまる、名高い『ヨハネによる福音書』の書き出しの一節がヴォイスオーヴァーで流れると、赤ん坊の片手だけが光輪に包まれるという象徴的なシーンで映画が幕を開ける。これではまるでその子の誕生にマリアはかかわっていないかのようだが、それというのもこの福音書では、父にして言（ロゴス）でもある神が肉となった（1:14）と、あたかも父ひとりの単為生殖であるかのように、その福音書には書かれているからである。出産シーンが外されるという点では、パゾリーニやロッセリーニの場合もまた例外ではない。

V-1 『キリストの生涯と受難』

## 陣痛のマリア――ゼフィレッリの『ナザレのイエス』とそれ以後の変化

これらにたいして、マリアの出産を比較的詳しく描いているのは、フランコ・ゼフィレッリ（一九二三生）

の『ナザレのイエス』（一九七七年）である。ここでわたしたちは、激しい陣痛に苦しむマリア（オリヴィア・ハッセー）の姿をおそらく史上はじめて目撃することになるのだ。それはまさに、母になる喜びと苦しみを世の女性たちとともに分かち合うマリアに他ならない。人里離れた洞穴のなかの厩であえぎいきむマリアと（図V―2）、彼女に優しく手を差し伸べる不安そうなヨセフとが、何度か交互にクロースアップになると、そのヨセフの心配そうな表情に重なるようにして、幼児の泣き声がヴォイスオーヴァーで流れる。そしてヨセフは生まれたばかりの子を抱き上げ、「ご覧」といってマリアに差し出すのである。

V-2 『ナザレのイエス』

管見では、ここには外典の『ヤコブ原福音書』（二世紀半ば）の記述が緩やかに反映されているように思われる。この外典には、四福音書では語られることのないマリアの誕生から、彼女がイエスを身ごもり出産するまでの顛末が物語性豊かに描写されていて、婚約者マリアの妊娠と出産に戸惑いながらも、かいがいしく世話をするヨセフが登場するのである。洞穴のなかという設定も一致している。出産から羊飼いの礼拝へといたるこのシークエンスでは、光と闇の対比が際立たされ、カラヴァッジョ派の絵画を見るような味わいもある。またこの外典では、産婆に助けを借りたこと、そしてサロメという女がマリアの下腹部に手を入れて処女であることを確かめたこと（その罰でサロメの手は焼けただれる）までも記されているが、ゼフィレッリ作品では、産婆は出産後に到着するから、それだけヨセフの奮闘ぶりが際立つことになる（一方、サロメの生々しいエピソードは省略されている）。くわえて、本作でヨセフの活躍がことさら強調される背景には、出産をめぐる考え方の変化もまた関係しているように思われる。いわゆる立会い出産がいつごろから提唱されるようになったのか、わたしは不勉強で知らないが、出産が妻だけのものでなくて夫のものでもあるという意識は、女性の社会進出とも関連して、欧米でもそれほど古いことではないだろう。

さらに一九九〇年代に入ると、まるで拍車をかけるようにして、聖母マリアを主人公にした映画が盛んに製作されるようになるが、その背景には、教皇パウロ六世（在一九六三—七八）がマリア信仰を奨励し（「マリアリス・クルトゥス」）、マリアを「教会の母」にして「教会の模範」にまで格上げしたというカトリックの事情もあるだろう（O'Brien 73）。なかでも注目される作品として、フランスの名匠ジャン・ドラノワ（一九〇八—二〇〇八）の最後の作品となった『ナザレのマリア』（一九九五年）、もともとテレビ用にイタリアで製作されたファブリツィオ・コスタ（一九五四生）の『息子の娘マリア』（一九九九年、「息子の娘」という矛盾したタイトルはあえて選ばれたもので、マリアをイエスの母にしてかつ娘とみなしてきた古くからの神学的伝統に根ざしている）、アメリカの女流監督キャサリン・ハードウィック（一九五五生）の『マリア』（二〇〇六年、原題は「降誕の物語」）、さらに『春のかけ足』などで知られるイタリアの監督ジャコモ・カンピオッティ（一九五七生）の『新約聖書 イエスと二人のマリア』（二〇一二年、原題は「ナザレのマリア」）などが挙げられる。これらに交じって、『昼下がり、ローマの恋』や『踊れトスカーナ！』などで知られるイタリアの名監督ジョヴァンニ・ヴェロネージ（一九六二生）がメガホンをとった『愛のため、ひたすら愛のために』（一九九三年）のように、長らく不本意な運命を甘んじて受け入れてきたヨセフを主人公に担ぎだした作品もある。マリアによるイエスの出産の顚末はまた、ヨセフの葛藤と奔走をめぐる物語でもあるのだ。もちろん、ここに列挙したものはある意味でカトリック色の濃い作品であるが、いずれにしても、いまさら出産シーンを避けて通ることはできないし、女性の社会進出とフェミニズムの社会潮流を無視することもできない。以下では、これらの作品の特徴的なシークエンスに目を向けてみることにしよう。

## 一九九〇年代から現代の作品におけるマリアの出産——外典とフェミニズム

ドラノワ作品は、一世紀の物語に第二次世界大戦を連想させる仕掛け——ユダヤ人を虐待するローマ帝国、ヒトラーのようなカエサル——がそれとなく施されているのだが、登場するヨセフはあまりにも優しいフェミニストである。身に覚えのない婚約者の妊娠を知って、本心では動揺し悩んでいるにもかかわらず、マリアには「誰とどこでいつ何があったかは聞かないよ」といたわるように告げる。マリアはもちろん微塵の後ろめたさもないから、ヨセフに感謝しつつもすがすがしいまでの微笑で応じ、わかってくれる日が来ることを信じて疑わない様子だ。つづいて産気をもよおすマリア、産みの苦しみにあえぎ、そしていきむマリアと、彼女に寄り添うヨセフの姿は、ゼフィレッリのそれを想起させるが、ここでは誕生それ自体や生まれた幼児のシーンは描かれないまま、羊飼いの礼拝と東方三博士の礼拝へと場面は移っていく。やや美化しすぎているというそしりは免れないとしても、ドラノワはイエスの誕生を、神秘にして奇蹟であると同時に、人間的な愛の結果でもあるとみなしているように思われる。

ファブリツィオ・コスタの作品は、息子イエスの磔の死を目の当たりにして気絶した母マリアのフラッシュバックという、斬新な設定で物語がはじまり、主に外典に基づいて、マリアの幼年期からヨセフとの婚約、さらに受胎告知へと進んでいく。マリアの妊娠を知ったヨセフはここで、人並みに動揺し悩み怒る。さらに『ヤコブ原福音書』に基づいて、「苦い水」のエピソードが挿入される。それとは、旧約聖書に規定されたユダヤの裁きで、姦淫の疑いのかかった女は祭司から「呪いをくだす苦い水」を飲まされるが、潔白であればその呪いを免れるというものである（『民数記』5:11-31）。マリアがその裁きを受けて無事にクリアしたと報告するのは外典のみで、福音書には一切記されていない話なのだが、「苦い水」がユダヤの厳格な掟であるなら、たしかにマリアもそれを試された可能性は皆無ではない。

つづいてローマ帝国による住民登録のために故郷のベツレヘムに向かう途中、人里離れたところで産気をもよおすマリア、あわてて彼女を横にして、助けを求めに走るヨセフの場面もまた、大筋で外典に依拠している。とはいえ、コスタのこの作品では出産シーンそのものは描かれず、産声を聞いたヨセフが引き返すと、マリアがすでに幼児を抱いている。いずれにしても、イエスの誕生について、近年の映画では福音書よりも外典が参照されることが多いのは、そこでは、神の子というよりも人の子として、また奇蹟的というよりも現実的な出来事として語られているからである。この映画ではさらに、死の床に伏したヨセフがマリアに向かって「おまえの息子、おまえの仲間、おまえの夫」とか細い声で語るが、それは自分ではなくてイエスのことをさしている。少年に成長したイエスは息を引き取ろうとする養父に、「大好きだよ、父さん」といって抱きつく。はじめて「父さん」と呼ばれるのを聴いた瞬間にヨセフは息絶えていく。マリアはイエスの母なのだが、そのイエスから教会（エクレジア）が生まれ、イエスと教会は連れそう。教会はイエスの花嫁でもあり、マリアによって教会が象徴される。このようにマリアを「息子の花嫁」ととらえる考え方はすでに初期キリスト教の時代にさかのぼるものである（ed. Loughlin 300）。マリアは、同時に処女にして母、娘にして花嫁でもあるわけで、女性のあらゆるステータスを同時に一身に背負う存在でもあるのだ。

ハードウィックの『マリア』は「降誕の物語」という原題にたがわず、一段と踏み込んだ出産のシーンになっている。ここでも近年の例にもれずおおむね外典が参照されているが、劇的でかつ象徴的な要素が新たに脚色されている。たとえば、ベツレヘムへ向かう途上、川を渡るマリア（ケイシャ・キャッスル＝ヒューズ）とヨセフ（オスカー・アイザック）を一匹の蛇が襲おうとする。驚いてわななくロバから身重のマリアは落ちてしまい、激流にさらわれそうになるところを、ヨセフが無事に助けるのである。勘のいい読者の方はすでにお気づきのように、ここで蛇はサタン、とりわけアダムとイヴを原罪に陥れたエデンの園の蛇を象徴していると思われる。神学的で図像学的な伝統によると、マリアはまた原罪に打ち勝つ「新しいイヴ」と呼ばれ、蛇を踏みつける姿で表現されてきたという経緯がある。ハードウィックのマリアも、蛇（の誘惑）を乗り越えるのだ。

V–3 『マリア』

ベツレヘムを目前にして急に産気づくマリア、あわてて宿を探しに走るヨセフだが、それでも見つからず洞穴のなかの厩に妊婦を横たえる。これらが東方三博士の旅と交互に描かれる。ここまでは他の類作にもある筋書きだが、この作品では、まるでリアルタイムのように、いきむマリアの身体と表情とがクロースアップでとらえられるのである。ヨセフはマリアの両脚を開き、その股間にひざまずいて彼女を励まし、そしてついに産声を上げて出てくる赤子をその手で取り上げる（図V―3）。それはあたかもラマーズ法の立会い出産を見るかのようでもあるが、映画のなかでは夫が助産婦の役割すら果たしているのである。この間ずっと、洞穴の天井の隙間から一条の神々しい光が差し込んでいるが（それは同時に、マギたちの旅を導いてきた星の輝きでもある）、出産そのものはまぎれもなく人間的な出来事として描かれているのである。それゆえこの映画は一部のカトリック信者から批判されたという事後談までついているほどである（O'Brien 21）。

## もしもマリアが現代人だったら――『ゴダールのマリア』

ところで、批判の対象となったという点では、ジャン＝リュック・ゴダールの『ゴダールのマリア』（一九八四年、原題は「おめでとう、マリー」）に比肩する作品は他にないのではないだろうか。開かれた教皇として知られ、十字軍について公式に謝罪したポーランド出身のヨハネ・パウロ二世（在一九七八―二〇〇五）でさえも、この映画を名指しで批判したほどだ。これまでの作品と異なるのは、マリアの処女懐胎、ヨセフの戸惑いや怒りと最終的な受け入れ、そしてイエスの誕生というよく知られた物語が、現代に移し替えられ、ゴダールの故郷スイスを舞台に展開される点である。マリーは恋人ジョゼフに二年ものあいだ身体に触れることもキスすることも許さなかったにもかかわらず、あろうことか妊娠したのだ。マリー（すなわちマリア）は、ここで惜しげもなく幾度も観客の前にその若々しい肉体をさらす。図像の伝統において、聖母はこれまで授乳のために乳房を見せることはあっても、女神ウェヌスではあるまいし、その裸の全身を人目にさらすことはなかったのだが。

では、なぜこの前衛的な映画作家は、西洋では取り立てて珍しくもない浮世離れしたような処女懐胎のテーマをあえて取り上げたのだろうか。もともとゴダールが、カトリックのシネフィルにして映画作家たち——エリック・ロメール、フランソワ・トリュフォー、ジャック・リヴェット等——と親交のあったこと、さらに一九八〇年代に入るとそれまでの政治色の濃いものから歴史や宗教のテーマへと関心を相対的にシフトさせたことは、よく知られている。また、マリーの妊娠と出産の物語を、どちらかというとパロディ的でキッチュでスラップスティック風に描くことで、女性を従属的ステータスに追いやってきた家父長的な教会への批判を展開している、という見方もあるが（O'Brien 47）、これはわたしにはやや短絡的な解釈のように思われる。それにたいして、他でもなくゴダール自身がここで見えない神の役割を果たし、まさしくマリー（ミリエム・ルーセル）の上に「影」として覆いかかり、精神（聖霊）を吹き込み、新しい生命——本作——を誕生させるという解釈もあるが（Brody 458）、これにはたしかに首肯できるところがある。それでなくてもこの監督には、創造者としての自己を創造主のアルターエゴのように表象する傾向があるのだ（Shafto）。本作でマリーは、自分が妊娠した原因として「神の影」を口にするのだが、たしかに『ルカによる福音書』によるとマリアが神の子を宿したのは、「いと高き方［神］の力があなた［マリア］を包む」ためであった。この「包む」は、ラテン語訳では「影で覆う、影をつくる（アドゥンブラビト）」という動詞に相当する。ゴダール（のマリー）の念頭にあったのは、福音書のその部分だったに違いない。ちょうど、神の影に抱かれたマリアがイエスを孕んだように、ゴダールの「影」がマリー役の女優ミリエム・ルーセルを包み込むことで、この作品が誕生するのだ。

とはいえ、こうした作家主義的な解釈は別にしても、一見して型破りでノンシャランスにみえる本作には、随所に宗教的——プロテスタントはマリア信仰に限定的か否定的だから、むしろはっきりとカトリック的——なシンボリズムの要素がちりばめられていて、それが本作をいっそう味わい深いものにしている。右記の「影」もそのひとつである。また、「受胎告知」は福音書では、神から遣わされた大天使ガブリエルがマリアの家に降りてきて神のメッセージを告げた出来事とされ、絵画にもそう表現されてきたが、ゴダールの映画では意外なことにも舞台はマリーの父親が営むガソリンスタンドになっている。それというのも、おそらくフランス語の「ガソリン」を意味する「エサンス」には、「本質、エキス、精」などの意味もあるからで、マリア（マリー）はまさしく神の「ガソリン＝エキス」を知らないうちに注入されて、懐妊したのだ。

その大天使ガブリエルの登場もまた意表を突いている。映画がはじまるや、いきなりジェット機が轟音とともに地上に降りてきて空港に着陸し、ぶっきらぼうな男と気丈な少女が到着する様子が描かれるのだ。いうまでもなくその男が大天使ガブリエルで、少女はおそらく、神を称える高位の天使、熾天使（セラフィム）か智天使（ケルビム）のどちらかを暗示していると考えられる。二人はこのとき、タクシー運転手という設定のジョゼフの車に乗り込み、例のガソリンスタンドに向かうのだ。思いもよらないメッセージを伝えられたマリーは、聖書のマリアと同じく動揺を隠しきれない。

そのマリーはまた、地区のバスケットチームの選手で、さすがに妊娠を知ってからは控えるだろうと思われるにもかかわらず、まだプレーしている映像が「受胎告知」のすぐ後に組み込まれている。このバスケットボール選手という設定も一見して突飛に思われるが、「バスケット（籠）」が伝統的に母体の象徴とみなされてきたことにかんがみるなら、ありえなくはない編集なのだ。

さらに、マリーの話とは何の脈絡もなく、映画の前半と中盤の随所で、エヴァ（イヴ）なる女学生と物理学の教授との不倫の映像がしばしば差し挟まれる。このサブプロットはもちろん、イヴとマリアとを対比させてきた古くからの神学的伝統――いわゆる「タイポロジー」――に基づいている。読んで字のごとく、EVA はまさしく AVE（Maria）――「おめでとう、マリア」――を逆さまにした呪われた存在なのだ。たとえばルネサンスの絵画において、「受胎告知」の背景に「アダムとイヴの楽園追放」が小さく描き添えられることがあるが、こうした図像に、ゴダールの手法の遠い源泉を求めることができるだろう。

V-4　『ゴダールのマリア』

　とはいえ、この映画監督は本編で、禁断の木の実リンゴを、エヴァだけではなくてマリーにもまたかじらせている。それは、ジョゼフに電話をかけるショットにおいてで、部屋の壁には小さくクールベの《小麦をふるいにかける女たち》（一八五四年、ナント美術館）の複製がかかり、これ見よがしにそこにライトが当たっている（図V―4）。『気狂いピエロ』（一九六三年）や『パッション』（一九八二年）が顕著に示しているように、ゴダールが美術史にも精通していることを考慮するなら、この選択は偶然とは思われない。というのも、そのクールべ作品には、性や血への暗示が込められているとされるからである。さらに二人は、まったく別々のシチュエーションで同じセリフをしゃべることもある。話し相手――マリーの場合には天使のお供の少女、エヴァの場合には不倫相手の教授――が発した「ヴォワ」という語にたいして、それは

「道 voie のこと、それとも声 voix のこと」と問い返すのだ。エヴァ（イヴ）は神によって定められた道を踏み外し、マリー（マリア）は神の言葉（ロゴス）によって身ごもったのだとすれば、二つの「ヴォワ」もまた密接な関係にあるのだ。二人とも神の二つの「ヴォワ」、「道」と「声」のあいだで翻弄されているのだから。

## マリーの身体——肉と霊が葛藤する場

このようにゴダールにおいて、マリア（マリー）とイヴ（エヴァ）の二人は、必ずしも、伝統的な神学が主張してきたような対立の関係にあるわけではない。エヴァと同じくマリーもまた、観客の前に惜しげもなくその裸身をさらす。とりわけ、終盤に繰り返されるマリーの身体への執拗なまでのカメラの接近は（図V—5）、本作の最大の見せ場である。ジョゼフは幾度もマリーの身体に触れようとするが（図V—6）、そのたびにマリーから拒絶され、あげくには突然ガブリエルまで現われてきてジョゼフの手を止める。「掟」だから許されない、というのだ。たしかに、聖書と同じく、二人はまだ婚約中の身である。マリーに触れることができるのは、その掟を定めた神、そ

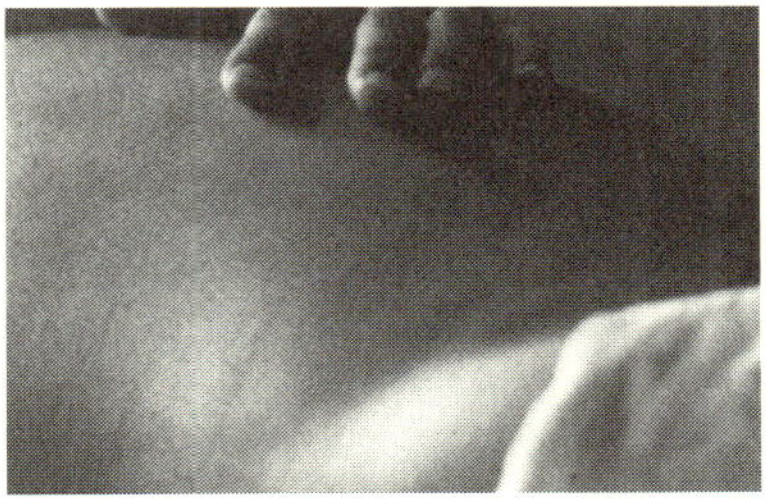

V-5 『ゴダールのマリア』

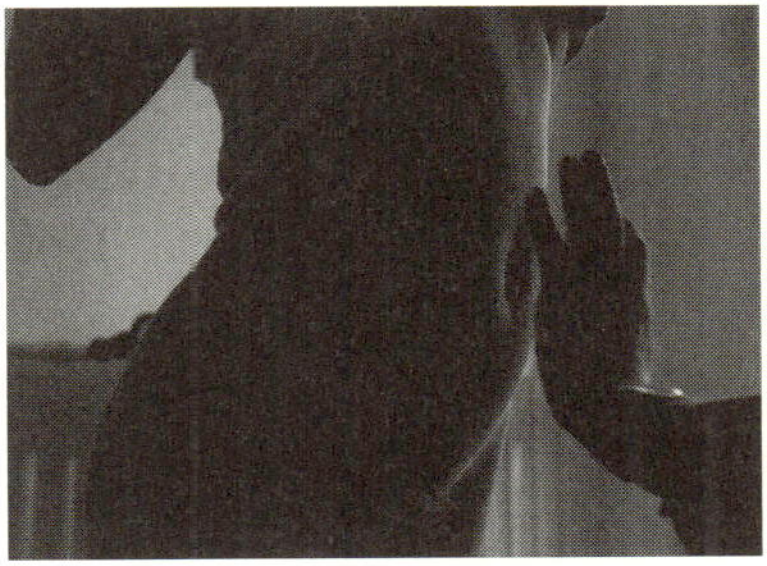

V-6 『ゴダールのマリア』

してゴダールだけなのだ。ジョゼフはついに「もう二度と君には触れないよ」と、マリーに優しく告げる。

こうして最後に、マリーと不可視の神との、あるいは霊魂と肉体との葛藤の長いシークエンス（約六分半）がくる。ベッドに横たわりもだえるマリーの身体——全身と部分、とりわけ下腹部——を、カメラはさまざまな角度からとらえる。その断片的な映像のモンタージュに呼応するように、ドヴォルザークの『チェロ協奏曲』（一八九四―九五年）がやはり断片的で唐突にバックに流れては中断を繰り返す。マリーは、苦しんでいるようにも、あるいはエクスタシーに浸っているようにも見える（おそらくはその両方だろう）。この間ずっと彼女は、「わたしは肉体に幽閉された魂。わたしの魂がわたしの心を痛める。わたしの魂とはわたしの性器」とか、「わたしの身体の上で両親に死ぬほどセックスをさせる、そうすればサタン（ルシファー）は死ぬだろう」とかと、性的でかつ霊的でもあるような独白をつづけている。ついには、「神はわたしを苦しめる吸血鬼。神は苦しむことなく、わたしの苦しみを利用する」——ゴダール自身によると、このセリフはアントナン・アルトーから引かれている（Brody 463）——という瀆神的な独白まで飛びだす始末。また、このシークエンスは他のスタッフを外して、マリー役のミリエム・ルーセルと監督ゴダールの二人だけで撮影されたというから（Brody 463）、神に憑かれたマリーと、ゴダール（神のアルターエゴ）に憑かれたミリエムとがまさしくひとつに重なることになるのだ。

マリーの身体の断片のクロースアップとともに、このシークエンスの特徴となるのは、何度もモンタージュされる自然の光景——夕陽、月、水面、植物や動物——である。ここに、メルロ＝ポンティの「肉」の思想、つまり身体と世界とのキアスム（交差配列）的関係を読み取ろうとする解釈もあるが（Kristensen）、わたしにはこれはやや強引なように思われる。それよりもむしろ、太古より女性性が自然（大地や水）と結び付けられてきたことと関係するとみなすのが妥当だろう。さらに処女マリアは、「太陽を身にまとい、月を足の下にして、頭には十二の星の冠をかぶる」という『黙示録』（12:1）のなかの神秘の女と同一視されてきたという、神学的な伝統がある。この図像はまた、マリアの「無原罪」を表わすものとして、とりわけスペインのバロック美術で好んで取り上げられた。マリアは太陽と月と星々に包まれ守られてきた存在でもあるのだ。しかもこの黙示録の女もまた子を宿していて出産を待っている。このシークエンスだけでなく映画の全編で、夕陽や月、そして日に映える水面が繰り返しモンタージュされているのには、こうした黙示録に由来する意味もあると考えられる。マリーは黙示録のなかの「太陽を身にまとう女」でもあるのだ。

苦悶の末にマリーは神を受け入れる。福音書のマリアがそうであったように。マリーの独白、「わたしは諦めない。諦めるのは惨めだ。人は神の意思を甘んじて受け入れ、愛されるがままなのか。それは明らかに思えた。あまりにも明らかだ」。これにつづいて、またもバスケットボールの試合のショットに切り替わるが、すでにお腹の大きくなったマリーは、今度はさすがにプレーすることはなく、ジョゼフと観戦している（ここでも夜空の満月が三カット映される）。すると場面は突然、夜空にジェット機が飛び立ったかと思うと、赤ん坊の泣き声が聞こえてくる。牛やウサギや馬がクロースアップで差し挟まれる数カットは、伝統的な厩の図像を想起させる。また、生まれたばかりの幼児を見つめるロバの表情も二度にわたってクロースアップになるが（それぞれ七秒と一二秒）、このショットは映画ファンなら、ロバを主人公にしたロベール・ブレッソンの『バルタザールどこへ行く』（一九六六年）を連想しないではいられないだろう（後述するように、この作品もまたキリストと深く関わっている）。

ところで、本作中でマリーは二度にわたって、魂と肉体の関係に言及している。最初はマリーを診察する医者との、次にジョゼフとの会話のなかでのことである。いずれの場合も、魂に肉体が宿り、魂が肉体に影響するというマリーにたいして、相手はそれぞれ正反対の返事をする。ここにはもちろん、肉体と精神の葛藤という人間の永遠のテーマが反響しているのだが、マリーのセリフを真に受けて、肉体にたいする精神の優位が説かれていると解釈するのは早計だろう。ここまで見てきたように、マリーの身体にこそ本作の鍵があるのであり、その身体は差しだされると同時に拒まれ、神秘であると同時にスキャンダラスでもあり、閉ざされると同時に開かれてもいる。本章の最初でも述べたように、神学的にもマリアはまさしくそのパラドクスを体現してきたのであり、ゴダールの狙いもそこに焦点を当てることにあったように、わたしには思われる（一方、もうひとりの主役であるジョゼフの側から見るなら、スタンリー・カヴェルも言うように、「心的トラウマと懐疑論の物語」と解釈できるかもしれない［ed. Lock & Cavell xvii］）。

## 型破りのマリアの出産——キエーザの『イオ・ソーノ・コン・テ』

つづいて、残念ながら日本での公開はなかったが、本国イタリアで大いに物議をかもし（De Bonis）、欧米各国でも一部で評判になったグイド・キエーザ（一九五九生）の『イオ・ソーノ・コン・テ』（二〇一〇年）に登場してもらおう。タイトルのイタリア語は、人を励まし慰めるときに使う言い回しで、「君のそばにいるよ」という意味、マリアからイエスに向けられていると考えられる。それゆえ、イエスの誕生から、博士たちと議論したとされる十二歳までを描くこの作品の主人公は、むしろマリアの方であり、そのことは「世界を変えた少女の物語」という副題にも示されている。本編は老いたマリアの回想という形式をとる。若き日のマリアは、白人ではなくて茶褐色の肌の無名の少女が演じる。ロケ地はチュニジアで、その国の役者が多く登場し、バックに流れる音楽もアラブ風のものである。素人の積極的な起用と、アラブ的なエキゾチシズムという点において、パゾリーニとスコセッシの作品とを掛け合わせたような味わいもある。とはいえ、受胎告知や東方三博士の礼拝もなければ、天使や流れ星も登場しない。つまり、神聖さや神秘的なものへの暗示をほとんど退けて、ただ人間と自然のドラマにカメラを向ける。こうして、伝統的なステレオタイプや図像からかなり外れた演出があえてとられているのである。飽和した色調（とりわけ登場人物たちが身にまとう鮮やかな織物）と、光と闇とが織りなす多様な明暗のコントラストは、カラヴァッジョ中期の絵画を連想させるところがある。

マリアはすでに奇蹟の妊娠をしているが、身に覚えのないヨセフは、それを承知のうえで結婚を決意する。ヨセフは男やもめで二人の子持ちという設定だが、これは、イエスには兄弟がいたというマタイやマルコの福音書の記述を独自に解釈したものである。マリアの出産は、これまでに見てきた作品と同じように、ほぼ外典に準じていて、ベツレヘムを目前にして急に産気づいたマリアが、洞穴の厩でイエスを産み落とすという点で共通している。ただし、本作の出産場面には大きな特徴がある。慌てて誰か助けを呼びに走ろうとするヨセフを止めて、陣痛に苦しみながらもマリアは、「大丈夫、どうすればいいか知っているから」と応えるのだ。ヨセフがその場を立ち去ると、カメラは、マリアからゆっくりと後ろに引いていって画面がいちど暗転し（この間ずっと彼女のいきむ荒い息が聞こえている）、数秒後に赤ん坊の泣き声とともにふたたび徐々に明るくなると、かすかな光

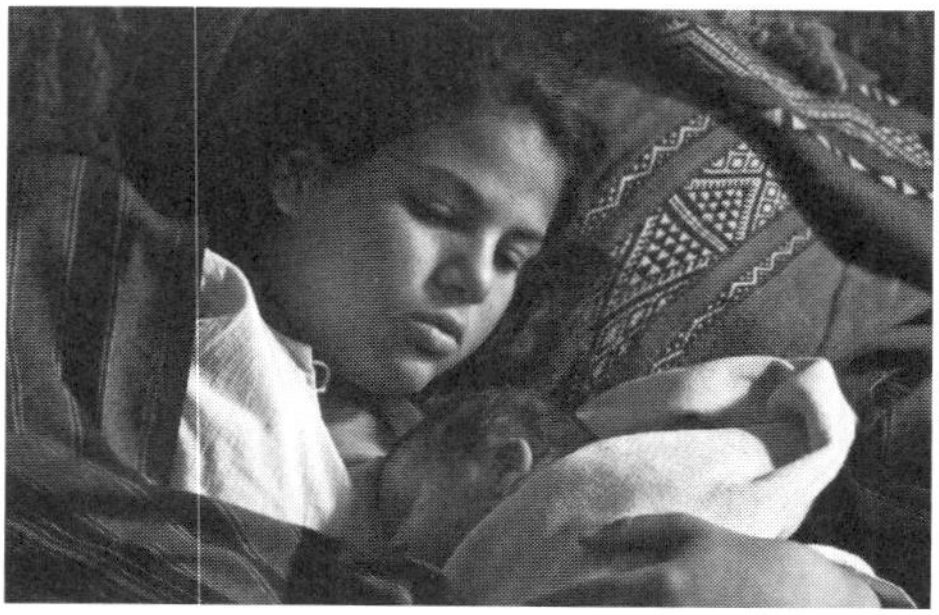

V‐7『イオ・ソーノ・コン・テ』

に照らされた厩のなかへと戻ってくる。ヨセフが助産婦を連れて帰ってみると、子供はすでに生まれている。これは外典の記述からもずれる筋書きで、マリアはこうして自力で困難を乗り切り、事を成し遂げるのである。ここではヨセフの影はむしろ薄い。

監督のキエーザは、神秘的な神の子の降臨という古めかしい解釈はもちろん、近代的な立会い出産風の描写も退けて、ごく若いけれども賢明にして勇気のある女性に起こった現実的な出来事として、マリアの出産を描こうとするのである。実はこの場面より少し前、マリアがヤギの出産をじっと見つめているシークエンスがある。厩に横たわるヤギの開いたヴァギナから小さくて黒光りする子ヤギが出てくる様子と、それを前にした真剣な眼差しのマリアとが、何回か繰り返してショット‐切り返しショットで描かれるが、それはまさしくリアルタイムの出来事である。こうしてマリアはすでに出産を擬似体験していたのだ。ゴダールのマリーも型破りだったが、キエーザのマリアもまた別の意味で定石から大きく逸脱している。

それればかりではない。本作のマリアはおよそすべてに関して破格で、ユダヤの掟をことごとく侵犯している。その子をイエスと名づけるのは母親のマリア本人であり、産褥期が晴れないうちから子に乳を与え（図V―7）、神との契約のしるしであるわが子の割礼すらも断固として拒絶する。神とアブラハムとの契約以来、ユダヤの男児に義務づけられているこの重要な儀式を、当然ながらイエスも受けていたに違いなかろうが、この映画ではそれが覆されているのである。作品の序盤では、義姉に授かった男児の割礼の様子がかなり克明に描かれている。泣き叫ぶ幼子、短刀を握る神官の手、血に染まる白い亜麻布、さらには切り取られるペニスの包皮さえも（図V—8）、次々とモンタージュされる。これら細部のクロースアップに挟まれるようにして、痛ましそうなマリアの表情が何度かやはりクロースアップになる。その頬には一筋の涙が流れているのも見える。思わずその場を立ち去るマリア。これがきっかけで、彼女はわが子に割礼を受けさせることを拒むことになる、というわけだ。だが、まだそれだけではない。本作では、後に洗礼者となるヨハネ誕生のエピソードも描かれるのだが、マリアに影響されたエリザベツもまた、わが子に割礼が施されないことを願うのだ。新約聖書によると、割礼をきっぱりと否定することになるのは、数々の書簡を残している使徒のパウロが最初であり、その教えはキリスト教の柱のひとつとなるが、この映画では、それよりも前にマリアがユダヤの厳粛にして伝統的な儀式をきっぱり拒絶しているのだ。

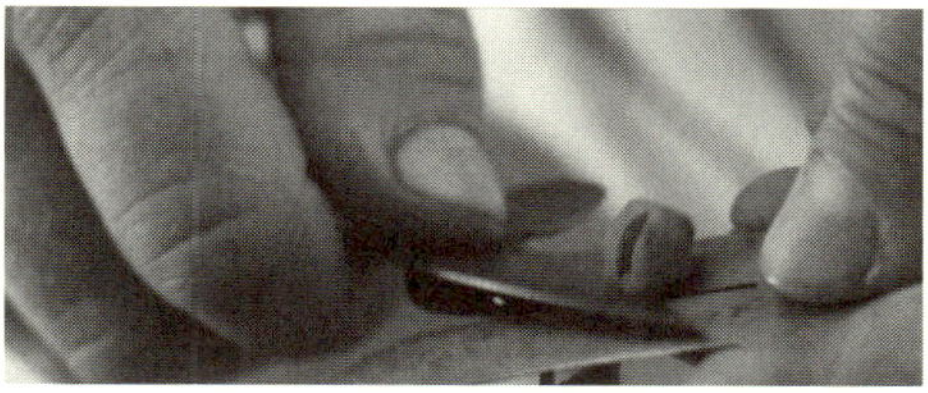

V-8 『イオ・ソーノ・コン・テ』

しかしながら、こうした物語の筋書きに若干の疑問が残らないわけではない。なぜなら、右記の割礼の場面は、ことさらその野蛮さや残酷さが強調されているようにも見えるからである。それゆえ、本作が公開されたとき、一部から反ユダヤ的でナチズム的という批判が浴びせられたとしたら、それも理由がないわけではない。しかも、わたしたち観客は同じような懸念を、つづく映画の後半の場面でも抱くことになる。すなわち、過越しの祭を祝うためにエルサレムの神殿にやってきたマリアとヨセフとイエスの「聖家族」が、神殿で次々と子羊たちが犠牲に捧げられるところを目撃するという場面である。カメラはそのシーンを、『レビ記』を踏まえながらやはり克明に記録していくが、それはまるで血に飢えた野蛮な儀式であるかのように見せているのだ。

「犠牲」よりも「慈悲」がずっと大切なのだと、そして、ユダヤの掟よりも尊重すべきものがあるのだと、マリアは幼いイエスにことあるごとに説いて聞かせる。イエスの教えはすでにマリアからそれとなく子に伝えられていたものである、それゆえマリアこそがキリスト信仰の原点にある、それはこの映画が主張しようとする革新的なメッセージであり、その意味において、家父長的で男性中心的なキリスト教の権威にたいする痛烈な批判として有効に機能しえている。そもそもマリア信仰は、地母神的で土着的な起源に根ざしているという点で、キリスト信仰よりもはるか古くにさかのぼる根源的なものなのだ。それゆえ、同じ監督が一九七〇年代のボローニャを舞台に描いた作品『あくせく働くな』（二〇〇四年）の脚本に参加した前衛的でアナーキーな匿名の作家集団「ウー・ミン」――その文学作品の幾つかは日本語にも翻訳されている――が、この映画をひじょうに高く評価するのも、偶然ではない。

とはいえ、本作がやや図式的なジェンダーや宗教の対立構図に陥っている、という批判もまた当たっていなくはない（De Bonis）。なぜなら、ユダヤ教はあまりにも原始的で暴力的な宗教に歪められているように見えるし、ヨセフはそのつど真剣かつ誠実に対応しているにもかかわらず、マリアに振り回されているという印象は否めないからである。作中でマリアは、旧約聖書が「男によって書かれた」ことを取り立てて非難するのだが、新約聖書を書いたのもまた男たちであることに変わりはない。本作に見え隠れしている他者（他宗教）への不寛容は、他でもなくキリスト教が、その教えに反するにもかかわらずこれまで何度も犯してきた過ちではなかったのか。一見したところ本作は、反権威主義的で人種的にもジェンダー的にも偏見のない立場に立っているように見えるにもかかわらず、その映像から伝わってくるメッセージはやや独善的であるように、わたしには思われる。ただ救いがあるとするなら、マリアを演じる少女の飾らない表情が、そうした宗教的で政治的なイデオロギー性を和らげてくれることである。

## 生まれなかった子――ズビャギンツェフの『ヴェラの祈り』

一方、「赤ちゃんができたの、あなたの子じゃないけれど」、妻が打ち明けたこの一言がすべての発端となるのが、アンドレイ・ズビャギンツェフ（一九六四生）の『ヴェラの祈り』（二〇〇七年、ロシア語の原題は「追放」）である。マリアの妊娠の話ではないが、この監督の他の作品と同じく随所に聖書やキリスト教的テーマへの暗示が見られるため、ここであえて取り上げておきたい。本作は、イエスの母マリアが象徴している、妊娠の神秘とスキャンダルを、現代に置き換えて転倒したかたちで描いている、と読むこともできるように思われるからである。同監督の『父、帰る』（二〇〇三年、原題は「帰還」）が、父親に緩やかにキリスト像――あるいはむしろアブラハムとその厳格な神――を投影させているとすれば、ちょうどこれと対をなすともいえる。

田舎のダーチャ（セカンドハウス）にやってきて、二人の子供が寝静まったころ、夫婦がテラスに出てくると、夫アレックスは妻ヴェラ（スラブ語で「信仰」、ラテン語で「真実」の意）に「酒でも飲もうか」と勧め、ボトルとグラスを取りに家のなかに入る。しばしひとり残された妻は、テラスの椅

V-9 『ヴェラの祈り』

子に両脚をやや開いてすわり、視線を少し上げて深い息をつく（図V―9）。テラスの幾何学的な構図の真ん中に妻の姿が収まっている。淡い闇に包まれた空気のなか、聞こえてくるのは、小鳥と虫のかすかな鳴き声だけ。この美しいショットはわたしには、まるでマリアの受胎告知の瞬間のようにも見えてくるのだが、それは我田引水だろうか。図像の伝統では、そのときマリアは自分の家で神の聖霊――鳩によって象徴される――を受け入れたのだった。戻ってきた夫が注いでくれたグラスの赤ワインを飲み干した妻は、言葉を搾り出すようにして先の告白をしたのである。その後しばらく沈黙が訪れるが、夫は無言のままグラスを捨てて森の方へと駆け出していく。まるでマリアの妊娠に戸惑い悩むヨセフさながらに。生まれてくるとしたら二人の三番目の子となるはずで（ちなみに娘の名前はエヴァ）、もちろんヴェラ（マリア・ボネヴィー）は処女ではないが、作中で彼女が身に着ける簡素なデザインの衣装は、すべて無地の青か白か朱の三色のみで、これもまた伝統的に聖母マリアの衣の色に他ならない。

　悩んだ末に後日、夫（コンスタンチン・ラヴロネンコ）は妻に堕胎を求める。この場面（一分強のワンカット）も意味深長である。

V-10 『ヴェラの祈り』

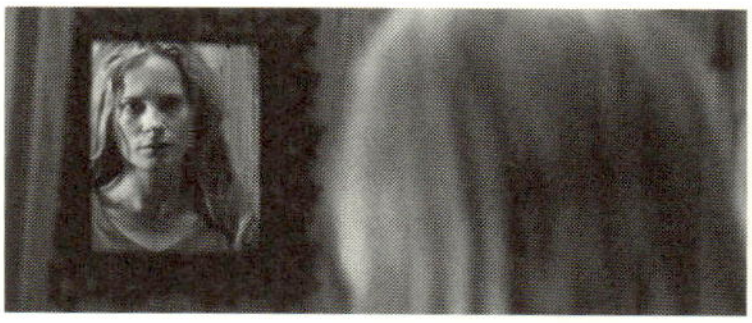

V-11 『ヴェラの祈り』

木立のなかを散歩する二人の上半身をカメラは横からゆっくりと平行に追っていく。二人が一緒にフレームに収まることもあれば、それぞれが立ち止まるために、どちらか片方だけの場合もある。一方的にしゃべる夫を後ろに残して妻が少し進むと、次の瞬間に手前で待ち構えている夫の背中が、意表を突いてフレームに飛び込んでくるのである（図V―10）。まるで妻の行く手を阻むかのように。カメラの後ろから先回りでもしない限り、これは普通ではありえないショットである。「好きにして」、妻は手前にはだかる夫の決定に従うことになる。

散歩から戻って夫が電話で手はずを整えているあいだ、妻は鏡に映る自分の憔悴した表情をずっと見つめている。その鏡像はさながら彼女自身の遺影のようでもある（図V―11）。ほぼ中盤に位置するこのシークエンス以後、妻の姿はきっぱりとフレームから消えてしまう。ズビャギンツェフの描く現代のヨセフは、イエスの養父とは異なって、妻の言葉を真に受けて不義の子と勝手に思い込み、受け入れることも赦すこともできないのだ。ダーチャのなかで秘密裏に堕胎がおこなわれているときも、彼女の身体は一切写されることはない。子供たちは同じ年頃の子をもつ友人の家に預けられていて、そこでジグソーパズルに興じる様子が、堕胎が進むのと並行するようにしてクロスカッティングで描かれる。五人の子供たち全員を正面からフレームに収める最初のショットでは、まだその図柄が何かはわからない。が、医者がダー

V-12 『ヴェラの祈り』

チャに到着するショットをはさんで、次の場面でカメラが真上からフレームいっぱいにジグソーパズルをとらえるとき（図V—12）、観客は、それがレオナルドの《受胎告知》であることを知る。マリアと大天使ガブリエルの部分はほぼ埋まっているのだが、両者をつなぐ真ん中の部分はほとんど空白のまま残されている。四〇秒ものあいだつづくこのショットで、カメラは五人の手がせわしく動くパズルにごくわずかに近づいていくが、なかなか真ん中が埋まりそうにない。このときまさにヴェラの堕胎がおこなわれているのだ。ある研究者によれば、この「ぽっくりと大きく空いた穴は、子を奪われた若い妻の空虚な子宮を喚起させる」（Poirson-Dechonne 234）というが、それはややうがち過ぎの読みのように思われる。もちろん図柄のテーマが「受胎告知」であるのは暗示的で、天使とマリアがつながっていないのは、神秘——生命の神秘と誰の子なのかというミステリー——が成就しなかったことを示唆しているとも考えられる。

子供たちを寝かしつけるとき、友人の妻は娘のひとりに聖書の一節を音読させる。ページを開くとそこには、マザッチョのフレスコ画《楽園追放》（一四二六—二七年）をあしらった小さな栞がはさんである。いうまでもなく、原罪を犯してエデンから追放されるアダムとイヴのテーマで、原題の「追放」もこれに由来する。読まれるのは、『コリントの信徒への手紙一』にある「最高の道」としての愛が説かれる有名な一節（13:1-7）。「愛がなければ、無に等しい」。愛は「真実を喜び」、「すべてを忍び、すべてを信じ、すべてを望み、すべてに耐える」。他方で、落ち着かない夫たちの様子から想像されるのみだが、このときヴェラはまさに堕胎の苦しみに耐えているに違いない。この監督が好むこうした宗教的暗示は煩わしくて思わせぶりだという批判もなくはないが（Beumers）、作品に奥行きを与えていることは否定できないだろう。

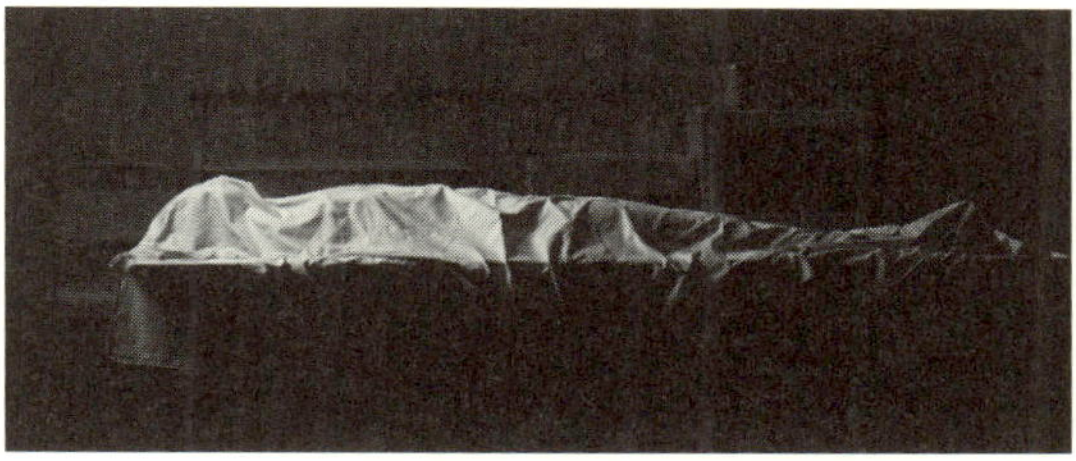

V-13 『ヴェラの祈り』

フレームから姿を消していたヴェラがふたたび戻ってくるのは、翌日、真っ白い布に全身を顔まですっぽりとくるまれた死体としてであるが、それはどこか聖骸布を連想させないではいない（図V—13）。夫は後悔の念にさいなまれる。とはいえ、犠牲に捧げられたヴェラの本当の死因が明かされることはない（彼女はかつていちど自殺未遂したことがあり、今回も自殺である可能性がにおわされる）。最後に残った医者がダーチャの雨戸を閉め、鍵をかけて去っていくシーンは、暗い無人の室内から撮られている。もぬけの殻となった家のなかにそれでもカメラはしばし留まって、ゆっくりと動きながら扉や窓を写していく。それはまるでヴェラの亡霊が見つめているかのようでもある。夫の子ではないというのも実は嘘であったことが、最後のフラッシュバックのシークエンス——ヴェラが友人のロベルトに打ち明けるが、アレックスはこの友人の子だと思い込んでいた――で示されるが、彼女がなぜそこまでしなければならなかったのか、その理由は宙吊りにされたままである。ただ観客は、アレックスの仕事がどうやら闇世界にかかわるものらしいこと（兄マルクの仕事を手伝っているが、最初の場面でその兄の腕に撃ち込まれた銃弾を抜き取るアレックスが描かれる）、それゆえヴェラが家族の行く末に言いがたい不安を抱えていることだけは、うすうす感じ取ることができる。が、やはりすべては神秘的な暗示のヴェールに包まれたままである。まさしくマリアの受胎がそうであったように。ヴェラはロベルトに、子は両親だけのものではない、と語る。たしかに、あえて月並みな言い回しを使うなら、子は天からの授かりものでもある。彼女が夫に、妊娠したけれど「あなたの子じゃない」と告げたのも、おそらくそれと同じく普遍的な意味においてであった。イエスの場合がその最たるものであったように。イエスの養父ヨセフとは違って、アレックスには、ヴェラの真意が理解できなかったのだ。残念ながら……。

# Ⅵ

# 脇役たちの活躍――イスカリオテのユダとマグダラのマリア

イエスのビオピックのなかには、主役のイエスその人よりも、脇役たちの方がむしろ強く印象に残るものが少なくない。とりわけ、イエスを裏切ったとされるイスカリオテのユダと、娼婦でイエスによって改心したとされるマグダラのマリアの二人がそうである。なぜか。その理由はいくつか考えられるだろう。ユダもマグダラもともに、過ちを犯しやすい人間であるという点で、わたしたちにより近しい存在であること。製作する側にとっても、イエスにくらべるとはるかに自由な脚色ができること。それゆえ、すでにサイレントの時代から、それぞれを主役に仕立てた作品が何本も撮られてきた。これらの要因に加えて、さらにキリスト教学における新しい発見や解釈の流れが関係してくる。たとえば、初期キリスト教の時代に著わされたにもかかわらず、その後は異端として葬り去られてきた数々の外典が、二十世紀の半ばから後半に相次いで再発見されたことで、新約聖書のなかに記されたのとは異なる二人の人物像が改めて浮かび上がってきつつあるのだ。それゆえ、二人がそれぞれ脇役ではなくて主役を演ずる作品も少なくない。そうした例としてすぐに思い浮かぶのは、たとえばユダについては、カール・ドライヤーの『サタンの書の数ページ』（一九二〇年）、マグダラについてはアベル・フェラーラ（一九五一生）の『マリー〜もうひとりのマリア〜』（二〇〇五年）などであろう。

さらに名脇役は、ユダとマグダラの二人に限られない。彼らに加えて、生まれたばかりのイエスに貢物を捧げにはるばる東方からやってきた博士（占星術師）たちや、イエスと引き換えに赦免された熱心党の囚人バラバもまた、主役の座を射止めてきたという経緯がある。とりわけ前者については、エルマンノ・オルミ（一九三一生）の『歩け、歩け』（一九八三年）や、アルベルト・セーラ（一九七五生）の『鳥の歌』（二〇〇九年）など異色の名作が生まれている。リチャード・フライシャー（一九一六―二〇〇六）はバート・ランカスターの主演で『バラバ』（一九六一年）を撮っている。というわけでこの章では、イエスの物語のなかで脇役を演じているキャラクターたちの方にむしろスポットライトを当ててみることにしよう。

## ユダは本当に裏切り者か？

まずはやはり、イエスの死の鍵を握る人物、イスカリオテのユダから入るのがいいだろう。そもそもユダとは何者か。その問いにたいして、読者の皆さんのほぼ全員が、「裏切り者」と答えることだろう。それが一世紀から今日にいたるまで、この哀れな男が背負わされてきた重い十字架である。

だが、実のところ話はそれほど単純でもない。イエスの言動を記録している四人の福音書記者のあいだでさえ、微妙に見解の相違が見られるのだ。たとえば、絵画のテーマとして頻繁に取り上げられ、映画でも見どころのひとつとなっている「ユダの接吻」というエピソードがある。ユダがイエスに接吻するのを合図にして、イエスが捕らえられるという話である。このくだりは、『マタイによる福音書』によると、他でもなくイエスその人がユダに「友よ、しようとしていることをするがよい」（20:50）と言ったとされる。これではまるで、イエス本人がユダに裏切りを勧めているようなものである。たしかに、ユダの「裏切り」がなければイエスは十字架にかかることもなければ、それゆえ復活することもない――つまるところ救世主メシアとなることもない――わけだから、彼の行為は必要悪だったとも言えなくはない。事実、たとえば哲学者のライプニッツの解釈によると、神はユダが罪を犯すことを知っており、「神はこの悪からより大きな善を導くことができ」るのだ、という（『形而上学序説』）。二十世紀の名高い神学者カール・バルトもまた、ユダは神の望んだことを遂行しただけだと評価していた。

一方、件の箇所は、『ルカによる福音書』では、イエスはユダに、「あなたは接吻で人の子を裏切るのか」（22:48）と言ったとされる。つまりここでは、イエスはユダをはっきりと「裏切り者」扱いしているのだ。このように、同じ福音書記者という資格で同じ出来事を記録しているにもかかわらず、マタイとルカとでは、興味深い解釈の開きが認められるのである。さらに、ユダはイエスを「引き渡す」のか、それとも「売り渡す」のかによっても、ユダへの評価の違いが生じる（2007荒井献）。また、ルカによればユダはサタンに取り憑かれたのだが、ヨハネによればユダは「悪魔」そのものであるとみなされる。

ユダの自殺についてもやはり見解は分かれる。そもそも、ユダが自分のおこないを後悔して、銀貨三十枚を祭司長たちに返し、その後に首を吊ったという顛末を報告しているのは、マタイただひとりであり、他の三人の福音書記者たちは、「裏切り者」ユダが結果どうなろうと知ったことではないといわんばかりに、何の言及もしていない。もうひとつ、新約聖書でユダの死について触れているのは、使徒たちの活動について記された『使徒言行録』（一世紀の末から二世紀の初頭に成立）であるが、ここではマタイの記述と大きな開きがある。それによると、「ユダは不正を働いて得た報酬で土地を買ったのですが、その地面にまっさかさまに落ちて、体が真ん中から裂け、はらわたがみな出てしまいました」（1:18）、というのだ。このグロテスクなユダの死は、首を吊ってみずから命を絶ったというマタイの報告とはかなりずれている。どちらが本当なのか（あるいはいずれも創作なのか）は、今となっては知る由もない。

このように、後悔と絶望の末にユダが自殺を選んだとするマタイにたいして、『使徒言行録』では、ユダの死は、まるで天罰が下ったかのように突然の事故として語られているのである。図像の伝統では、これら二つの記述が重ねあわされて、地獄のなかで首を吊るユダの腹が裂けて内臓が垂れ下がる姿で描かれることがしばしばある。ちなみに、自殺が重大な罪とされるようになるのは、イエスの時代よりやや下るアウグスティヌス以降のこととされるから、ユダが自殺したというマタイの報告は、必ずしもユダをことさら貶めるために意図されているわけではない。それどころか、マタイはユダの心の動きにも目を向けているのだ。罪を後悔した末に銀貨三十枚を神殿に投げ返したユダだったが、祭司長たちは「これは血の代金だから、神殿の収入にするわけにはいかない」（マタイ27:6）と言って、相手にすらしなかった。そのためユダの絶望は頂点に達する。この光景を劇的な光の効果によってとらえ、わたしたちに伝えてくれたのが、ほかでもなく《銀貨を返すユダ》（一六二九年、ノース・ヨークシャー、マルグレイブ城）のレンブラントである。苦渋の表情をたたえた二ダの横顔、左手でそれをはねつけて目を背ける大祭司長、そして床に虚しく転がる銀貨、それらが画面の中央で鈍い光のなかから浮かび上がってくる。

VI-1 『サタンの書の数ページ』

## ユダのクロースアップ——ドライヤーの『サタンの書の数ページ』

このバロックのオランダの画家と同じく、ユダを一方的に悪役として決め付けるのではなくて、その心の動きに、得意のクロースアップの手法とレンブラント的な明暗法で迫ろうとしたのが、カール・ドライヤーの『サタンの書の数ページ』である。時代も設定も異なる四つのエピソードからなるこのサイレント映画で、ユダの「裏切り」はいちばん最初に置かれている。

ドライヤーのユダはつねに悩んでいる。沈んだ表情、苦渋の顔、打ちひしがれた面持ちのユダを、これでもかといわんばかりに何度もドライヤーは、顔や上半身のクロースアップでとらえる（実際にユダヤ人俳優が起用されている）。ドライヤーと言えば、『裁かるるジャンヌ』（一九二七年）におけるクロースアップがとみに名高いが、その先駆けはこの『サタンの書の数ページ』のユダのそれにあるのではないだろうか。ユダの悩ましい表情はしばしばアイリス・イン（絞り開き）のカットになっていて、明暗の光の効果のなかで強調されている（図VI—1）。「（イエスは）神の子ではない。サタンの子だ」、「詐欺師だ」、「やつは死ななければならない」、「イスラエルの神がおまえを選んだ」などと、執拗にファリサイ人——サタンの化身——に煽られた末、最後の晩餐のときにイエスの口から「裏切り」が告げられるときも、ユダは、（イエスの肉とされる）酵母のない薄いパンを無意識のうちに手で粉々にしている。ここで描かれるユダは、まるで神経症でも病んでいるのではないかと思わせるほどだ。というのも、ファリサイ人による扇動も含めて、あたかもユダがみずからの内なる声と葛藤しているかのように表現されているからだ。この作品において、ユダがいかにも悪人然とした振る舞いや表情を見せることはないし、ましてや晴れやかな顔や勝ち誇ったような表情を見せることもない。それはたとえば、マグダラのマリアをめぐる三角関係のなかで、嫉妬に駆られてイエスを売り渡すというメロドラマ的な筋書きを創作したセシル・B・デミルの『キング・オブ・キングス』のなかのユダとは、きわめて対照的である。

とはいえ、ユダの「裏切り」をめぐってドライヤーの作品はたしかに揺れてもいる。というのも、最後の晩餐のシーンで、イエスはユダに、「なそうとしていることを早くせよ」と促すのだが、その一方で、つづくユダの接吻のシーンでは反対に、「お前は接吻で人の子を裏切るのか」と叱責してもいるからである。この二つの対照的なセリフは、先述したように、いずれもユダの接吻に関連して、福音書記者のマタイとルカがそれぞれ報告していたものなのだが、映画では、最後の晩餐とユダのキスという別々のエピソードにおけるイエスの発言として振り分けられているのである。

福音書のユダと大きくずれるシーンもある。映画のなかではユダがすぐに後悔の念を示しているのである。ファリサイ人から銀貨の袋を渡され、その中身を見るユダ。このとき、銀貨数枚ののった彼の手がフレームいっぱいに大きくクロースアップになる。次に、やや上のアングルからとらえた上半身のショットに切り替わると、ユダは銀貨を投げ捨て、地面にうなだれていく。彼の後悔はすぐにはじまっているのだ。こうして『サタンの書の数ページ』の第一のエピソードは、ユダの首吊りもイエスの磔刑もあえて描かないまま、ユダの慟哭とファリサイ人の複雑な表情とを交互にとらえて終わり、次のエピソードへと移っていく。実はそのとき、このファリサイ人＝サタンもまた後悔の念に駆られていることが、そのクロースアップの表情からうかがえるのだ。

ユダヤ教やキリスト教において、サタンはもともと光の天使であったが、神に背いたために堕天使となったとされる。この経緯は、旧約聖書の『創世記』(6:1-6)や『イザヤ書』(14:12)にすでに暗示され、外典の『エノク書』で詳述されている。ドライヤーの映画は、このサタンの素性を字幕で示すところからはじまる。つまり、サタンのうちにも善と悪の葛藤が潜んでいるのだ。後年ドライヤーは、ナザレのイエスの映画を構想し、そのためのシナリオも準備していたが、残念ながら実現はされなかった(Stichele)。もしも完成していたら、どんな新たなユダ像がお目見えしていたのだろうか。

## 主役イエスを食う脇役ユダ――『ジーザス・クライスト・スーパースター』

真の主役はイエスではなくてユダではないか、と思わせる作品もある。ノーマン・ジュイソンのミュージカル映画『ジーザス・クライスト・スーパースター』がそれである。もともとブロードウェイのロックミュージカルとして上演され、アメリカのカウンターカルチャーを如実に反映したこの作品において、圧倒的な存在感を放っているのは、黒人俳優カール・アンダーソン演じるユダである。というのも、その演技力と歌唱力もさることながら、ユダに独特の役割が与えられているからである。

この映画は、イエス最期の七日間の物語を撮影するために、ヒッピー然とした役者たちの一団が古いバスでイスラエル南部のロケ地ネケヴに到着したという設定ではじまるのだが、ユダは最初から仲間から少し離れた位置にいて、彼らの動向をじっと無言で見守っている。こうして、ユダの視点が幕開きから強調されるのである。

さらにタイトルバックにつづいて画面が暗転した直後、テンポのいいロックの序奏とともにカメラは、イエスを取り囲む仲間たちの熱狂を尻目にひとり乾いた裸の岩の上に腰掛けているユダの姿をロングショットでとらえる。すると、突然にカメラはズームして（これが四つの方向から四回繰り返される）、ロダンの《考える人》然としたユダに近づいていき（図Ⅵ―2）、イエスへの「警告」を力強く歌いはじめるその姿をクローズアップするのである。ナザレの大工の子が今やメシアとして崇められ、本人もその気になりはじめている。ローマ帝国の支配下にあって、彼らの過熱ぶりは当局から危険視され、弾圧されてしまうに違いない。イエスとその仲間たちだけならまだしも、被害はユダヤの一般民衆たちにも及びかねない、云々。それがユダの心配の種なのだ。繰り返しを恐れずに言うなら、この映画の全編がこのユダの観点で貫かれているといっても過言ではないのだ。

Ⅵ-2 『ジーザス・クライスト・スーパースター』

できるだけ早いうちに手を打って被害を最小限に抑える、それがユダの「裏切り」の真の動機である。だからユダは、「裏切り」が発覚する最後の晩餐の後になっても、「収拾がつかなくなる言動をとる前に、もっとうまくやればよかったのに」とイエスに言い寄ることをやめない。死を覚悟したイエスはただ黙ってそれを聞いているだけだ。

この映画のクライマックスは、イエスの磔刑ではなくて、ユダの首吊りである。自分の接吻を合図に捕まってしまったイエスが、大祭司カイアファ、ローマ総督ピラト、そしてヘロデ王のもとへとたらい回しにされ裁かれる様子を見守るユダに、おのずと後悔の念がこみ上げてくる。「彼を助けたい」、「あの苦しみから救いたい」、自分はこの先「汚名にまみれることになる」、そう叫びながら銀貨を投げ捨てるのだが、時すでに遅し。地面にうなだれた顔をゆっくりと起こしながら、クロースアップのユダはしんみりと歌いはじめる（図VI—3）。「どうやって彼を愛したらいいのかわからない I don't know how to love him」、作詞ティム・ライス、作曲アンドリュー・ロイド・ウェバーによるこのミュージカルの全ナンバーのなかでももっとも名高い曲のひとつである。実はこの曲は、映画の中盤、やはりイエスに強く心引かれるマグダラのマリアによっても歌われていたものである（歌詞は少し異なる）。

VI-3 『ジーザス・クライスト・スーパースター』

「俺を愛してくれるだろうか、慈しみの心で」、ユダはイエスの愛と赦しを求めている。すると突然、曲想が変わり強烈なビートを刻みはじめると、絶望の淵へと突き落とされたユダは、「神に利用された」と叫びながら狂ったように駆け出し、乾いた丘の上に立つ一本の枯れ木を見つけると、腰紐で首を吊ってしまうのである（図VI—4）。この間カメラはズームインとアウト、さらにぶれを駆使しながら、動転するユダのあわただしい動きを追う。この映画が製作された一九七〇年代の初めにおいて、このユダの首吊りのシークエンスは、観客に、アフリカ系アメリカ人の公民権運動における数々の犠牲者を連想させた、という見方もある（ed. Reinhartz 142）。たしかにこの映画において、一世紀のローマ帝国下におけるユダヤ人の境遇は、二十世紀のアメリカにおける黒人の境遇と重ねあわされているように思われる。それゆえ、イエスの受難のみか、ユダの「受難」を描いた作品でもあるという解釈も成り立ちうるのである（Tatum 132)。

さらに特筆すべきは、そのユダがあたかも「復活」したかのように表現されている点である。ピラトのもとで鞭打ちにさらされて背中を血に染めた痛ましいイエスが、正面にゆっくりと向きを変えると、その映像とディゾルヴ（溶け込むような場面転換）で重なるようにして、純白の長衣に身を包んだすがすがしい表情のイエスへと変貌する。すると、その視線の先には、銀白色に輝くスチールの十字架につかまって、上空からゆっくりと降りてきて、イエスと向き合うユダがいるのである。それはまるで、死を間近にしたイエスの目の前に、自殺したはずのユダが蘇ってきたかのようだ。

VI-4 『ジーザス・クライスト・スーパースター』

そのユダは、長い袖の房飾りと腰にスパンコールのついた白いジャンプスーツに身を包んでいて、さながらラスベガスのショーに登場してきそうな出で立ちである。天使を思わせる真っ白い衣装を着けた女性コーラスがユダを取り囲んでいる（図VI―5）。ここでもユダは、イエスに「もっとうまくやれたはずだ」と持論をぶつけているのだが、イエスはそれをただ黙って遠くから見ているだけである。

この不思議なシークエンスはいったい何を意味しているのか。鞭打ちの拷問を受けたイエスが、意識の朦朧とするなかで見ている幻想のようなものだろうという解釈があるが（1997 Bauch 41）、たしかにそれには一理ある。というのも、先に述べたようにこの場面への転換が、拷問を受けたイエスの半身に重なるようにしてディゾルヴで描かれるからである。しかも、この時点ではイエスはまだ十字架にかかってはいない。事実、タイトルソング『スーパースター』を熱唱するユダのコーラスの映像にはさまれるようにして、イエスのゴルゴタの道行きが十数カットそれぞれ短くモンタージュされていく。この間ずっと聞こえているのは、「俺は知りたいだけだ」と繰り返すユダの歌声。ここでは、観客がイエスの受難に感情移入することをあえて抑えているように思われる。

VI-5 『ジーザス・クライスト・スーパースター』

ラスト近く、イエスの磔刑のシーンを撮り終えたチームが、例の旧型バスに乗り込んでロケ地から引き上げるときも、ユダ（を演じた男）は、まるで何かをやり残したかのように、砂漠の彼方を複雑な面持ちで見渡して最後に乗車する。そして静かにバスはロケ地を後にしていく。こうして、ユダの視線ではじまるこの映画は、ふたたびユダの視線を強調して終わるのだ。だが、実はこれがラストのショットではない。つづいて夕暮れの薄闇のなか、地平線の彼方に沈もうとする美しい夕日に重なるようにして十字架がスクリーンに現われる。すると、ひとりの男が羊の群れを引き連れて、その前を横切っていくのだが、薄暗くて遠いために、彼の正体はわからないまま。現地の羊飼いがたまたま通りかかったのか、それとも復活したイエスがここで暗示されているのか（たしかにイエスを演じた役者は、帰途のバスには乗っていない）。映画はあえてそれをあいまいにしたまま幕を閉じるのだ。タイトルとは裏腹に、主役イエスよりも脇役ユダに焦点を当ててみるとき、この作品の面白さがいっそう際立つように、わたしには思われる。

## オリジナルなユダ像——ハリウッドのスペクタクル大作のなかのユダ

脇役が主役を食うとは、まさしくこのことだ。だが、そこまでとは言わないにしても、似たようなことは、別の作品でも起こっている。とりわけ、広くオーソドックスと評されるイエスのビオピックにむしろそれは顕著である。というのも、判で押したようなものになりがちで、しばしば保守的なイエス像にたいして、ユダには解釈の余地がまだ残されているからである。その好例が、ニコラス・レイの『キング・オブ・キングス』(一九六一年)、ジョージ・スティーヴンスの『偉大な生涯の物語』(一九六五年)、そしてフランコ・ゼフィレッリの『ナザレのイエス』(一九七七年)である。これらの大作において、ユダのイメージは、やや紋切り型のイエスよりもはるかに生き生きしているように思われる。以下で順に見ておくことにしよう。

いかに「ハリウッドの反逆児」ニコラス・レイといえども、イエス像については、長い伝統を覆すという暴挙に打って出ることはできなかったのだろう。一九六〇年代初めの段階では、いわゆる「リージョン・オブ・ディーセンシー」——一九三三年に設立されたカトリック系の表現規制団体、「品位」に基づいてカトリック教会が映画を格付けするもので、一九六〇年代に至るまでハリウッドの映画産業に少なからず影響を与えたとされる——の制約も強く働いていたと想像される。ましてレイの作品は、少なくともセールス上は、世界的大ヒットとなったセシル・B・デミルの一九二七年の同タイトル作品のリメイクという触れ込みとなれば、なおさらのことである。代わって、製作側の自由な脚色はユダに託されることになる。

端的に言うなら、このニコラス・レイの叙事詩的な長編大作(一七一分)ではっきりと打ちだされるユダ像の独創性は、彼を、熱心党（ゼロテ派）の一員バラバとイエスとのあいだで揺れ動く存在としてとらえた点にある。熱心党とは、イエスと同時代、ローマ帝国への武力による抵抗を唱えた一派で、バラバがそのメンバーだったことは新約聖書にも記述がある。暴動時の殺人によるか（マルコ、ルカ）、あるいは強盗によるか（ヨハネ）で、バラバの罪状について福音書記者のあいだで見解は分かれるものの、いずれにせよ彼はローマ総督ピラトの囚人となっていた。が、過越しの祭の時におこなわれる恒例の特赦で、ピラトは、イエスかバラバか、どちらを釈放してほしいかとユダヤの群集に問うたところ、バラバという大勢の声が返ってきたため、イエスが十字架にかかる羽目になったという経緯は、福音書記者たちのあいだでほぼ一致している。

さて、ニコラス・レイの映画にかえるなら、反暴力の信念を貫く平和主義者イエスと、権力への抵抗のためなら暴力をもいとわないバラバとのあいだで引き裂かれているのが、ほかでもなくユダ（リップ・トーン）その人なのである。それゆえユダは、対照的なイエスとバラバの生き方を何とか調停させることで、ローマ帝国の支配にユダヤ人が立ち向かうことのできる有効な戦略はないものかと模索すらしている。たとえば、熱心党のメンバーたちが蜂起のために武器を製造しているアジトに顔を見せるユダは、バラバにたいして、イエスとの協力を持ちかけてさえいるのだ。かりに実現すれば、それはユダにとって「記念すべき日」となるはずなのだが、バラバにとってユダはたんなる「夢想家」でしかない。

ところが、周到に戦略を練り上げたにもかかわらず、バラバの蜂起はあえなくも失敗に終わる。おびただしい数のユダヤ人の犠牲者を目にしたバラバは、ローマ軍の面前でみずからの剣を投げ捨てて、あっけなく降参してしまうのだ。この時点ですでにユダは、バラバに幻滅を感じているのだが、他方で、同じ時にエルサレムに入城してきたイエスにたいしては、まだ一抹の希望を託していて、その力を信じている。ユダヤの民を救ってくれるだろう、と。最後の晩餐の時に、イエスから「お前がやるべきことを速やかにやれ」と面と向かって言われたユダは、大祭司カイアファのもとに駆けつけ、イエスとバラバとは同じ仲間だと偽りの証言をすることになる。このときユダは、メシアとしてのイエスの「聖なる力」を試そうとしたのだ。この「裏切り」の動機が、ヴォイスオーヴァーで説明される。

だが、数々の拷問にさらされるイエスを目の当たりにして、ユダは苦しみを募らせる。過越し祭の特赦によってバラバが釈放され、代わりにイエスが大きな十字架を担いでゴルゴタの丘を登っていくあいだも、ユダは先回りするようにして、ずっとその様子を見守っている。あえて自分を責めたてるかのようにして。彼を俟っているのは首吊り。こうしてこの映画では、平和主義と武力抵抗、宗教と政治とのあいだで葛藤するユダという、新たな解釈が提示されることになった。実はこの作品は、先述した「リージョン・オブ・ディーセンシー」から「神学的、歴史的、そして精神的に不適切」との評価を下されることになるのだが（Tatum 90）、それは、こうした聖書を逸脱したユダの新解釈にひとつの原因があるのかもしれない。

一方、レイの作品を意識して製作されたに違いないスペクタクル大作、ジョージ・スティーヴンスの『偉大な生涯の物語』（一九九分）では、ユダ（デヴィッド・マッカラム）の出番はそれほど多いわけではないが、ヴァチカンの創設者とされるペテロとの対照がそれとなく暗示されているように思われる。たとえば、イエス（マックス・フォン・シドー）が弟子たちに、人々のあいだで自分は何者と噂されているのか、と尋ねるエピソードがある。マタイとマルコとルカの三人の共観福音書に語られているもので、「メシアです」と答えたペテロに、イエスが特別に「天の国の鍵」を授けたとされる（マタイ16:13-20）。つまり、ヴァチカンの権威の根拠ともされてきたエピソードである。福音書では、イエスはユダには尋ねていないのだが、映画のなかでは、名指しで問いかけられたユダは「偉大な指導者、最高の教師です」と答えている。イエスのご機嫌をとっているようにも聞こえるペテロの答えよりも、ユダのこの答えの方がずっと誠実なように思われるのだが、それは、わたしが信者ではないからだろうか。映画ではまた、トマスにも同じ問いが投げかけられ、彼は「ナザレのイエス、それしか知りません」と正直に答える。何事にも疑り深いとされるトマスらしい返答である。すると、聞かれてもいないのに突然ペテロが立ち上がって「メシアです」と叫ぶ、というのがこのシークエンスの流れである。この展開は、ペテロの答えを相対化しているとも、また逆にその正統性を際立たせているとも見ることができる。いずれにしても、こうしてユダとペテロとが対比されることになるわけだが、それは福音書では意図されていなかったことである。

VI-6 『偉大な生涯の物語』

一方、エルサレム入城後、イエスが民衆の扇動者としてローマ側から危険視されていると察知したユダは、救いの手をユダヤの大祭司側に求めにいく。イエスを彼らに「引き渡す」ことで、ローマ側から彼を守ってもらおうとしたのだ。何のために来たのかという大祭司の問いに答えるユダの姿が、胸から上のクロースアップで、切り返しショットをいちども挟むことなく、二分間もの長回しでとらえられる（図VI—6）。このときユダは苦渋の表情で、一語一語を搾りだすようにして、イエスが万人から慕われ尊敬されていること、自分もその人を「愛していること」、それゆえ彼を守ってほしいと切々と訴えるのだ。だが、これが裏目に出てしまう。「（イエスに）危害が及ばないよう努力しよう」と嘘の約束をした大祭司側から、ユダはまさに裏切られることになる。このように、スティーヴンスのカメラはユダの心の動きを丹念に描くことで、ユダもまた犠牲者であることを観客に印象づける。

Ⅵ-7 『偉大な生涯の物語』

つづく最後の晩餐のシーンでは、「裏切り者」がここにいると告げた後でイエスは、ペテロにたいしては、自分たちの仲間であることを三度も否定することになるだろうと予告し（そしてそのとおりになる）、ユダにたいしては、「するべきことをしなさい」と促す。いずれも福音書に依拠するものではあるが、ここでもユダとペテロとがことさらに対比されている。イエスが捕まった時、その仲間であることを知られるのを恐れて、そんな男など知らないと否定するペテロもまた、ある意味でイエスを「裏切る」者なのだ。

さらにこの映画で特徴的なのは、ユダの自殺のシーンである。自分の期待とは裏腹の方向に事態が進み、イエスが苦しむさまを見せつけられたユダは、まさにイエスが十字架に釘付けにされようとする瞬間、エルサレムの神殿の広場中央にある、燃えさかる大きな炉のなかに身を投げるのである（図Ⅵ―7）。なぜ、福音書にあるような首吊りではなくて、あえて焼身自殺が選ばれたのか。ユダもまた、犠牲の子羊たるイエスと同じく、神の生贄に捧げられたということなのか、それとも、広く焼身自殺の目的がしばしばそうであるように、抵抗や抗議という意味が込められているのか。

「ホロコースト」とはもともと、ユダヤ教における神への供え物のことをさす。それが転じて、ナチスによるユダヤ人殲滅も意味するようになった。実は、監督のジョージ・スティーヴンスは、一九四五年春にダッハウの強制収容所の解放に立ち会ったアメリカ軍の一員で、その写真はワシントンのアメリカ合衆国ホロコースト記念博物館に展示されているという（Tatum 102）。また彼は、『アンネの日記』（一九五九年）の監督としても知られる。こうしたみずからの体験が、きわめて独創的なユダの自殺のシーンとして結実したと考えられる。いずれにしても、この作品でも脇役のユダが異彩を放っているのだ（ちなみにスティーヴンスは、名高い『シェーン』〔一九五三年〕で西部劇による「キリスト像」に先鞭をつけた監督でもある）。

## 反ユダヤ色の払拭――ゼフィレッリの『ナザレのイエス』

ゼフィレッリの『ナザレのイエス』（もともとイタリアのテレビ番組として制作されたもので、全編は六時間以上にも及び、各国の名優たちが脇を固めているが、ここでは二七〇分余りに編集されたＤＶＤ版を参照する）では、裏切り者という不名誉なレッテルからユダを解き放つために、新たにゼラなる架空の人物が創作されている。この映画のイエス像はしばしば、ことさら演劇的であると非難されるか、当たり障りのない「平凡なイエス」（1997 Baugh 74）と揶揄されるかだが、それとは対照的に、ユダの人物像と「裏切り」をめぐって思い切った解釈が打ち出されているのである。このユダ像の構想には、シナリオを担当したイギリスの作家アンソニー・バージェス（一九一七―九三）も大きな貢献をしているが、その彼によると、福音書記者たちは不十分なユダの動機で満足している。だが実のところは、「だまされやすい無垢さ、気まぐれな熱狂、挫折する理想主義」という複雑な「パランプセスト（重ね書き写本）」をユダは体現しているのだ、という（Holderness 68）。

まず、この作品のユダ（イアン・マクシェーン）は、イエスとは違って裕福な家柄の出身であるとされ、ヘブライ語とアラム語、ギリシア語とラテン語に長けた学識豊かな人物として登場する。そんなユダが自分の素性を明かして、イエスの役に立ちたいと申し出るシーンが、二人の最初の印象的な出会いとなる。次にユダは、イエスが大祭司長やファリサイ人と対立することのないよう、両者の「話し合い」の機会を取り持とうと努めるのだが、そこに介入してくるのが、ユダヤの最高法院（サンヘドリン）で書記を任されるゼラという架空の人物像である。ユダは彼を信頼したために、その策略にまんまとはまってしまい裏切り者に仕立て上げられるばかりか、心から慕うイエスとみずからの両方の命を失うことになるのだった。ゼラが仕組んだのは、ユダの望むような話し合いではなくて、イエスの裁きの機会だったのだ。

最後の晩餐――このシークエンスは主に、レンブラント的な明暗の効果のもと、イエスと弟子たちの顔のクロースアップで構成されている――についても新しい解釈が示されている。「お前たちのひとりがわたしを裏切ろうとしている」とイエスが告げても、ユダはそれが自分のことだとは気づいていない。その証拠にイエスに微笑みかけ、「やるべきことを早くやれ」と促されると、勇んでその場から走り出していくのである。ゲッセマネでイエスが捕らえられた時ですら、ユダはまだゼラの「裏切り」に気づいていない。なぜなら、ゼラがユダヤ側とローマ側の双方と交渉して難局を乗り切ってくれるものと信じているから。このように、ゼラという「真の」裏切り者を「偽作」

することで、ゼフィレッリは、イエスの死に関して、ユダや大祭司長カイアファの責任を架空のゼラへと転嫁させ、反ユダヤ色をできるだけ払拭しようとしているように思われる。シナゴーグでのイエスの説教が冒頭に比較的長く描かれること、さらに、イエスに共感を示すファリサイ人のニコデモやアリマタヤのヨセフの存在が、この映画のなかで強調されていること（後者はゼラに向かって「ナザレのイエスはわれわれの兄弟だ」と宣言してもいる）なども、同じ理由によるだろう（ジョージ・スティーヴンスの『偉大な生涯の物語』でも、二人の存在に敬意が払われている）。

だがそれにしても、ゼフィレッリはなぜそこまでして反ユダヤ的なニュアンスを拭い取ろうとしたのだろうか。監督本人も述べているように、この映画で「当時［紀元一世紀］のイスラエルの文化的、社会的、歴史的な背景」が尊重されていることは疑いない（Holderness 72）。また、イエスの映画がすでにサイレントの時代から反ユダヤ主義のイデオロギーと結びつきやすいことは、前の章でも触れたとおりで、公私ともに認めるカトリック信者のゼフィレッリが、そのことにことのほか敏感であっただろうことも、想像に難くない。ここにさらに、ローマ教会の事情も絡んでいたと考えられる。その近代化のために教皇ヨハネ二十三世によって召集された第二ヴァチカン公会議（一九六二―六五年）では、イエスがユダヤ人であること、ユダヤ教との融和と共存、そして反ユダヤ主義への批判が改めて確認されたのだった（ed. Reinhartz 151）。

## ユダ像の変化の背後にあるもの

ここまでユダに焦点を当てて、一九六〇年代以降の何本かの映画を比較的詳しくたどってきたが、そこで明らかになるのは、一方的な「裏切り者」というユダの伝統的なイメージが相対化され、ローマとユダヤの対立、世俗権力と宗教権力との確執という歴史的文脈や、平和革命か武力革命かという政治思想的な葛藤のなかにユダが改めて置き直されている、という点である。

まず、歴史的な文脈に関して言うなら、一九六〇年代にハリウッドで製作されたイエスの叙事詩的、スペクタクル的映画には、古代の著作家フラウィウス・ヨセフスの『ユダヤ戦記』が、翻案されて筋書きに組み込まれていることが指摘されている（Tatum 82-83）。この本は、ユダヤ戦争（六六―七四年）においてユダヤ軍の指揮官としてローマ軍と戦ったヨセフスが、その顚末を記したものである。つまり、ユダヤとローマの対立は実際にはイエスの死後に激化し、ついにエルサレム陥落（七〇年）へと至るのだが、映画ではその対立がイエスの生前にさかのぼって投影されている、ということである。

一方、（バラバの）暴力革命か（イエスの）平和主義かというわかりやすい二元論の図式は、冷戦時代における反共産主義のキャンペーンに資するという効果をたしかに持ったはずである。わけても、『キング・オブ・キングス』や『偉大な生涯の物語』が製作された一九六〇年代前半において、チェ・ゲバラとカストロに主導された武装解放闘争、キューバ革命（一九五二―五九年）のことはまだ記憶に新しく、ソ連に急速に接近していくキューバは、アメリカにとって大きな脅威となっていた。米ソの冷戦がそれに拍車をかける。キューバを舞台に、米ソが全面核戦争の危機にまで発展したのは、一九六二年のことであった。さらに、同じく冷戦の状況下で、アメリカが政治的、武力的に介入したベトナム戦争のことも無視するわけにはいかないだろう。「自由」というアメリカ的な大義名分のもと、一九六〇年代にその戦争は出口の見えないまま、まさしく泥沼化していたのである。

そもそも宗教的主題の映画は、良くも悪しくも製作時の政治的状況を反映しやすい。冷戦下、デミ

VI-8 『最後の誘惑』

ルが壮大なスケールで描いたモーセの物語『十戒』（一九五六年）もまた、共産圏にたいして自由な社会を創造するアメリカ、というプロパガンダ的な意図が背景にある。ちなみに近年でも、「イエスの御名において聖地を奪還せよ」というあからさまなセリフでいきなり幕を開けるロジャー・ヤングの『JESUS 奇蹟の生涯』（二〇〇四年）には、九・一一以後のテロとの戦いというアメリカの帝国主義的イデオロギーが色濃く反映されている。

　こうした同時代の政治的状況に加えて、さらに宗教的、神学的な問題が考慮されなければならない。というのも、外典の『ユダの福音書』の存在を等閑に付すことはできないからである。では、『ユダの福音書』とは何か。二世紀に著わされたとされるこの外典の写本がエジプトで再発見されたのは一九七〇年代に入ってからのことだが、その存在は、異端を糾弾する書物——たとえばエイレナイオス（一三〇―二〇二）の『異端反駁』など——を通じてすでに古くから知られていた。グノーシス主義的な色彩の濃いとされるこの外典において、ユダのイメージは、福音書のそれをむしろ転倒させたものになっている。イエスはユダにだけ「王国の秘儀」を伝授し、他の仲間からは距離をとるように説く。ユダは、イエスの肉体を引き渡すことによって、その霊魂を完成させる者ですらある（2007 荒井献）。すべてを理解しているユダ、イエスを裏切っているのはむしろ十二使徒たちの方なのだ。このあたりは、（直接的ではないとしても）『ジーザス・クライスト・スーパースター』のユダ像にも反映されているように思われる。また、第Ⅳ章で触れたように、スコセッシの『最後の誘惑』でもユダに顕著な位置が与えられ、イエスはあらゆる局面で彼に頼ろうとする。ユダがイエスを守るように添寝する二人にズームで近づいていくショットすら用意されている（図Ⅵ—8）。おそらく外典の再発見によって後押しされているからこそ、それまで正統的とされてきたユダ像にたいして、異端的とも思われるようなさまざまな解釈や脚色が可能になる、という言い方もできるだろう。初期キリスト教時代にさかのぼるなら、相反するようなユダ観がたしかに存在したのであり、異端的なイメージは切り落とされ排除されてきたという経緯があるのだ。同じことはまた、マグダラのマリアに関しても当てはまる。以下では、誰もが知るこの女性像にスポットライトを当ててみよう。

## 回心するファム・ファタル——デミルの『キング・オブ・キングス』

イエスによって回心した娼婦という、今日に伝わる彼女のイメージは、実は福音書のなかの複数の女性——「罪深い女」や「姦淫の女」やベタニアのマリアなど——が組み合わされてできたハイブリッドなもので、その経緯については、わたしは以前に論じたことがあるので、そちらを参照願いたい（『マグダラのマリア』）。そもそもマグダラのマリア（以下マグダラと略記）というキャラクターは、映画の登場よりもはるかに前から、文学や美術において旺盛な想像力によってさまざまに脚色されてきたという豊かな前史があるのだ。それゆえ映画もまたその顰に倣うことになる。

デミルの『キング・オブ・キングス』はそのいち早い例にして最たるものでもある。この映画はまずマグダラ（ジャクリーン・ローガン）の豪華な娼館で幕を開ける。高級娼婦という設定なのだ。

Ⅵ-9　『キング・オブ・キングス』

そこにはエキゾティックな衣装を身に着けた客たちがいて、トラと戯れる妖艶なマグダラ（図Ⅵ―9）はファム・ファタル的な雰囲気を発散させている。タイトルを知らなければ誰もイエスの映画だとは気づかないようなオープニングである（八分余りつづく）。オリエンタリズムと世紀末美学とがそこで融合しているが、これはまた一九一〇年代に一世を風靡したイタリアのディーヴァ映画にも通じる世界である（トラを愛玩する女については、パストローネの『カビリア』におけるカルタゴの妖婦ソフォニスバに早い例がある）。その奔放なマグダラがイエスによって改心することになるが、デミルはこれを彼女に取り憑いていた悪霊をイエスが追い払う場面として描いている。これは、福音書にある「七つの悪霊を追い出していただいたマグダラの女と呼ばれるマリア」（ルカ8:2）という記述に基づくものだが、このエクソシストとしてのイエスは、絵画にはあまり先例がない。七つの悪霊は七つの大罪――色欲、貪欲、傲慢、暴食、怠惰、ねたみ、憤怒――として解され、それぞれの霊がマグダラの身体から抜け出ていく様子が多重露光によって描かれる（図Ⅵ―10）。マグダラの改心前と改心後の劇的な変化がこうして強調されるのである。その光景を見ていたユダが、自分にもできると高を括って悪魔祓いの真似事をするのだが失敗してしまう。しかも愛人のマグダラは自分から離れてイエスのもとに走る。この二重の嫉妬が彼の裏切りの原因となるというのが、観客を喜ばせるデミルの筋書きである。

本作にはまたいわゆる「姦淫の女」も登場する。『ヨハネによる福音書』だけに記述の残る話で、姦淫の罪に問われた女が石で打ち殺されそうになるところを、女を裁けるのは罪を犯したことのない者だけだといってイエスが助けるというもの（8:1-11）。周知のように、モーセの十戒のひとつには「姦淫してはならない」と明記されているのである。このエピソードは、モーセの律法とイエスの慈愛——広くは法と愛、罪と赦し——との関係をめぐるテーマとして、古くはアウグスティヌスの時代から神学的に議論され、また絵画にも描かれてきたという経緯がある。しかもヨハネによると、律法学者からこの女の処分を迫られたイエスは、二度も「身をかがめて地面に何か書いた」という。いかなる理由でどんな内容のことが地面に記されたのか、ヨハネはその仔細に一切触れていないため、これについても論争の的になってきた。デミルの解決はきわめて明快である。このシークエンスは中盤の約九分間と比較的長くつづくのだが、「泥棒」「殺人者」「姦淫者」とヘブライ文字で記すイエスの指がフレームいっぱいに収められる（これらのショットの直後にそれぞれに対応する英語の文字が重ねられる）。イエスがこう記すたびに周りにいた人々がどんどん減っていき、ついにイエスと女だけが残される。このように、イエスが明確なメッセージを記したとする解釈は、初期キリスト教の時代にさかのぼるもので、デミルの映画製作を監修したイエズス会士ダニエル・A・ロードが助言を与えたと考えられる。

VI-10 『キング・オブ・キングス』

Ⅵ-11 『ナザレのイエス』

## 「姦淫の女」とマグダラのマリア

だが、実のところこのヨハネのエピソードはそれほど単純ではない。ロッセリーニやゼフィレッリもまた、それぞれ『メシア』と『ナザレのイエス』においてこの場面を映像化しているが、それらではかがんだイエスが何を書いているかは不明で、どちらかというと落書きをしているようにさえ見える。そうすることで、あえて一義的な意味を押しつけることを退けているのだ。その演出によってイエスは、律法の遵守を迫るファリサイ人たちからの挑発をかわすために、あるいは彼らの攻撃は聞くに値しないとでもいわんばかりに、身をかがめて間を取っているように見える（ちなみに、ゼフィレッリのイエスは魚のマークを描いているが、これは初期キリスト教時代にイエス・キリストを示す記号として使われたもので、ローマのカタコンベの壁面などに残されている）（図Ⅵ―11）。言い換えるなら、イエスはここで杓子定規のファリサイ人にたいして、アイロニーの身振りで応じているのである。他でもなくヨハネ自身がイエスの書いた中身については沈黙しているのに、あえてそれを詮索する必要はない。アイロニーという表現こそ使ってはいないが、この立場を早くに表明したのは、意外にも厳格な宗教改革の指導者ジャン・カルヴァンであった（『新約聖書註解　ヨハネ福音書』）。とはいえこの興味深いテーマについては、神学的解釈や図像の問題も含めて、また別の場で改めて検討することにしたい。

この「姦淫の女」とマグダラとが同一人物として扱われた映画もある。スティーヴンスの『偉大な生涯の物語』では、イエスが、お前たちのなかで罪のない者だけが女に石を投げなさいと説くと、誰も手を出せなくなるが、身をかがめて地面に何かを書くという場面は省略されている。あくまでもイエスに威厳を保たせているのである。そのイエスが女に名前を聞くと「マグダラのマリア」と答える。豊かな栗毛の長髪に赤い衣装という彼女の出で立ちは、マグダラの伝統的な図像に対応している。こうしてマグダラには、娼婦という前歴ばかりでなく、姦淫の罪まで着せられることになる。これでは彼女も浮かばれないだろう。

メル・ギブソンの『パッション』では、ピラトのもとで激しい拷問を受けて地面に流れたイエスの血を拭きとるマグダラのフラッシュバックとして、「姦淫の女」が登場する。つまり、マグダラの過去は姦淫の女だったという解釈である。その一分半弱の無言のフラッシュバックのなか、まず、イエスが地面に伏して何か書いているところが俯瞰ショットで、次に、その指と土煙が真横からのクロースアップのスローモーションでとらえられる。さらにもういちど上からのショットになると、イエスの書いている暗号のような印が見えるが、その意味は不明である。次にイエスの足元がクロースアップになると、はるか向こうでファリサイ人たちが石を捨ててこの場を離れていくと同時に、フレームの左側から地面に伏した女がそのイエスの足元にそっと右手を伸ばしてきて、ためらいがちに彼の右足に触れると、顔を起こしてイエスに支えられて立ち上がる（図VI—12）。このようにギブソンは、イエスが地面に何かを書くとい

VI-12 『パッション』

うエピソードを印象的なシークエンスで描いているのだが、ロッセリーニやゼフィレッリの場合とは違ってイエスの表情は真剣そのものだから、ファリサイ人にたいするアイロニーの身振りのようには見えない。しかも、その記号も解読不能なもので、わたしたち観客にはどこか後味の悪さが残る。それを救っているのは、マグダラを演じるモニカ・ベルッチの美しくも傷だらけの表情である。

## マグダラのマリアの復権

とはいえ、これらの作品ではマグダラのイメージは相変わらず、大なり小なり男性中心主義的なキリスト教の伝統の傘下にあるという印象は否めない。これにたいして、十二人の男の使徒たちと対等なマグダラをはっきりと打ち出したのは、おそらくノーマン・ジュイソンの『ジーザス・クライスト・スーパースター』が最初ではないだろうか。ここでは、娼婦としての前歴が取りざたされることもなければ、姦淫の濡れ衣が着せられることもない。マグダラは最初からイエスの弟子たちのひとりとしてその存在を主張していて、師のことを異性として愛してさえいる。その心情は「どうやって彼を愛したらいいのかわからない」と歌う、彼女のどこか物悲しい熱唱で表現される。先述したように、これは歌詞こそ異なるものの、ユダが歌っていたのと同じ曲である。

こうした解釈が可能になるのには、これまでにも何度か言及したように、もちろんフェミニズムの動向が背景にあるが、とりわけ戦後にその存在が脚光を浴びるようになった外典からの影響も無視することはできない。マグダラの名を冠した『マリアによる福音書』や、『トマスによる福音書』、『フィリポによる福音書』などがそれである。いずれも断片的に伝わるだけで、成立も二・三世紀のものとされるが、それらにおいてマグダラは、福音書が伝えるのとはある意味で対照的な性格を帯びているのである。まず彼女は、イエスに特別に愛された弟子とみなされ、その「伴侶」と呼ばれることすらある。しかも男の弟子たちをしのぐ特別の預言の力に恵まれていて、彼らを励ましたりさえする。

スコセッシの『最後の誘惑』では、マグダラが娼婦であることは踏襲され、刺青を施した彼女のエキゾチックなイメージが一段と際立たされるが、それでも、最後の晩餐に彼女はちゃんと参加している。美術でも映画でもそれまでは、イエスと最後の食卓につくことができたのは、福音書にある十二人の男の弟子だけと相場は決まっていたことにかんがみるなら、これはきわめて異例である。しかも彼女は、イエスの妄想のなかでの話だが、イエスと結ばれて子供までもうけている。

クリストファー・スペンサーの『サン・オブ・ゴッド』（二〇一四年）でも、マグダラはイエスの男の弟子たちと対等な存在としてはじめから登場し、彼らと行動をともにし、議論の輪のなかにも参加する（ただし最後の晩餐の席にはついていない。この点は福音書を克服できなかったのだろう）。しかも本作では、彼女と姦淫の女とははっきり別人物とされている。マグダラはこの哀れな女の身の上のことが、他の弟子以上に気がかりなようで、事の成り行きをじっと見守っている。それゆえこのシークエンスは、マグダラの視点からとらえられているようにも見える（イエスが地面に何かを書くという場面は省略されている）。本作は、そのタイトルからも想像されるように、基本的に保守的なイエス像をなぞる作品ではあるが、それでもジェンダー・バイヤスのかかってきた伝統的なマグダラ像に一定の歯止めをかけていると思われる。

## 外典のマグダラのマリア像――フェラーラの『マリー～もうひとりのマリア～』

こうした外典のなかのマグダラ像を積極的に打ち出したのが、アベル・フェラーラの『マリー～もうひとりのマリア～』である。ロケ地のイタリアで撮られたイエスの映画でマグダラ役を演じた女優マリー（ジュリエット・ビノシュ）は、その女性像に強く心打たれて役から抜け切れなくなり、撮影が終了するや待ちかねていたかのようにパレスチナへとひとり旅立つ。まさにマグダラが彼女に憑依して、現実に戻れなくなっているのだ。すると時間はすぐに一年後に飛んで、聖地を訪ね歩くマリーと、その映画の上映を取り巻くニューヨークでの出来事という二重のプロットが並行するかたちで進んでいく。そしてそれらのあいだに、製作された映画――『これぞ我が血』というタイトル――のいくつかの場面がさしはさまれる、という構成である。

その役柄がどんなものであったのか、それは、フィルムの編集作業が終わったニューヨークでの試写という設定によって明かされる。その映画のなかのマグダラは、イエスの死後に迫害を受ける男の使徒たちに向かって、主があなたたちを導いてくれるといって叱咤激励する。男の使徒のひとりが、自分たちの知らないことを聴かせてくれと尋ねると、主の幻を見て言葉を聞いたと告げ、特別の神秘的力があることをみずから打ち明ける。彼女によると、主は「魂（ソウル）」や「精神（スピリット）」よりも大切なのは「叡智（ヌース）」だ、と説いたという。すると使徒たちは口々に、そんなことは信じられないと反論しはじめる。というのも、女に秘密を語ることはありえないからだという。主は本当に、男の自分たちよりもこの女の方を選んだのか、と詰め寄るのは他でもなくペテロである。だが彼らの全員がマグダラのことを疑っているわけではない。「あなたの態度は敵対者のようだ」と、ペテロをたしなめる使徒もいるし、イエスが彼女を特別に愛していたことを認めている使徒もいる。この映画中映画のシークエンスは、カラヴァッジョ風の暗い照明のなか、ほぼ半身像のショットで五分余りつづく。

ここで語られるセリフは、大筋で先述した外典に準じるもので、とりわけペテロとの確執は象徴的である。なぜなら彼こそ、ヴァチカンの創立者とされる首座使徒だからである。つまり、外典は明らかに異端的な一派によって著わされたものだということである。なかでもグノーシス主義の影響がこれまでにも指摘されてきた。本作ではそれは、キリスト教的というよりもギリシア的な「叡智（ヌース）」に与えられた最重要性によって示唆されている。さらに、初期キリスト教において、女性の弟子たちの役割や地位をめぐって原始教団の内部に見解の相違があったらしいことも、この映画は見逃していない。

一方、ニューヨークでは、公開を控えた『これぞ我が血』に合わせるようにして、テレビ・ディレクターのテッド（フォレスト・ウィテカー）が「イエス、真実の物語」という番組を制作している。この番組もまた映像に載せられるのだが、それは実在する神学者や聖書学者たち本人へのインタヴューという形式をとっていて、そのなかのひとりに、異端や外典の研究者として知られ、何冊か邦訳もあるエレーヌ・ペイゲルスがいる。

『これぞ我が血』を監督し主演したトニー（マシュー・モディーン）によれば、宗教ネタの映画は「儲かる」が「つねに抗議の対象になる」。おそらくは、スコセッシの『最後の誘惑』やメル・ギブソンの『パッション』などを踏まえてのセリフだろう。その言葉どおり、公開初日から市民たちの抗議が殺到し、劇場に爆弾が仕掛けられたという通報で、上映を待たずして観客は避難させられる。上映反対のプラカードを持ったデモ隊は警官たちともみ合っている。このシークエンスは、トニー

VI−13 『マリー〜もうひとりのマリア〜』

へのインタヴューも交えて、テレビ局が取材に来ているという設定で、激しく動く手持ちカメラでドキュメンタリーのように描かれる。アメリカの観客ならここで、スコセッシやギブソンの作品をめぐって、過去にあった実際の反対運動の光景がフラッシュバックするのだろう。

一方、周りがパニック状態のなかトニーは無理やり映写室へ入っていって、自作を映写しはじめる。そして、「誰が決める？何が正しく何が誤りか。ローマ法王か」と激しい口調で叫ぶ。そのクロースアップに重なり合うようにして、「わたしは別の世界の助けで生きる」とささやく映画中のマグダラのクロースアップがつづく。ここにもヴァチカンへの強烈な皮肉が込められている。

次章でも触れるように、フェラーラの作品にはしばしばカトリックへの参照が認められるが、それは必ずしも教会に準じるものではない。ラストは、マグダラたち女性の使徒四人が浜辺にたどり着いて船から降りて歩きだすと、カメラがマグダラのすがすがしくも力強い表情をとらえて幕となる（つまり、映画中映画『これぞ我が血』の最後が本作『マリー』の最後でもある）（図VI―13）。これが何を示唆しているかは想像の域を出ないが、イエスの死後マグダラはマルセイユの港にたどり着いて、ガリア地方にキリストの教えをもたらしたという言い伝えが中世からあることを考慮するなら（サントボームが彼女の聖地となってきた）、おそらくはプロヴァンスの海岸に着いたという設定なのだろう。とはいえ、新たに歩みはじめたこのマグダラはまた、エルサレムで一年間マグダラについて瞑想した女優マリーその人でもあるだろう。

## 改心する現代のマグダラのマリア——キェシロフスキの『愛に関する短いフィルム』

一世紀のマグダラを現代の女性に重ねるもうひとつの作品に、本章を締めくくってもらおう。クシシュトフ・キェシロフスキ（一九四一—九六）の『愛に関する短いフィルム』（一九八八年）がそれである。もともとモーセの十戒をモチーフにした十本のテレビ・シリーズ『デカローグ』の第六話——すなわち「姦淫してはならない」という六番目の掟に対応する——として製作されたものだが、本章では劇場用に八六分に再編集された長いヴァージョンのものを扱うことにしたい。

このシリーズのほとんどがそうであるように、ここでもワルシャワの公営団地を舞台に「人間喜劇」が展開されるが、本作では、無垢な十九歳の郵便局員トメク（オラフ・ルバシェンコ）と、複数の愛人たちと関係をもつ十ほどは年上と思しき魅力的な女性マグダ（グラジナ・シャポフォスカ）によって、現代の改心の物語が紡がれていく。家族のいない彼は、国連軍に参加した友人に代わって、その母親のアパートに身を寄せている。ちょうど向かい合わせの棟に住んでいるマグダのプライバシーを、トメクは相手に気づかれないように望遠鏡で夜な夜な盗み見している。要するに、この純粋な童貞君は覗き魔（ピーピング・トム）である。彼女を心から愛しているのだが、みずからすすんで会おうとすることも言葉をかけることもできない。そのため、偽の為替通知を何度も送りつけては郵便局の窓口にわざわざ足を運ばせたり、彼女宛の手紙を抜き取ったり、早朝の牛乳配達をしたりして、彼女と何とか接触できる機会をうかがっている。多用されるクロースアップのなかでも印象的なのは、二人が郵便局のガラスの窓口をはさんで向き合うとき、マグダ側に構えたカメラが、

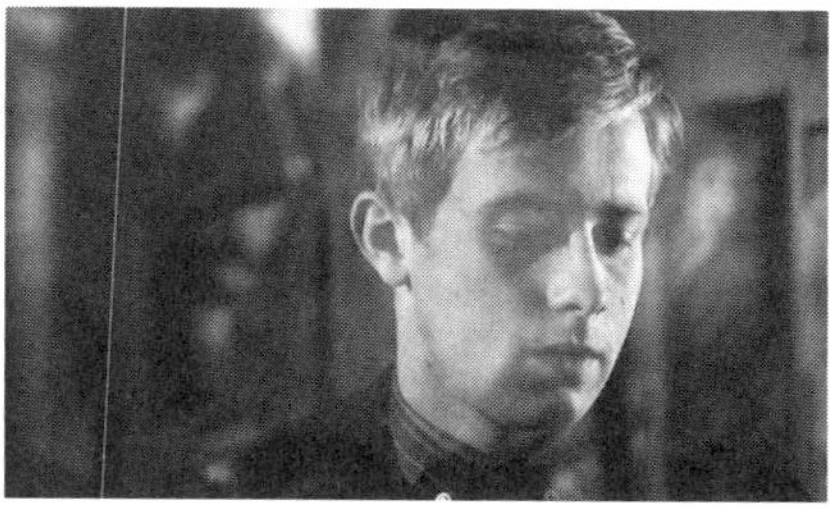

Ⅵ-14 『愛に関する短いフィルム』

鏡の役割を果たすガラスの上に映りこんだ彼女の顔の淡い反射像と、向こう側のトメクの顔とが重なり合う瞬間をとらえるショットである。トメクがマグダの身体に触れるのは、まさにこのはかない鏡像を通じてだけなのだ（図Ⅵ—14）。さらに、マグダの寝室の窓ガラスの一部は円い凸面状になっていて、それが広角の凸面鏡のような役目を果たしている。やや歪んだ像のマグダがその鏡のなかを横切る様子が、平らな窓ガラスに映る像とぼんやり二重に重なるようにして何度か描かれるが（図Ⅵ—15）、もちろんそれは、彼女のすさんだ生活への暗示でもある（Carozzi 64）。鏡を巧みに使うキェシロフスキらしい演出が、こうしたさりげない細部にも活かされているのである。

ついに、覗き見していることを相手に打ち明けたトメク、何が望みなのか、自分と寝たいのかと問うマグダに、彼は何も欲しいわけではないと答える。ただ彼女を一途に愛しているのだ。怪訝そうだがその言葉に揺れ動かされてもいるマグダの表情が大きくクロースアップになる。はじめて彼女を誘い、改めて二人で会った当日、愛は幻想に過ぎないとにべもなく言い放つマグダは、愛を肉体の関係のみに摩り替えようと、トメクを誘惑する。そして、彼女の太股に軽く触れただけで射精したトメクに、それが世間でいう愛の正体だと冷たい言葉を浴びせる。すると突然トメクは駆け出してその場から立ち去ってしまうのだ。

だが、まさしくこの瞬間からである、彼女が変貌しはじめるのは。どこかにしまいこんでいたオペラグラスを見つけ出してきてトメクの部屋の方を心配そうに覗く。相手もまた覗いているだろうと予想して、受話器をとる仕草をする。紙に大きく「悪かったわ」と書いて窓にかざす。しかし、このときトメクは手首を切って自殺未遂を図っていたのだ。その二人の様子が無言のまま交互に描かれていく。彼女のなかでたしかに何かが変わりつつある。おそらくそれまでいちども抱いたことのないような感情に彼女は突き動かされているのだ。普段のように男がドアのチャイムを鳴らしても、迷わず追い返してしまう。

たまりかねてトメクを訪ねると、病院へ入ったことを知らされる。このときから今度はマグダの方がトメクの後を追いまわすことになる。彼女の衣装や髪型、化粧がやや変化していることに観客は気づかされるはずだ。それまで垂らしていた豊かなブロンドを小さく束ね、地味なコートに身を包んでいる。夜中に電話がかかってくると、トメクからだと勘違いして、「あなたは正しかった」と自分の非を認めて謝罪する。数日後の夜、またオペラグラスで向かいを見ていると、トメクらしい人物の影を認めて、安堵の笑みを浮かべるマグダ。すぐに直行すると、病院から戻った——蘇った——トメクがベッドで寝ている。近寄って左手首の包帯に触れようとするところを、大家に止められる。マグダがトメクの身体に触れることは禁じられている。ちょうど、復活したイエスに触れようとしたマグダラが制されたように。マグダはおもむろに、かつて自分が盗み見されていた望遠鏡を覗き込む（図VI—16）。そこに映っているのは、扉を開けて部屋に入ってくる自分の姿。テ

VI–15 『愛に関する短いフィルム』

Ⅵ-16　『愛に関する短いフィルム』

ーブルでうなだれていると——その後ろ姿は泣いているように見える——トメクが入ってきてやさしく彼女の肩に手をやると、マグダも彼の頬に右手を差し伸べる。スローモーションで描かれるこの幻を見ているマグダの瞳にカメラがゆっくりズームすると、その瞳が静かに閉じられて映画は幕となる。

　この最後の三〇分近いシークエンスで描かれるのは、もちろん現代のマグダラのマリアの改心である。マグダのうちに一世紀の聖女のイメージが投影されていることは疑いない。他方、トメクにキリストのイメージが重ねられているかというと、それを肯定的にとらえる見解もあるが（Baugh 179; Brinkman 79）、わたしにはやや疑問のように思われる。というのも、彼が窃視者であることに加えて、ストーカーまがいのその行為や自殺未遂は、メシアとはどうしても結びつかないからである。トメクが純粋無垢であること、「犠牲」となることでマグダを変貌させたこと、「我に触れるな」への間接的な暗示があること、これらは彼を現代のメシアたらしめるのに必ずしも十分とはいえないだろう。しかも、わたしたち観客がトメクに感情移入したり、自己同一化したりすることは、かなり困難である。むしろ、神なき時代、メシアなき現代にあって、罪を犯しやすい人間にも救いはあるということを、内在と超越、時間と永遠とのあいだを自在にまたぐことで、「教会なき神学者」（Bradatan 81）のキェシロフスキは表現しようとしたのではないだろうか。

# Ⅶ　キリストに倣って

わたしたちは誰でも、生きていくうえで手本となるような理想の人物像を他者のうちに探し求めている。尊敬や憧れの対象にできるだけ近づきたい、それはごく自然な感情である。そのためにはまず外見から入り、次に言動を真似ようとするだろう。「鏡」には手本や模範という意味もあるが、わたしたちは、この鏡のなかのイメージにそうなりたい自分を重ねて見ているのだ。そこにはまた、わたしたち自身の願望や空想が投影されている。

とりわけヨーロッパの人々にとって、古くからもっとも馴染み深く、もっとも歓迎されてきた「鏡」こそ、いうまでもなくイエス・キリストその人であった。文字どおり『キリストにならいて（イミタティオ・クリスティ）』という大ベストセラーを著わしたのは、中世末の神秘家トマス・ア・ケンピス（一三八〇―一四七一）であるが、その考え方はすでに古くからあったものだ。使徒パウロが書いたとされる幾つかの書簡にはすでに「主に倣う者」（『テサロニケの信徒への手紙一』1:6）や「神に倣う者」（『エフェソの信徒への手紙』5:1）といった言い回しが見られる。「わたしたちは、今は、鏡におぼろに映ったものを見ている」（『コリントの信徒への手紙一』13:12）、なぜなら、鏡のなかの手本に到達することは容易でないからだ。それが成就するのは救済のときである。自我の想像的形成にかかわるジャック・ラカンの名高いテーゼ、「鏡像段階」の遠い原型がここにある。いわゆる聖人とは、キリストという模範に倣い近づくことのできた人の謂いに他ならない。だが、話は殉教者や聖職者、修道士や苦行者といった特殊なケースに限られるわけではない。一般の人々にとっても、見倣うべき「鏡」となってきたのは、聖書や数々の聖人伝のなかで語られ、さらには教会堂を飾る宗教画や聖書の挿絵などに描かれてきたキリストのイメージであった。キリストとの同一化がときに病的な症状となって表われる場合もあることは、フロイトの患者「狼男」がいみじくも証言している（一九一二年の「ある幼年期神経症の病歴より」）。パウロを読むベンヤミンやアガンベンによれば、すべての現在にはメシアの到来（帰還）の可能性が宿っている（『残りの時』）。それゆえ、誰もがキリストの同時代人たりうるのだ。

「神の死」の宣言（ニーチェ）よりこの方、「鏡」としてのキリストのイメージは、かつて宗教画や受難劇が栄えていたときのような効力を発揮することはもはやないかもしれない。だが、今日もなおこの「鏡」が生きつづけているとするなら、それは逆説的にも、「神の死」とほぼ同時に誕生した映画のなかをおいて他にはない。しかも、聖職者や信仰篤いキャラクターに限らず、意外な登場人物の内に「キリスト」のイメージが投影されていることも少なくない。それどころかその数は、たとえばハリウッドのヒーロー物、SFやファンタジー作品などを含めると相当数に上るだろう。すでにそうした研究も数多くある。それゆえ本章では、できるだけ作品を精選しながら、現代の「キリスト」たちの数奇な運命をたどってみることにしよう。「受難（受苦）」、「メシア」と「救済」、「犠牲」と「贖い」、「復活」が本章でのキータームになるだろう（もちろんこれらは密接に関連しているため、明快な境界線が引けるわけではないこと、それゆえ以下の分類は便宜的なものであることをあらかじめ断っておきたい）。

## 「受難」に倣う――ブレッソンの『田舎司祭の日記』

どこから入るのがいいだろうか。「キリストの真似び」においてもっとも中心にあるのは、「受難（パッシオ）」の苦しみをキリストと「共に（コン）」すること、つまり「コンパッシオ」である。「同情」や「思いやり」を意味する英語の「コンパッション」の語源となったラテン語である。他者への「思いやり」とはつまり、キリストの受難に思いをはせ、ともにそれを擬似体験することに他ならないのだ。誰もがそれぞれ自分の十字架を背負って生きている、わたしたち日本人の耳にも聞きなれたこの言い回しは、すでにイエス自身の口から発せられている（マタイ 10:38; ルカ 14:27）。それゆえまずは映画のなかの受難者たちに目を向けてみるとしても、あながち的外れにはならないだろう。その最初を飾るにふさわしいのは、おそらくブレッソンの『田舎司祭の日記』（一九五一年）をおいて他にはない。

キリストを手本としてきたのは、まず誰よりも聖職者たちであるに違いないから、司祭や牧師を主人公にした映画は少なくない。思い浮かぶものだけを年代順に列挙しておくと、レオ・マッケリーの『我が道を往く』（一九四四年）や『聖メリーの鐘』（一九四五年）、ロッセリーニの『無防備都市』（一九四五年）、ジョン・フォードの『逃亡者』（一九四七年）、ジュリアン・デュヴィヴィエの『陽気なドン・カミロ』（一九五一年）、ブニュエルの『ナサリン』（一九五八年）、ジャン＝ピエール・メルヴィルの『モラン神父』（一九六一年）、ベルイマンの『冬の光』（一九六三年、原題は「聖体拝領者たち」）、ナンニ・モレッティの『ジュリオの当惑』（一九八五年、原題は「ミサは終わった」）、モーリス・ピアラの『悪魔の陽の下に』（一九八七年）、ローランド・ジョフィの『ミッション』（一九八六年）、アントニア・バードの『司祭』（一九九六年）、ロバート・デュヴァルの『アポストル』（一九九七年）、アニエス・ホランドの『奇蹟の詩』（一九九九年、原題は「第三の奇蹟」）、フォルカー・シュレンドルフの『9日目　ヒトラーに捧げる祈り』（二〇〇四年）などである。教区の建て直しをめぐる楽観的でユートピア的なマッケリー作品と、レジスタンスの犠牲をリアルに描く悲劇的なロッセリーニ作品との対比は、そのまま聖職者を題材にした作品の二つの相反する傾向を象徴しているように思われる。近年ではまた、たとえば同性愛をテーマにしたバード作品が示すように、主人公の性的な葛藤を描くものも登場している。

さて、『田舎司祭の日記』に戻るなら、一九二〇年代の北フランスの田舎町に赴任してきた若い司祭の「受難」を描いたこの一人称作品については、すでにバザンが中世のキリスト受難劇や十字架の道行き（ウィア・クルシス）になぞらえつつ、その「救済と恩寵の現象学」を賞賛し（バザン 177-215）、ポール・シュレイダーが自身の理想とする「映画における超越的様式」のモデルのひとつとして高く評価し（Schrader 59-108）、さらにスーザン・ソンタグもその「精神のスタイル」について語った。ソンタグはまた、シモーヌ・ヴェーユの『重力と恩寵』を引き合いにだして、重力の法則に従うしかない人間の魂の動きと（愛情もまた例外ではない）、その支配から脱することのできる神の恩寵とのあいだの相克のなかに田舎司祭の葛藤と受難を位置づけている（ソンタグ 302）。これらを筆頭にして、ブレッソンとこの作品をめぐってはすでに豊かな先行研究の蓄積がある。それらをも参照しつつ、ここでは若干の私見を加えておきたい。

ブレッソン作品の多くが登場人物の感情や内面の描写を意図的に抑制することで、観客の安易な感情移入を拒んでいることは、これまでにもしばしば指摘されてきた。同じ一人称作品の『スリ』

（一九五九年）では目にも鮮やかな抜き取りの手さばきに、『抵抗（レジスタンス）死刑囚の手記より』（一九五六年）でも、収容所からの脱出のために独房でひたすら単純な作業を繰り返す手の動きのアップに、わたしたちの視線は釘づけにされる。何度も反復されるそうした反心理主義的なカットを、シュレイダーは「ビザンチンの図像学」にも比較しているほどだ（Schrader 98-103）。とはいえ、『田舎司祭の日記』でわたしたちの印象にもっとも強く残っているのは、主人公の若い司祭のクロースアップの複雑な表情ではないだろうか。この映画のなかで、観客の目にいちばん焼きついているのは、実のところ、田舎司祭を演じた素人役者クロード・レイデュの苦悶する顔ではないだろうか（図Ⅶ—1）。

Ⅶ-1　『田舎司祭の日記』

赴任してきたばかりの土地の人々の無理解や無関心、悪意や敵意、からかいや中傷、誤解や無視にこれでもかとばかりにさらされ、あげくの果てに「世間知らず」とも「酔っ払い」——重い病に冒されているにもかかわらず、かたくなにワインとパン（いうまでもなく「聖体」への暗示）しか口にしようとしない——とも、しまいには「悪魔」とも誹謗される主人公の「受難」の経過を、カメラは無慈悲なまでに淡々と記録していくのだが、しばしば接近して彼の顔をクロースアップにする。その表情には、やや過敏すぎる反応ではないか、と思わせるものもある。大先輩の司祭も、「騒ぎ過ぎる」とこの後輩をいさめているほどだ。その表情を見るたびにわたしたちは、若き司祭がますます孤立していくのを強く印象づけられることになる。つまりここで繰り返される主人公のクロースアップは、彼を周りの状況や会話の相手から切り離す効果をもたらしているのである。対話者が経験豊かな先輩司祭であれ、幼い息子を亡くして失意の底にあり神を呪ってすらいる領主の妻であれ、彼の視線はしばしば宙を舞い、時に気絶しそうになるため、フレーム外にいる相手のセリフもうつろに響く。眠れぬ夜に起きだして、見えない神と無言の対話をするときも、カメラはひざまずく主人公の顔に近づいていくが、天を仰ぐその視線の先に期待される神は、彼に何も応えてはくれない。それどころか「神に見捨てられた」とすら感じている。

そもそもクロースアップという手法は、さかのぼるなら、受難の物語画面のなかからイエスの上半身や顔だけを抜き取って描いた十五世紀後半の宗教画に遠くその起源がある。つまり、それはもともとから「引き剝がし装置」として生まれたのであり、「おのれの対象を、時空座標の全体から抽象する」(1983 Deleuze 126; 170) という役割をもつ。それゆえ換言するならクロースアップとは、「物語の線的な流れにたいする抵抗」であり、「いつもある程度まで自律した統一体であり、断片であり、それ自身のためのものである」(Doane 100)。執拗にクロースアップされるレイデュの複雑な表情は、主人公の孤立無援を暴き立てずにはいない。場面転換のディゾルヴも何度か効果的に使われ、そのたびごとに日記の文字や教会の祭壇や彼自身の体などが、その顔とダブっていく(図Ⅶ—2)。そのなかには自分で自分を見ているかのような組み合わせになっているものもある(図Ⅶ—3)。

作品中でほぼ唯一、主人公が穏やかな笑みを浮かべるシークエンスがある。終盤、町の医者のもとに向かおうとする彼が、領主の甥のオートバイで駅まで送ってもらうという場面である(図Ⅶ—4)。外人部隊に所属しているという同年代のこの青年の運転するオートバイの後ろに乗って、彼は自分の若さに改めて気づき「すべては単純に思えた」と感じる。そのとき彼は、はじめてわたし

Ⅶ-2 『田舎司祭の日記』

Ⅶ-3 『田舎司祭の日記』

Ⅶ-4 『田舎司祭の日記』

たち観客に笑顔を見せるのだ。

だが、束の間の笑みもまたすぐに試練の顔へと舞い戻る。末期の胃ガンという診断を受けて絶望の淵に立たされた彼は、神学校時代の旧友を訪ねる。死へといたる最後の受難の「留《りゅう》」――受難の進行に沿う各場面――がこうしてはじまるのだが、それは連続する四つの長回しによって表現されていく。まず、病気のために聖職を離れて貧しい女と同棲しているこの友人が近況を語るあいだ、カメラはじっと構えて主人公だけを胸から上のバストショットでとらえている。ただいちどだけカメラが後ろに引いて、水を勧める友人とのツーショットになるが、すぐにまたもとのショットに戻る。この三分余りの長回しの最後、失神しそうになるのをこらえながらはじめて主人公が口を開く。「君の立場でわたしが神との約束を破るとしたら、君のいう知的生活ではなくて、女性への愛でありたい」、と。ここで彼は最初で最後にただいちどだけ異性への愛を語るのだ。すると意識を失いかけた彼を残したまま画面はフェードアウトしていく。

つづく長回し（三分半）は、友人のアパートの粗末なベッドに横たわる主人公が、友人と暮らす素朴な女の何気ない身の上話に静かに耳を傾けるシーンである。女は、友人が聖職にまた戻ることができるように、結婚はしないのだという。あたかも主人公は、司祭としての最後の任務として、この献身的な女の告解を聞いているかのようだ。三番目にくるのは、いつものようにペンで日記をつけている手。だが、文字はいつになく乱れていて、すぐに力尽きてノートとペンを床に落としてしまう。それを拾うこともままならず、ゆっくりと立ち上がって窓に向かう姿をカメラは、擦り切れた毛布に包まれた背中の方から見つめている。おもむろに振り返ると、手前にあるみすぼらしい椅子に腰をかけ、瞬きもせずに虚空を見つめる主人公の表情にカメラがまるでためらうかのように接近していく。この間の二分余りは、セリフや主人公のナレーションも一切ない（ただ最後に機関車の汽笛のような音が突然入ってきて、現実に引き戻される。この映画でブレッソンが周囲の機械音を効果的に使っていることはよく指摘される）。これら三つの長回しは、キリストの「代理」たる司祭の「受難」の最後の「留」を、まさしくリアルタイムで描きだしているのだ。しかも三つのショットは順に、フレームの内と外の会話、フレーム内の会話、そして無言のフレームという具合に組み立てられている。おそらく三番目のショットには、不可視の神との対話が暗示されているのだろう。ただし、ゲッセマネでのイニスの最後の祈りにたいしてもそうだったように、神は主人公に応えているようには見えない。

そしてラストの四番目の長回し。トルシーの先輩司祭のもとに友人から届いた封筒が大きくフェ

VII−5 『田舎司祭の日記』

ードインする。主人公の最期の様子を伝える文面がフレームいっぱいに映され、この先輩司祭によるヴォイスオーヴァーで読み上げられる。一〇秒ほどすると画面はディゾルヴになって、灰色のニュートラルな地のうえに大きく十字架が浮かび上がってくる。「すべては神の思し召し」という主人公の末期の言葉で手紙が締めくくられると一気に画面が暗転するまで、約八〇秒ものあいだずっとこの十字架だけが映っているという、名高いラストシーンである。一見すると突飛なようにも思われるのだが、この十字架はおそらく、主人公のベッドの上にかけられていたのと同じもので、微妙な陰影のなか、本編で何度かフレームに収められていた（主人公と壁の十字架とがツーショットになることもあった）（図VII―5）。

「すべては神の思し召し」、つまり神の「恩寵」の内にあるという締めくくりの箴言は、人間の罪深さと自由意志の無力さをめぐるパスカルやジャンセニスムの思想に結びつけて解釈されている（Corsini 17）。また、眠れぬ夜に悶々と神と向き合う主人公の姿には、十六世紀スペインの神秘家、十字架の聖ヨハネ（一五四二―九一）の「霊魂の暗夜」が投影されているという見方もある（Cunneen 53）。おそらくこれらの解釈はどちらも排除されないだろう。そのうえで、わたしはここで別の可能性を提示しておきたい。二十世紀の「キリスト」の受難を描いたこの重苦しいほどに厳粛な作品は、もうひとつのブレッソン作品と、ちょうど二連画のイコンのように対をなしているのではないか。それとは、『田舎司祭の日記』につづいて製作された『抵抗（レジスタンス）死刑囚の手記より』（一九五六年）である。前者が「受難」と「恩寵」を描いていたとするなら、後者はいわば「復活」と「自由意志」を象徴していると考えられるのだが、これについては後述しよう。いずれにしても本作は、その後モーリス・ピアラの『悪魔の陽の下に』やナンニ・モレッティの『ジュリオの当惑』にも深い影響を与えることになるだろう。

## 「隠れたる神」──ベルイマンの『冬の光』

ブレッソンがカトリックの神父の「受難」を描いたとすれば、ベルイマンはプロテスタントのルター派の牧師の「受難」に目を向ける。舞台は冬のスウェーデンの寒村、小さな教会堂での日曜日の昼の聖餐式の場面で幕を開け、同じ日の夕刻の礼拝で幕を閉じる。だが、そこに参列している信者は、前者では五人、後者ではただひとりというありさま。いかに小さな村とはいえ、余りにも閑散としている。牧師のトーマス（グンナール・ビョルンストランド）はそれでも表向きは慣例に従って淡々と儀式を遂行する。それゆえ、映画の最後を飾る牧師の祈り「聖なるかな、聖なるかな、聖なるかな、万軍の主。その栄光は地に満ちる」は、むしろ皮肉にすら響くほどだ。神を心から信じることができず、信者に慕われていないにもかかわらず、神の権威を説こうというのだから。作中で彼は何度も「神の沈黙」を口にし、神に見放されていることを嘆く。トーマスという名は象徴的で、十二人のイエスの弟子のなかでいちばん疑り深いとされる使徒トマスと同名なのである。ルター神学の基本にあるとされる「隠れたる神（デウス・アブスコンディトゥス）」は、トーマスを悩ます種でもあるのだ。信者のひとりで自殺願望に取りつかれた漁師ヨーナス（マックス・フォン・シドー）か

Ⅶ-6　『冬の光』

ら相談を受け、彼に「神を信じなさい」と忠告しても（図Ⅶ―6）、相手から鋭く見つめ返されると、トーマスは思わず目を伏せてしまう。自分も本心から信じることができないでいるからである。聖具室の壁に飾られた大きな十字架のキリストの木像が、しばしばトーマスの苦しみの表情とツーショットになる。ヨーナスはついに自殺してしまう。それを止められなかったことがトーマスに自責の念としてのしかかる。ヨーナスという名前は、旧約聖書の預言者ヨナ――海に投げだされて大魚に飲み込まれ、三日三晩その腹のなかで祈ると、大魚から吐きだされて助かったため、キリスト復活の「予型」ともされてきた――に由来するが、しかし、ベルイマンのヨーナスにはいかなる希望の光もない。残された妻に夫の自殺を報告に行ったトーマスだが、彼女に慰めの言葉ひとつかけるでもなく、「祈ろうか」と問うと、「いりません」ときっぱり拒絶されてしまう。

夕方の礼拝にただひとり残った参列者は、四年前に妻を亡くしたトーマスを慕っている女教師マッタ（イングリッド・チューリン）で、「活動的生」を象徴する福音書のベタニアのマルタと同じつづりの名前である。彼女にはまたマグダラのマリアのイメージも重なっている。マッタは「神やイエスはただあいまいな観念としてのみ存在する」と考えていて、それよりもむしろ「人がたがいに優しさを示すことのできる勇気」を求めている。彼女の求愛を、しかしトーマスは拒絶する。亡き妻をまだ愛しているとかたくなに思い込もうとしているからだ。神への愛も隣人への愛も信じることができないトーマスが、ただ自己への愛のみにしがみついているように見えるのは、わたしの色眼鏡であろうか。自己愛を鋭く批判したのは、他でもなくルターだったはずなのに。キリスト教的な人間は自分自身においてではなくキリストと隣人とにおいて、すなわちキリストにおいては信仰を通して、隣人においては愛を通して生活するというのが、よく知られたルターの教え（『キリスト者の自由』）ではなかったのか。それにたいしてトーマスは、自己へとひたすら傾倒するという罪を犯しているのではないか。観客は否応なくそうした疑問を抱くことになるが、それこそがベルイマンの狙いだったのだろうか。夕方の礼拝がはじまる前、聖具室の実直な番人が控え目だが確かな口調でトーマスに語る。キリストが受難で真に苦しんだのは、三年ともに暮らした弟子たちに見捨てられて孤独だったから、そして死を目前にして神を疑ったからだと思う、と。牧師はそれをただ黙って聞いている。神を疑い、信者たちからも見捨てられる、それこそ主人公を苦しめている受難に他ならない（ed. Bandy & Monda 116）。

他者に愛を注ぐというよりも、もっぱら自己のうちに閉じこもろうとするトーマス、そして、本来はともに喜びを分かち合うものであるにもかかわらず、他者とのあいだにいかなる交流も生むことのない形式的な聖体拝領、これらの救いがたい現実が、北欧の冬の寂寞とした風景のなか計算された様式美とともに、感情移入を誘うこと一切なく写し撮られていく。

### 破門神父の「受難」——ブニュエルの『ナサリン』

他方、ブニュエルが『ナサリン』で描く主人公ナサリオ神父（フランシスコ・ラバル）は、物欲や肉体の快楽はもとより、人間としての尊厳や権利すら放棄することもいとわず、ただひたすら自己

VII-7 『ナサリン』

を無にして他者のために尽くそうとする。その意味で『冬の光』の主人公とはまったく対照的である。時は二十世紀初めの独裁下のメキシコ、このスペイン人神父は、あえて極貧の人たちのあいだに住んでいて、彼らのために奉仕しようとするが、その過激さゆえに異端として教会から破門されてしまい、無一文のまま村々を行脚する羽目になる。途中から、ベアトリス（マルガ・ロペス）という女が、マグダラのマリアさながらにナサリンを慕って付いてくる。行く先々で己を捨ててキリストの模範に倣おうとすればするほど、しかし、他者には何の役にも立たないばかりか、空回りして諍いすら引き起こしてしまうのだ。ブニュエルはそれをあえて皮肉るかのように描いていく。たとえば、空腹ゆえに食事だけの報酬で道路工事に加わろうとしたために、他の労働者の反感を買い、彼らのあいだに対立を招いてしまい、その場からすぐに立ち去ることになる。しばらく歩くと遠くから銃声が聞こえてくるが、それはナサリオの悪意のない無償の行為が原因で犠牲者が出てしまったことを示唆している。また、ペストに冒された村では、瀕死の女のために危険をも顧みず枕元で天国への道と魂の救済を説こうとするが、すぐに夫が戻ってきて、彼女をしっかりと抱きしめる。夫の抱擁にくらべたら、破門神父の祈りなど無駄な虚言でしかない、とでも言わんばかりだ（サド侯爵の『司祭と臨終の男との対話』を踏まえている）。

終盤近く、仲間を殺した罪で逃げる娼婦アンダラをかくまった廉で女とともに捕まり牢屋に放り込まれるが、その前夜、ナサリオは悪い予感――「苦しみが待っている」――に胸騒ぎがして眠れないでいた。それはちょうど捕らえられる直前のイエスがゲッセマネで悲しみもだえながら神に祈ったのに対応している。その牢獄にいる盗賊のひとりからナサリオは、「あんたは善の側、おれは悪の側、だけどお互い何の役にも立っていない」と詰め寄られる。このとき破門神父の表情がたちまち曇って凍りつく様子を、無慈悲にもカメラはしっかりとクロースアップに収める（図VII—7）。他者のためにと信じていたことが、実は自己満足でしかなく、場合によって逆効果すらもたらしていたのだ。キリストに倣うという自己の信念が実は独断的なものでしかなかったこと、それゆえその信念から裏切られたことを、ナサリオはこの瞬間にはっきりと悟ったに違いない。十字架のキリストが神に見捨てられたとすれば、ナサリオは、キリストに倣うというみずからの理想から遺棄される。このときから彼はすっかり言葉を失ってしまい一言もしゃべらなくなる。と同時に、信念に燃えていたはずの瞳も虚ろに沈んでいく。教会側へ引き渡される道すがら、自分を慕っていたはずのベアトリスが、昔の恋人と馬車に乗って仲むつまじい様子で彼を追い越していくが、それに気づく気配もない。彼女は、回心したマグダラのマリアとは正反対に、ナサリオを見捨ててしまったのだ。もはや彼に救いはないと思われたそのとき、路傍の屋台の女から「神のお恵みをあんたに」とパイナップルを差し出される。すると、それまでずっと自分が口にしてきたようなセリフを赤の他人から聞かされたからだろうか、ふと我に返ったようになって、戸惑いうろたえてとっさに拒絶し

VII-8 『ナサリン』

てしまう。だが、もういちど女から勧められると、「神の報いがあらんことを」と返してパイナップルを受け取り、ふたたび歩きはじめる（図Ⅶ—8）。名高くも謎めいたラストである。スペイン語で「ピーニャ」、つまりパイナップルが歓待の象徴でもあることにかんがみるなら、この結末は、自分が今まで説いてきたような天上の恩寵にではなくて、貧しい女の差し伸べるごくさりげない地上の恩寵にこそ救いがある、と主人公が悟るシーンとして解釈できるかもしれない。とはいえ意味を一義的に特定しようとするのは禁物で、ブニュエルがおそらくそう望んだように、開いたままにしておくのがいいだろう。

ブレッソンにせよベルイマンにせよブニュエルにせよ、また司祭であれ牧師であれ破門僧であれ、いずれもすでに半世紀以上を経た今日、正直のところ、やや古臭いと感じられる部分がないとは言えない。だが、安直な結末をきっぱりと拒絶して、実存と信仰にかかわる困難で深刻な問題を鋭く抉りだすこれらの作品は、決して過去形になることはないだろう。

## アンチヒーローのメシアたち

次にメシア的テーマへの暗示のある作品について検討しておこう（弁解じみるが、これについても候補の作品リストが網羅されるわけではないことをあらかじめ断っておきたい）。まず指摘できるのは、第Ⅳ章で見たようなイエス像の変容ないし多様化とこのテーマとが密接に結びついているという点である。勝ち誇ったような英雄的メシア像はもはやごく一部のエンターテインメント的な作品のなかにしか存在しえない。メシアのイメージは今や、古典的なヒーローによりもアンチヒーローに託されている、といえるかもしれない。

たとえば、スチュアート・ローゼンバーク（一九二七―二〇〇七）の『暴力脱獄』（一九六七年、原題は「クール・ハンド・ルーク」）と、ミロス・フォアマン（一九三二生）の『カッコーの巣の上で』（一九七五年）は、それぞれ軽犯罪者と精神病者という烙印を押されて抑圧されている人々を、みずからもそこに収容されることで、内部から解放しようとする現代の「メシア」を、それぞれはまり役の主人公、ポール・ニューマンとジャック・ニコルソンが演じる快作である。とはいえ、正直のところわたしには、やや個人主義的で自由主義的なアメリカのイデオロギーが鼻につくように思われる。というのも、他者や制度や共同体はつねに個人にたいしてプレッシャーを与えて抑圧し、その自由を制限するものでしかない、という暗黙の大前提が見え隠れしているからである。だが、早くからミシェル・フーコーも指摘していたように、真の問題は権力と個との対立という図式的理解にあるのではなくて、言説や制度を介して個の内に権力がすでにいかに取り込まれているかということなのだ。しかも、「いとしい」という意味の古英語「フレオ」を語源にもつ自由（フリー）とは本来、いずれかの個人や主体に帰されるというよりも、あいだの空間を指すものに他ならない。つまりフリーとは、わたし（たち）のものでもあなた（たち）のものでもなくて、両者のあいだに属するものだ。ところが、これらの作品では、「メシア」はあくまでも自分（たち）の「自由」を奪還する役割を帯びていると理解されている。いかに映像のレヴェルにおいてもメシアを暗示しているとしても（たとえば十字架状のポール・ニューマンのショットなど）、そのメシアには、排他的な個人主義のイデオロギーが付きまとい、文字どおりそこからフリーになりきれていないように、わたしには思われる。同じような善悪二元論の図式化は、詩と文学の力によって、規則に縛られた全寮制ハイスクールの男子生徒たちを解放しようとして挫折するメシア的教師（ロビン・ウィリアムズ）の奮闘ぶりを描く、ピーター・ウィアーの『いまを生きる』（一九八九年）にも当てはまるだろう。

これらにたいして、同じ監督の作品でも、『フィアレス』（一九九三年）はもう少し屈折した構造を有しているように思われる。機体が真っ二つに割れて不時着した飛行機事故で奇跡的に助かった主人公マックス（ジェフ・ブリッジス）は、混乱のなか幾人かの瀕死の命を救い、自分もまた不死身と思うようになる。脇腹の傷を鏡に映しながら「お前は死んでいない」と独りごちるショットは、伝統的な「トマスの不信」の図像──復活したイエスの脇腹の傷に触れる使徒──を想起させずにはいない。フラッシュバックで思い出す事故の光景のなかで彼は、「ついて来い、光の方へ」と叫んでいる。これはもちろんイエスが群集に向かって発した言葉（マルコ8:34）のもじりである。

だが、この奇跡の生還の瞬間から彼の奇行がはじまる。車が激しく行き交う道路をあえて横切ったり、立ち入り禁止区域に入ったり、高層ビルの屋上の縁に登ったり、と。「神様、あんたは僕を殺せない」、天に向かってこう叫ぶマックスを、カメラは高い俯瞰ショット──神の視点──で狙う。あげくの果てに、先の事故で膝に抱いた幼子を守りきれずに死なせてしまったことで自分を責めているカーラ（ロージー・ペレス）に、重い箱をしっかりと持たせて車の後部座席に乗せ、猛スピードでわざと壁に激突させる。たとえ事故の瞬間に固く抱いていたとしても、赤ん坊はすり落ちてしまうことを証明してみせ、彼女の罪の意識を軽くしたいと願ってのことである。「僕といれば死なない」、彼はそういって彼女を説得して事に及んだのだった。カーラにとってマックスは、彼女の「天使」にして「神の使者」なのだという。彼女は軽いむち打ち症ですんだが、さすがに不死身のマックスも今度ばかりは重態で、集中治療室に入る羽目になる。他者を救おうとするのはいいが、この図に乗ったメシアについに天罰が下ったのだ。妻ローラ（イザベラ・ロッセリーニ）は夫に「あなたが崩れていく」とつぶやく。精神分析のメラニー・クラインの用語を借りるなら、マックスが示している症状は、精神を高揚させるような空想や行動によって、対象喪失の不安や悲哀から無意識に自分を守ろうとする「躁的防衛」であろう。

妻は入院中の夫の書斎で、事故後に夫が描いた何枚もの水彩画を見つける。カメラはそれらを、妻の視点で真上からフレームいっぱいにとらえる。どの絵にも丸い構図の真ん中にすっぽりと闇のように黒い穴が描かれていて、まるで彼の心の空隙を暗示するかのようでもある（図Ⅶ－9）。十枚以上はあるそれらの絵の一枚一枚を手繰っていくと、いちばん下から出てくるのは、ヒエロニムス・ボスの作品《最高天への飛翔》（一五〇五－一五年、ヴェネツィア、グリマーニ宮）の複製画である。そこには、「裸でただ独り、神の元に昇っていった」というキャプションが付いている。その絵のひとつ手前には、ギュスターヴ・ドレがダンテの『神曲』につけた挿絵版画の一枚、《最高天を見つめるダンテとベアトリーチェ》（「天国篇」第三一歌）があったことも、忘れずに付け加えておこう。どちらの絵もやはり円環状の構図で、真ん中がいちばん奥になっていてそこから神々しい光が差し込んでいる。この構図は、本作でしばしば登場する、真っ二つになった飛行機の胴体の映像（図Ⅶ－10）と呼応するもので、その先にあるのは、闇でもあれば光、地獄でもあれば天国でもあることを、これらの絵のシークエンスは象徴している。

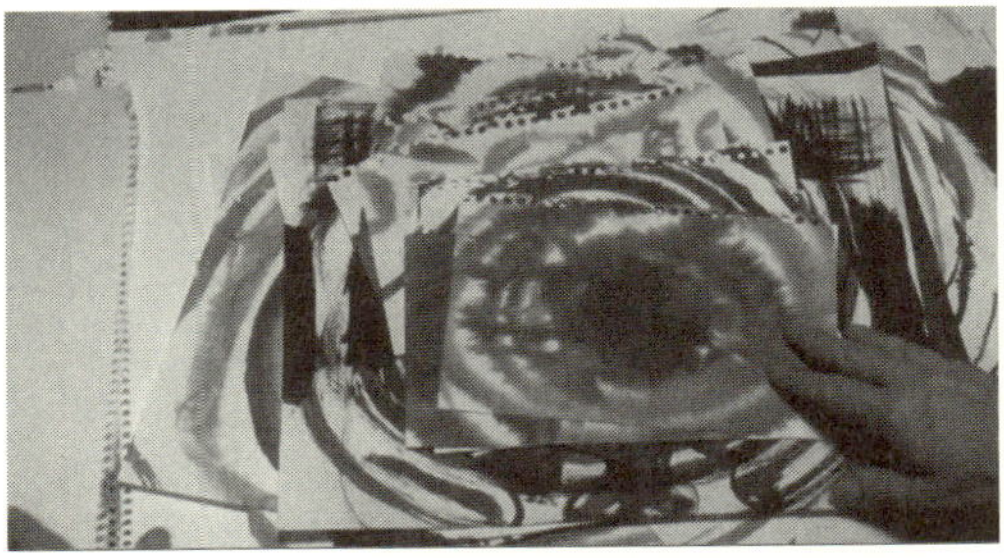

Ⅶ－9　『フィアレス』

Ⅶ-10 『フィアレス』

いずれにしても、このときもマックスは奇跡的に回復する。だが、もはやもぬけの殻のように虚ろな姿に変わっていて、妻に弱々しく「僕を救ってくれ」ともらす。退院を祝う席上、彼は強いアレルギーのあるのを承知の上でイチゴを口に運ぶ。あたかも自分を試すかのように。実は、飛行機事故から生還してすぐのときには、食べても平気だったからである。だが、今度は軽く一口かじっただけで失神して倒れこんでしまう。必死で人工呼吸を施す妻のローラ。このときも彼の朦朧とした脳裏には、事故の記憶がよみがえっている。筒状になった機体の向こうから明るい光が差していて、偶然に助けた少年とともにそちらの方向に歩いている。このショットのすぐ後、妻の懸命な処置のおかげで、彼は息を取り戻すのだ。「僕は生きている」、またも復活したマックスの第一声である。生還直後に彼が鏡を見ながら口にしたセリフ「死んでいない」から、この「生きている」へと最後に連れ戻したのが妻ローラだったとすると、本当のメシアは彼女だったのかもしれない。このときマックスは、メシア的妄想――躁的防衛――からやっと解放されることになるのだ。

一方、アベル・フェラーラの『バッド・ルーテナント』（一九九二年）は、どう転んでも絶対に天国には行けないだろうと思われるニューヨークの警部補（ハーヴェイ・カイテル）が主人公である。およそその職業にあるまじきこと、ドラッグや野球賭博から買春や公然わいせつまで、ありとあらゆる悪事に手を染めている、まさしくアンチヒーローの権化のような存在である。フェラーラはその彼の狂気じみた罪深い日常をこれでもかと追い、演じるカイテルも全裸をさらしてまでその役を見事にこなしている。その主人公（匿名のままなのだが、そのためにむしろ普遍性が付与されている）が捜査することになったのは、あろうことか教会堂のなかで若者二人にレイプされた、やはり若い修道女の事件である。だが、彼女は犯人たちを赦そうとしている。なぜ赦せるのか、本当は仕返ししたくないのか、ひとたび赦すと別の犠牲者が出るかもしれないのに、そんな彼らを野放しにする権利がどこにあるのか、と彼が詰め寄っても。だが、それでも彼女は犯人を赦すというのだ。その彼女がロザリオを彼に残して教会堂から去っていくと、ひとり残された彼の目の前に突然、生身の受難のイエスが姿を現わす。「俺に何か言いたいのか」、彼は無言のイエスに投げつけるように叫ぶ。そうして這うようにしてゆっくりとイエスに近づいていって（図Ⅶ―11）、その足元に口づけするのだ。まるでマグダラのマリアがそうするように。赦してくれ、助けてくれ、山ほど悪いことをしたなどと、恥も外聞もかなぐり捨てて泣きわめき訴えつつ。こうして、警部補でありながら闇の世界にも通じている主人公は、惨めで哀れなまでに自己の弱みをさらけだす。このシークエンスは、サスペンスと暴力を基調とする本作のなかでも特異なもので、フェラーラ作品でしばしば登場するカトリック的な告解と罪滅ぼしの意味を担う。たしかに、赦せるものを赦すよりも、赦されざるものを赦してこそ、真の赦しと

Ⅶ-11 『バッド・ルーテナント』

Ⅶ-12 『ポー川のひかり』

いえるだろう。実際にも彼は、ついに突き止めた犯人の二人を長距離バスに乗せて逃がし、彼らに再生のチャンスを与えてやる。くしゃくしゃの泣き顔で二人を見送ってその場を離れていく彼の背中をとらえる長回しのロングショットに、ジョニー・エースが歌うブルース・バラード『プレッジング・マイ・ラヴ』の甘く切ないメロディが流れる。忘れがたい名シーンである。その直後に用意された広角の固定ショットのラストも意味深長だ。トランプ・プラザの前に止められた彼の車の横に一台の車が近づいてくると、銃を二発撃ち込んで走り去っていく。「イット・オール・ハップンズ・ヒヤー」、つまり「ここでは何が起こるかわからない」と書かれた大きな看板が背後にかかっている。市民たちが車の周りに集まってくるが、ジョニー・エースの甘い歌声はつづいている。こうして突然にも犠牲に捧げられる主人公の殉職にして殉教で幕引きとなるのだ。

アンチヒーローの現代のメシアにもうひとり登場してもらおう。名匠エルマンノ・オルミ監督が美しい映像とともに紡ぎだす現代の寓話、『ポー川のひかり』（二〇〇六年、イタリア語の原題は「百本の釘」）の主人公「キリストさん」（ラズ・デガン）である。本作で何よりも観客の目を釘付けにするのは、ボローニャ大学の由緒正しい図書館の床や机に大釘で打ち付けられた——原題はここに由来する——無数の貴重な宗教的古書のカットだろう（図Ⅶ—12）。このショッキングな場面から本作の物語ははじまる。取調べにきた女検事の気の利いた比喩によると、それは「天才芸術家の作品」のようでもある。たしかに現代美術のインスタレーション作品としても十分に通用しそうだ。宗教的で政治的なテロとの嫌疑もかかるが、夏休みに入る直前にこれら希覯本の磔を実行したのは、暴力や犯罪とはまったく縁のないはずの大学の若い哲学教授であった（その仔細は映画の後半、警察の取調べを受ける際のフラッシュバックとして描かれる）。では、なぜそんな暴挙に出たのか。夏休み前の最後の講義を彼は、哲学者カール・ヤスパースの言葉で締めくくる。いわく、功利主義的で虚偽にあふれる現代において「おそらく狂気こそがわれわれの実存を解明する」、と。また、あるインド人留学生が自分たちにとって宗教がすべてだと語ると、彼は、無数に書かれてきた本は人を救うどころか欺いてきただけだ、と言い切る。

かくして書を捨てるばかりか処刑さえした哲学教授は、車を走らせてポー川のほとりを北に向かうと、しばらくして現金とクレジット・カードだけを残してすべてを捨て、人気のない川縁の草むらで一夜を明かす。近くに粗末な石造りの小屋を見つけ、ここを当面の棲家と決めて修復にかかると、やはり違法で一帯に居を構えている村人たちが手を貸してくれるようになる。こうしてこの「キリストさん」を中心に、新たな貧者たちの共同体が生まれることになるが、その慎ましやかなユートピア生活とは裏腹に、一方では警察の捜査が、他方では行政による立退き執行が進んでいる。彼らに科された罰金を「キリストさん」がカードで支払ったことで足がついてしまい、ついに彼はお縄になる。そのシーンはさながらイエスの捕縛のようだが、違うのは裏切る「ユダ」がいないことである。現代文明は遅からず自然からしっぺ返しを食らうこと、平和は外からくるのではなくて内からつくりあげるものだということ、この二つが最後に彼らに託された「キリストさん」のメッセージである。

Ⅶ-13 『ポー川のひかり』

逮捕された彼は、警察の取調べとともに司教からの非難も浴びるが、これもまたローマ総督と大祭司の両方の前で裁かれたイエスの運命と重なっている。現代の弱いメシアは、警察側にとっては犯罪者であり、教会側にとっては瀆聖者である。書かれたものへの批判とそれに代わる新たな言葉というこの映画のコンセプトは、そもそもイエスに起源がある。律法に記されたユダヤの掟にたいして、「わたしは言っておく」と断ってひとつひとつ修正していったのは、ほかでもなく「山上の垂訓」のイエスだったのである（マタイ5:17-37）。教権主義やドグマへの抵抗は、すでにイエスの教えのなかにあったものだ。「誰もが生まれかわるべきだ」という主人公の信念もまた、イエスの言葉（ヨハネ3:7）に依拠している。ポー川ほとりの不法入居者たちは、道の両脇に小さな明かりをいくつも灯して、「キリストさん」がまた戻ってくるのを指折り数えて待っている（図Ⅶ-13）。だが彼は二度と姿を見せることはない。「復活」ははかなわなかったのである。

## 「復活」する現代のキリスト――ブレッソンの『抵抗』

これとは反対に、めでたく復活を果たした者たちもいる。先述したようにブレッソンは、田舎司祭の「受難」の先に「復活」を予定したように思われる。『抵抗（レジスタンス）死刑囚の手記より』がそれである。前作と同様、若い主人公の一人称の語りがヴォイスオーヴァーで全編に流れるというスタイルをとっている。

とはいえ、その「復活」はまったく別の形であらわれる。時代は第二次世界大戦、ドイツのゲシュタポに捕らえられて死刑を宣告され、リヨンの監獄に送られたフランスのレジスタンスの青年が脱出を試みて見事に成功するという、実話に基づくストーリーである。年齢は田舎司祭とほぼ同じ、しかもやはり素人役者（フランソワ・ルテリエ）が起用されている。前作で、ペンをもって日記をつける司祭の手のクロースアップが何度も反復されていたとするなら――それはあたかも、映画作家で批評家でもあるアレクサンドル・アストリュック（一九二三―二〇一六）が一九四〇年代の末に提唱したモットー「カメラ＝ペン」に呼応するかのようだ――、今作では、きわめて限定された素材を駆使して脱出のために必要な道具を案出し準備する主人公の手のクロースアップが全編にちりばめられる。牢獄のなかでも調

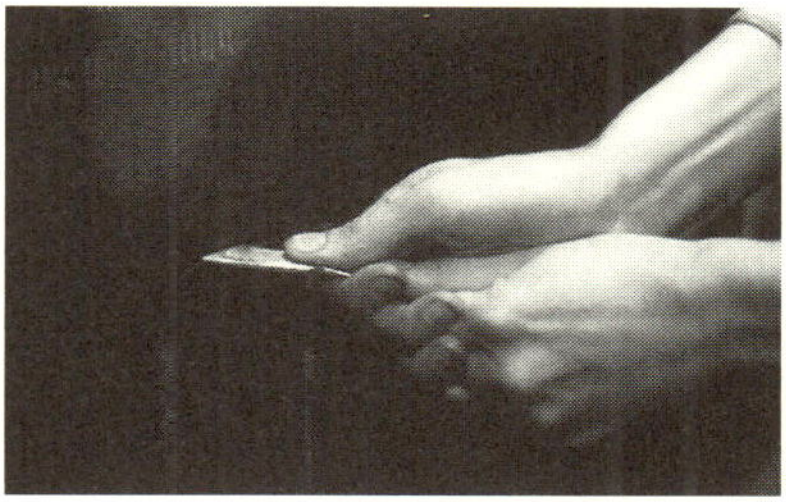

Ⅶ-14　『抵抗』

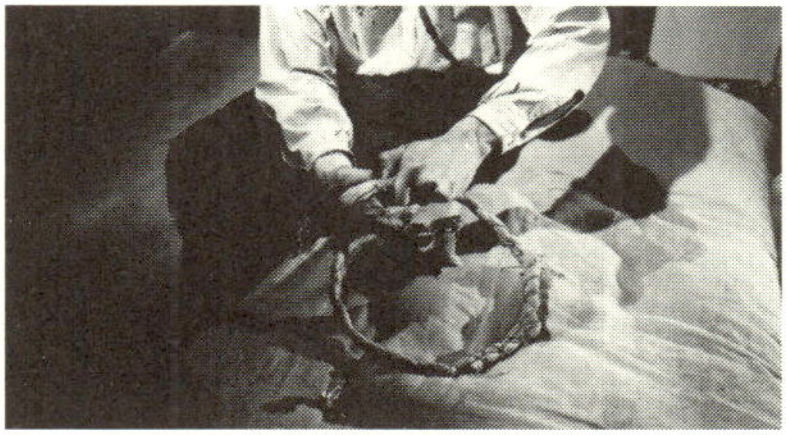

Ⅶ-15　『抵抗』

達できる最低限の日常品が、彼の手によって、すべて本来の用途とは別の目的のために使われ、作り変えられていくのだ。スプーンで木を削って扉の羽目板をはずし（図VII—14）、ベッドのシーツと鉄線とを編み合わせて丈夫な縄をつくる（図VII—15）、といった調子で。その手作業の単純なルーティンこそが、この映画の最大の見どころといっても過言でないほどだ。ごく平凡な対象に神聖ともいえる象徴的な存在感を与えて反復する、それはまたブレッソンお得意のスタイルでもある。

監獄の独房はまた、どこか修道院の僧室にも似ている。観客をサスペンスの内に引き込むのが、前作では、どんな「受難」がさらに主人公を待ち受けているのか、そしてついにどんな結末に終わるのかという焦燥と同情だったとするなら、今作では、いつか看守に見破られるのではないか、脱獄のチャンスは本当にやって来るのかという不安と期待である。両作ともメロドラマ性を一切排除し（同じように脱獄のテーマに借りて「キリスト」を示唆しているとしても、そこが『暴力脱獄』や『ショーシャンクの空に』［フランク・ダラボン監督、一九九四年、原題は「ショーシャンクの贖い」］とは決定的に異なる点である）、しかも、どちらもアクチュアルなテーマを扱っているにもにもかかわらず、当時の社会的・政治的な状況についてはほとんど説明されることはない。ブレッソンの手法は、一九六〇年代に隆盛した前衛的な美術運動「ミニマル・アート」にも比較されうるかもしれない。

このように、両作品はいろんな意味で二連画のように対をなしているのだが、決定的に異なるのは、後者において主人公は見事に脱出に成功し、めでたくハッピーエンドに終わる点である。さらにここでは、田舎司祭の教区の人々とは違って、同じ監獄の仲間たちは主人公にむしろ協力的である。キリスト教への暗示は全編にちりばめられている。「安易すぎる、万事を神にすがるのは」、同じ監獄に囚われている牧師にたいして主人公が返すセリフである。この牧師から主人公は、「あなたがたは新たに生まれなければならない」、そして「風は思いのままに吹く」というイエスの言葉（ヨハネ3:7-8）を教えられる。この映画のフランス語の原題「死刑囚は逃げた、あるいは風は思いのままに吹く」は、ここからとられたものである。

「風はおのれの望むところに吹く」、主人公はまさしく「おのれの望むところ」に風を呼び込むことで、脱獄に成功し「新たな生」を獲得する。『田舎司祭の日記』が「受難」と「恩寵」に捧げられていたとするなら、この映画は「新生」（あるいは「復活」）と「自由意志」に捧げられているといえるだろう。恩寵か自由意志か、このテーマはよく知られているように、アウグスティヌス以来しばしば論争の的になってきたものである。このヒッポの司教によれば、アダムとイヴの「原罪」以降すべての人間は罪を背負って生まれているため、神の恩寵によらなければ自由意志を働かせることはできない。これにたいしてペラギウスは、人は神の恩寵がなくても自由意志を働かせることができると考えたが、それは異端とされてきた。恩寵と自由意志の両方を肯定するモリニズム（モリナ主義）に象徴されるように、一般にカトリックでは両者は必ずしも二者択一におかれないが、逆にプロテスタントでは、ジャン・カルヴァンの「予定説」――救われるべき人はあらかじめ決まっている――にも見られるように、総じて神の恩寵を重視する傾向が強い。だから先述したように、映画の主人公も、牧師にたいして「安易すぎる、万事を神にすがるのは」と反論していたのだ。

脱獄をテーマにしたこの映画は、主人公の冒険譚でもなければ、まして英雄譚でもない。そこが多くの類作と決定的に異なる点である。与えられた限定的条件を最大限に活かしきること、そこに幸運が開かれる。幸運とは言葉を換えれば恩寵でもあるだろう。「ブレッソンの宇宙において〈すべては神の思し召し〉だが、また同時に〈すべては自由〉でもある」（Ayfre 195）。『田舎司祭の日記』の後に『抵抗』が製作されなければならなかった理由もおそらくそこにある。二作はまた、恩寵と自由意志という点でも対をなしているのである。

## 「生まれかわる」――ピーター・ウィアーの『トゥルーマン・ショー』

一方、作風がまったく異なるとはいえ、ピーター・ウィアーのコメディ『トゥルーマン・ショー』もまた、主人公が新たに生まれかわる「復活」の物語として読むことができる。本作については、これまでにも比較的多くの論及があり、キリスト教への参照についても指摘されてきたが、何といっても圧巻は最後のシークエンスである。それらを確認しながら、少し詳しく追ってみることにしよう。

第I章でも触れたように、主人公トゥルーマンは、人生のすべてを二十四時間撮影されている「リアリティ」番組の主役という設定なのだが、生涯の三十年ものあいだいちども離れたことのない島の外の世界を見てみようと、みずからの水恐怖症に鞭打ちながらヨット「サンタ・マリア」号(コロンブスの船隊の名前でもある)に乗ってはじめて海へと漕ぎ出していく。その様子を見ていたプロデューサーのクリストフは、すかさず番組スタッフに嵐を起こすように目配せで指示をする。そうすればあきらめて港に戻ってくるだろう、と高を括って。実はこれよりも前に彼は、からくりをトゥルーマンにばらそうとしていた女友達のシルヴィアを、神がエデンからイヴを追放したように、この島から追い出していたのだった。激しい風雨と荒れ狂う波、おまけに稲妻さえもオールの先端を直撃して、主人公は海に投げ出されてしまう。世界中のファンたちが固唾を呑んでテレビにかじりついている。それなのに彼を死なせる気かと上役が警告しても、クリストフは聞く耳をもたない。

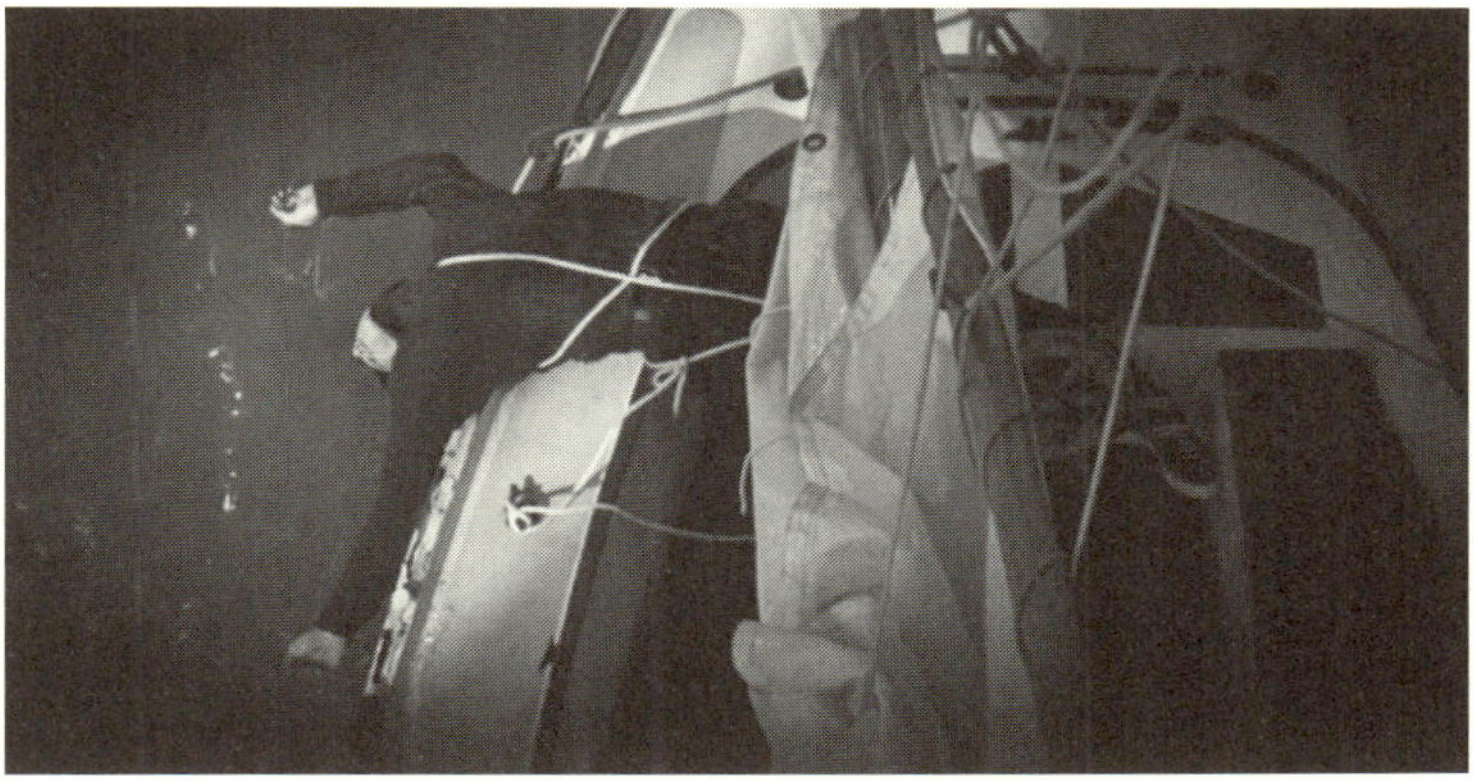

VII-16 『トゥルーマン・ショー』

それどころか、みずからが統括する「真実のドラマ」の予期せぬ成り行きを楽しんでいるかのようだ。命綱を伝わって高波を乗り切り、ヨットへふたたびたどり着いた主人公を見て、視聴者たちから思わず拍手が沸きあがる。自分の身体を綱でヨットに縛り付けて「僕は負けないぞ」と叫ぶと、クリストフは容赦なくさらに風を強くするように命じる。ヨットを呑み込むような大波が何度も襲ってくる。転覆しかけた船内からもういちど彼が海に落とされると、ついにクリストフは「そこまで」とスタッフに告げる。嵐がおさまり、雲間から陽が差してくると、カメラは真上からヨットを見下ろす。するとそこには、十字架の磔像のような姿勢でしっかりと船体に縛りつけた主人公の姿が映しだされるのである（図VII—16）。父なる神（クリストフ）が課した試練を子キリスト（トゥルーマン）はじっと耐えている。果たして、生死やいかん。その瞬間、さすがのスタッフたちも言葉を失っている。すると、程なくして彼は起き上がってきて、ヨットの帆を揚げ、航海をつづけていく。船名にあるマリアが彼を守ってくれたのだろうか。水のなかから新たな命を得て生まれかわる、それはまたキリスト教における洗礼の真意でもある。

穏やかになった波のなかをしばらく進むと、行く手は遥かかなたの水平線のはずにもかかわらず、ズドンという音とともに舳先が青空にぶつかって航海が阻まれてしまう。恐る恐るその空に手を当てると、そこは巨大な壁。無言で何度もその壁をたたき、泣き崩れるようになるトゥルーマンだが、すぐに気を取り直してヨットから降り、水の上を歩きだす（図Ⅶ―17）。その姿もまた、湖水を歩くイエスの奇蹟を髣髴させる。少し先に階段があって、それを登っていくと「出口」と書かれた扉が彼を待っている。この間ずっと、空の壁にくっきりと映りこんだ主人公の影が際立って見える。それはまた、この世界がプラトンのなぞらえる洞窟にも対応するかのようだ。その扉が開くと同時に、満を持してクリストフが天の声よろしく彼に呼びかける。誰かと尋ねるテレビ・モニターのなかのトゥルーマンにたいしてクリストフが答えたのが、第I章で述べた「クリエーター」だったのだ。主人公の誕生からずっと見つづけてきたこの「創造主」は、「君〔トゥルーマン〕自身よりも君のことをよく知っている」。「外の世界よりも真実があるのは、わたしが君のために創った世界だ」。「創造主」のその言葉にトゥルーマンはじっと耳を傾けている。「君は逃げられない」という天の声にたいして、彼はトレードマークの朝の挨拶の決めゼリフ、「会えないときのために〈今日は〉と〈今晩は〉も」と笑顔でいって、扉の向こうに消

Ⅶ-17 『トゥルーマン・ショー』

えていく。こうして彼は、創造主に操られた世界を抜け出していくのだ。世界中の視聴者たちもトゥルーマンを喝采の歓喜で包む。

だが、話はそれほど単純でもない。なぜなら、開いた扉の先にあるのは真っ黒い闇で、そのなかに丸腰で入っていく主人公の姿を見せられて、わたしたち映画の観客は、テレビの視聴者とは違って、手放しで喜ぶことはできないからである。その先に何が待っているのか、それは不透明なままだ。イエスは「あなたがたは新たに生まれなければならない」（ヨハネ3:7）と説いたが、その先が約束されているわけではない。たしかに、わたしたちひとりひとりもまた「トゥルーマン」なのかもしれない。できるなら生まれ変わりたい、現実をリセットしたいと願っている人は少なくないはずだ。しかも、実のところ現代において、現実と虚構、リアルとヴァーチャルの境界線が揺らいでいること、そしてオリジナルなきシミュラークル（模造）が独り歩きしていることは、ポストモダンの哲学が繰り返し申し立ててきたことでもある。主人公の苗字バーバンクは、ユニバーサルやディズニーやワーナー・ブラザーズなどのスタジオがある巨大メディア産業の中心地の名前と同じだという。映画は今や、いい意味でも悪い意味でも、わたしたちが「生まれかわる」きっかけにもなっている。つまり、虚構が現実に測り知れない影響を与えコントロールしているのだ。

## 偽りの贖い——メシアの名のもとに正当化される銃

そのハリウッドが飽くことなく描いてきたのが、十字架ならぬ銃による贖罪である。西部劇やフィルム・ノワールを含めると、その数は想像以上のものになるだろう。先述した『バッド・ルーテナント』のラストがまたそうだった。比較的新しいところでは、たとえばクリント・イーストウッ

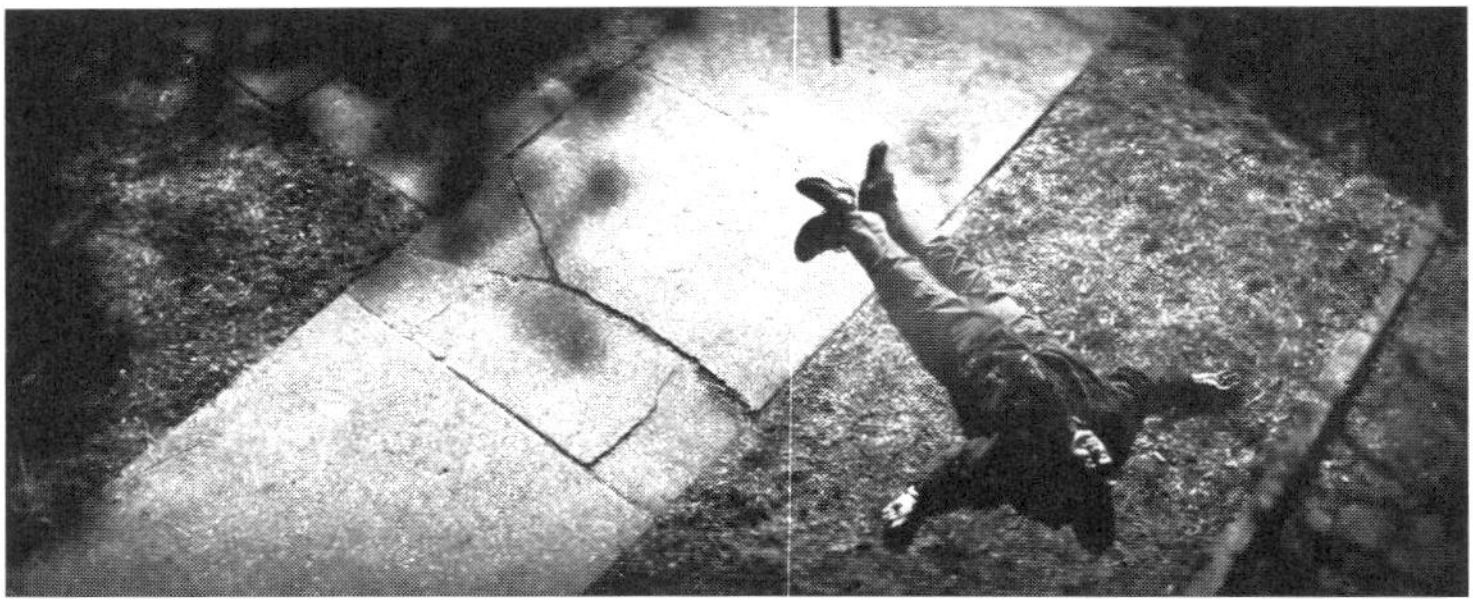

Ⅶ-18 『グラン・トリノ』

ド（一九三〇生）が監督・主演した『グラン・トリノ』（二〇〇八年）がある。レイプされた身内のために復讐しようとするモン族の移民の少年を思いとどまらせて救おうと、ポーランドの移民である主人公の老人が、卑劣極まりないチンピラたちに丸腰で立ち向かい、蜂の巣のように乱射されて犠牲になるという話である。道端に十字架状に倒れたところをとらえるその俯瞰ショット（図Ⅶ—18）は、彼もまた現代のキリストたりうることを暗示している。一見したところこれは、銃社会を鋭く批判しているようにもみえるのだが、実際にはこの気難しい主人公は、自分の領分を少しでも侵されると、普段から誰彼となく銃を構えて脅していて、銃の効果をフルに活用していたのだった。それゆえ、銃こそが身を守るという、拭い去りがたい欺瞞のメッセージを逆に証明する作品でもあるのだ。

一方、ジェームズ・マンゴールド（一九六三生）の正統的な西部劇『3時10分、決断のとき』（二〇〇七年）では、キリストの十字架像をグリップに象嵌した、通称「神の手（ハンド・オブ・ゴッド）」と呼ばれる拳銃リボルバーがラストで登場する。連続強盗団のボスで無法者のベン（ラッセル・クロウ）と、彼を刑務所へ護送するという役を買ってでた、戦傷者の貧しい農場主ダン（クリスチャン・ベイル）との葛藤と格闘を描くこの作品の最後、いよいよベンを処刑台行きの列車に乗り込ませようという段になって、その仲間たちがボスを奪還するべく襲撃してくる。その副頭目チャーリーは妄信的なベンの崇拝者で、無残にもダンはその銃弾に倒れる。チャーリーからベンにリボルバー「神の手」が渡されたその瞬間、グリップの十字架像がこれ見よがしにクロースアップになる。その銃口をベンは、しかし、護送側にではなくてチャーリーと仲間たちに向けてすさまじい勢いで発砲するのである。そしてみずから静かに列車に乗り込んでいく。最後の罪滅ぼし、というわけだ。実際にアメリカで十九世紀からこの種のリボルバーが生産され販売されているようだ。しかしながらこうした演出は、いかに観客の意表を突くものであるとしても、十字架のもとでの殺人や暴力を結果的に正当化し美化するものでしかないように、わたしには思われる。聖戦や十字軍と同じような欺瞞がそこにはあるのだ。

銃を持った現代のメシアの早い例は、チャールズ・ロートン（一八九九―一九六二）の『狩人の夜』（一九五五年）に見られる。本作のメシアは女性だから、むしろ「クリスタ」を論じる第Ⅸ章に回すべきかもしれないが、銃との関係であえてここで言及しておきたい。息もつかせぬ緊張感にあふれるストーリー展開と美しい白黒の映像、そして悪の権化ともいえる似非伝道師ハリー役のロバート・ミッチャムと、子供たちを守る信心深い老婦人レイチェル役のリリアン・ギッシュ――かつて若かりし頃グリフィスの『イントレランス』（一九一六年）で、聖母マリアを象徴する、揺り籠を揺らす女を演じた名女優――の熱演で評判の、フィルム・ノワールの秀作である。だが映画の終盤、昼夜を問わず執拗に追いかけてきては脅しにかかるハリーにたいして、レイチェルは何度も大きな猟銃を向けて撃ち払おうとする。つまるところ悪に立ち向かうには銃しかない、とでもいわんばか

Ⅶ-19 『狩人の夜』

りに。真夜中に侵入しようとするハリーから子供たちを守るべく、レイチェルはしっかりと銃を手にして窓辺の椅子に腰掛けている。するとハリーが窓の向こうで賛美歌『主の御手に頼る日は』を口ずさみはじめる。それは十九世紀末に生まれ、アメリカでよく知られた賛美歌で、旧約聖書『申命記』のくだり「いにしえの神は難を避ける場所／とこしえの御腕がそれを支える」に基づいている。これに対抗するようにレイチェルもまた同じ曲を歌いだす。その二人が窓をはさんで同じフレームのなかに収まる忘れがたいショット（図Ⅶ—19）は、まるでキリストとアンチ・キリストとの対決の場面でもあるかのようだ。しかしながら、この女メシアもまた銃に最後の望みを託しているのだ。

## 贖いとは何か——ジョン・フォードとマラパルテ

これにたいしてジョン・フォードの異色の西部劇『三人の名付け親』（一九四八年）は、三人の無法者の罪滅ぼしを、キリストへの暗示を随所にちりばめながら描いていく。銀行を襲撃して灼熱の砂漠へと逃げていくボブとビートとキッド、その三人を給水地に先回りして追い詰めていこうとする保安官たちの一団、両者の駆け引きが作品を盛り上げる。三人がいつものように水を求めて砂漠をさまよっていると、打ち捨てられた幌馬車に出くわす。これが吉か凶か、身重の女がそのなかにひとり取り残されていて、三人はその出産に立ち会う羽目になってしまう（もちろんヘイズ・コードの時代だから出産シーンそのものは描かれない）。まさしく彼らは、マリアの出産に奮闘するヨセフでもあれば、イエスの誕生を祝福する東方三博士でもある。子は無事に生まれるが、母親は三人に「この子の名付け親になって」と言い遺して逝ってしまう。この子――実は追っ手の保安官の孫であることが徐々に明らかになる――を安全に母親の故郷ニュー・エルサレムまで届けること、それが三人の使命となる。こうして、逃亡の旅は死と隣り合わせの贖罪の旅へと変貌していくのだ（図Ⅶ―20）。母親のカバンのなかから見つかった育児書と聖書、そしてマギたちの旅と同じく夜空の星だけが、無骨な彼らの導き手である。

Ⅶ-20 『三人の名付け親』

途中、銀行襲撃時にすでに銃弾を負っていたキッドは、残りわずかの水を赤ん坊に与えるために自分を犠牲にして息絶え、目的地を目前にして骨折したピートもまた、足手まといにならないようにとみずから命を絶つ。ひとり残されたボブ（ジョン・ウェイン）は赤子を抱いて旅をつづけるが、困憊と絶望のあまり聖書を投げ捨てる。だが、すぐに思い直してもういちど手にし、運を天に任せるようにして、風にめくれるページを指で止める。そこに記されているのは、エルサレム入場のときにイエスを迎えるロバと子ロバの一節である。ボブの目的地ニュー・エルサレムもまた目と鼻の先、ふたたび立ち上がってたどたどしい足取りで歩きはじめると、死んだ二人の幻が現われてきて彼を励ます。すると目の前に本当に二頭のロバの姿が見える

Ⅶ-21 『禁じられたキリスト』

（どこかの牧場から迷い出たのだろうか）。その背に赤子を乗せて町へと急ぐボブ。クリスマスを祝う酒場に無事にたどり着くや、倒れこんでしまう。娘を殺されたと勘違いしていた保安官の誤解も解けハッピーエンドに終わるのはご愛嬌である。実はキッド（ハリー・ケリー・ジュニア）は信仰ある青年で、ピート（ペドロ・アルメンダリス）もカトリックの国メキシコの人間、ただひとりボブだけがそれまでいちども聖書など手にしたことがない現実主義のマッチョな男という設定なのだが、そのボブにこそ贖罪と救済の役目を担わせているのが本作のミソなのである。

贖いとは何か、それをとことん突き詰めているのは、作家でもあるクルツィオ・マラパルテ（一八九八—一九五七）の監督第一作『禁じられたキリスト』（一九五一年）である。ロシアの捕虜収容所から故郷のトスカーナの山間の小さな町に帰還したブルーノ（ラフ・ヴァローネ）は、密告されてドイツ兵に殺害されたパルチザンの弟の敵討ちに燃えている。犯人は誰なのか、それを是が非でも突き止めようとするが、長い戦いに疲れた土地の人々は固く口を閉ざしたまま。両親でさえも早く忘れようとしている。まるでデ・キリコが描くように凍てついた人気のまばらな夜の街をあてどなくさまようブルーノの姿をカメラが追う。たまに人に出会うと彼らはみんなブルーノをことさら避けているかのようだ。彼の頭にあるのは、裏切り者のことのみ。復讐こそが生きる糧なのだ。

ただひとり、大工——もちろんその職業は暗示的である——のアントニオ親方（アラン・キュニー）

だけはそんなブルーノの心の内を察していて、力になろうとする。贖いは自分たちのためにあるのではない、「他人のために流す血だけが純粋なものだ」、アントニオはブルーノに説いて聞かせる。他者のために苦しむこと、他者のために贖うこと、それが彼の信念である。それにくらべると、ブルーノが望む復讐は自己満足に過ぎないもので、真の贖いではない。自分は聖人のように思われているが、自分も悪党だ、密告したのは自分だ、アントニオのこの予想外のセリフを耳にした瞬間、ブルーノは思わず手元にあったヤスリを彼の胸目がけて勢いよく放ち命中させる（図VII—21）。復讐に燃える彼の心を救うためにアントニオがついた嘘だったとわかったのは、その次の瞬間のことである。誰もが自殺と思うだろう、密告者の名前を知るかもしれないが、自分が身代わりになったのだから、もうその男をいさめることはできない、親方がブルーノに遺した最期のメッセージである。アントニオは禁じ手のキリスト役を演じきることで、復讐心に燃える男を救おうとしたのだ。実際、母親の不意のひとことで判明した裏切り者をブルーノは赦そうとする。この話にはもうひとつ伏線があって、彼を慕うネッラも、かつてのパルチザンでドイツ人の子をはらまされたのだが、「他人を救うためにわたしは娼婦になったの」と打ち明ける。たしかに、赦されざるものを赦すことが真の赦しであるのと同じように、自分（たちの罪）のためにではなくて他者（の罪）のために犠牲になることが真の贖いであるに違いない。キリストがそうであるように。だが、本作はこれを素朴に肯定するのではない。なぜ無垢なものが犠牲にならなければならないのか、それこそが真の問いかけである。

ドラマチックでロマンチックでもあるこの作品にたいして、アンドレ・バザンの評価は両義的である。ネオレアリズモを乗り越えようとして、正反対の演劇的スペクタクルへと逆戻りしている、というのだ。そのドラマ性について、「プロパガンダの美学」にして「オペラのリブレット」と揶揄してもいる。たしかにそうした側面があることは否定できない。だが同時にバザンは、本作が現実を超えた終末のときのような幻想性を獲得しているとして、ロッセリーニやデ・シーカとは異なる独特の映像美を評価することも忘れてはいない（1951 Bazin）。

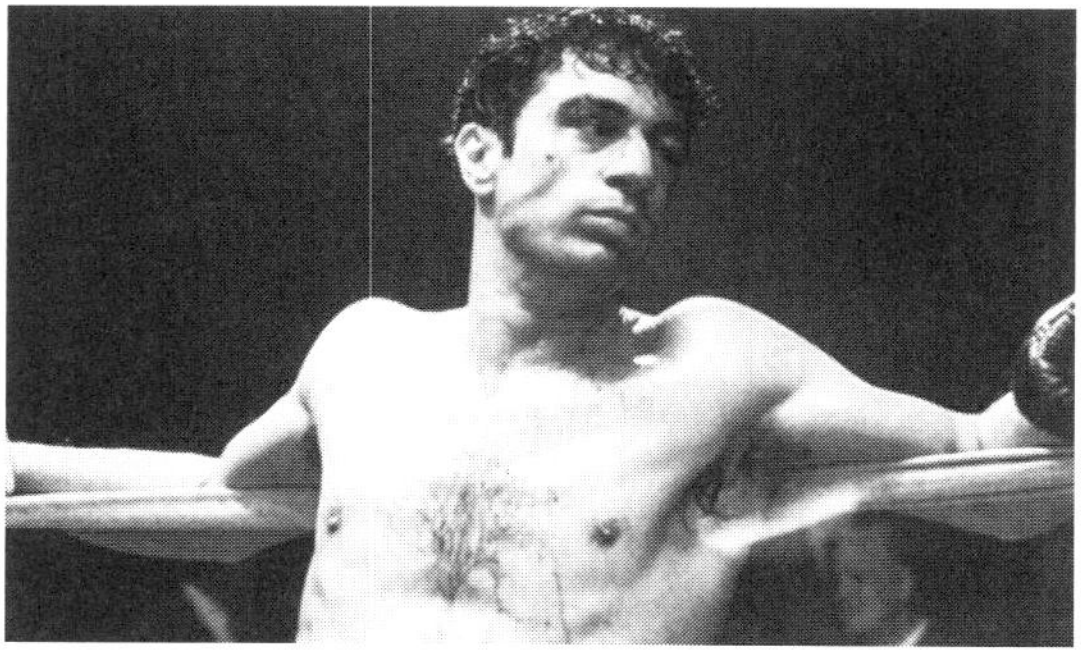
VII-22　『レイジング・ブル』

## 贖いとしての自己犠牲——スコセッシの主人公たち

終末論的な現実世界のなかで贖いを求めてあえいでいるのはまた、スコセッシの映画の登場人物たちである（Decay 104）。だがそれは、選ばれた者たちだけが救われる黙示録的な救済とは、根本的に異なるものである。なぜなら、救われざる者たちが救いを求めているのだから。

イタリア移民の伝説のボクサーをモデルにした『レイジング・ブル』（一九八〇年）の主人公ラモッタ（ロバート・デ・ニーロ）は、相手が家族であれ他人であれ、何事につけて破壊的で攻撃的な言動を示す救いがたい性格の男である。彼はまた、欲望と怒りと嫉妬に突き動かされている自分にたいして言いしれぬ罪の意識を感じているのだが、それでも自己の内なるダイモンを抑えることができない。そんなラモッタの試合を、スコセッシは、自己への鞭打ち、自己犠牲として描きだす。勝利は栄光ではなくて新たな苦痛のはじまりであり、敗北は脱落ではなくて罪滅ぼしである。そこが多くのボクシング映画との大きな違いである。全編に七回さしはさまれる試合の場面で、ラモッタはしばしばロープに両腕を広げてもたれかかる。まるでイエスの磔を連想させるかのように（図VII―22）。なかでも宿敵シュガー・レイとの最後の対戦のシークエンスは圧巻である。それまではやや優勢だったにもかかわらず、最終ラウンドになると最初からいきなり顔面に集中的に強烈な連打を浴びる。それでも「かかって来い」と相手をけしかけるラモッタ、あたかも自己への懲罰を科するかのように。スローモーションと素早い連続のカット、クロースアップとフルショットを巧みに織り交ぜながら、この彼のすさまじい自己犠牲が描かれていく。顔から勢いよく噴き出る血しぶきは観客にまで飛び散る。レフェリーストップがかかるも、全身血まみれでふらふらになりながら、「ダウンしなかったぜ」と相手に強がりを言い放つ。最後に、新しいチャンピオンの名前を告げるアナウンスがかかると同時に、カメラは回転しながらリングに張られたロープのみをスローモーションのトラッキングショットでとらえ、その一本から血が滴り落ちるところをクロースアップにして止まる（図VII―23）。きわめて抽象的なショットだが、ラモッタの犠牲の血がこうして強調されることになる。それは、暴力的にして忘れがたいシークエンスである。そもそも聖なるものには犠牲（供犠）が付き物だとするなら、ルネ・ジラールも指摘するように贖いの根底には暴力がある。

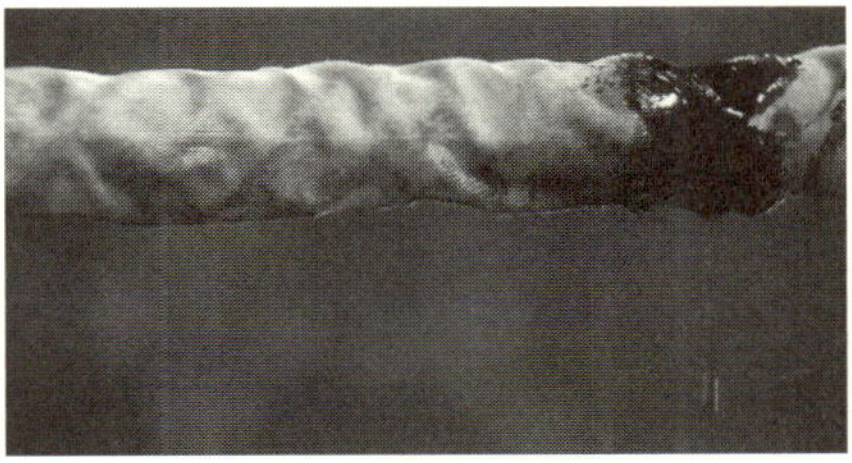

VII-23 『レイジング・ブル』

『最後の誘惑』のところでも述べたように、スコセッシの人物たちにはどこかマゾヒスティックな特徴があって、『タクシードライバー』はその代表だが、しかしこれだけではない。救いから見放された人間が、他者から責めを受けることで罪を贖おうとする(Graham)、この監督はその出発からそうした人物像に憑かれているようだ。ジョン・カサヴェテスのインディペンデント映画やヌーヴェル・ヴァーグの影響を強くとどめた処女作『ドアをノックするのは誰?』(一九六七年)の主人公J・R(ハーヴェイ・カイテル)は、ニューヨークのリトル・イタリーに住む青年。特に職に就くわけでもなく、同じ移民の仲間たちと遊び歩き酒に浸っている。そんな彼が若い女に恋をするが、処女と信じてあえて肉体関係をもとうとはしない。ところがあるとき彼女にはレイプされた過去があることを知り、最初は別れようとするが忘れることができず、早朝から彼女のもとを訪ねる。キスをしながら彼は彼女に何気なく「君を赦すよ」と口にしてしまう。どうして彼にそう言える権利があるのか。あるはずもない。その瞬間、彼女の表情が豹変し、求婚をかたくなに拒む。言い争いになってエスカレートしていくと、ついに彼は彼女を「君は娼婦だ」と罵ってしまうのだ。追い返された彼は教会で告解し、十字架像の足元にそっと口づけする(図VII—24)。その彼の心の動揺を暗示するかのように、教会内の数々の聖なる彫刻像がさまざまなアングルで目まぐるしくモンタージュされていく。本当に赦されなければならないのは、彼女ではなくて彼の方なのだ。

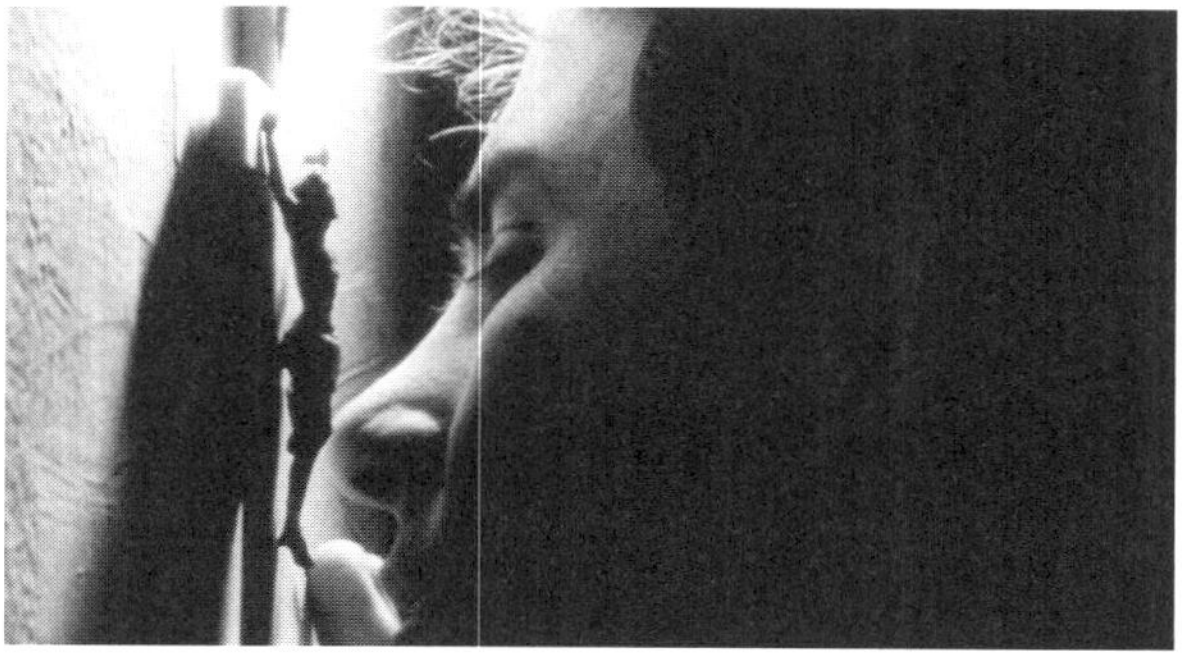

VII-24 『ドアをノックするのは誰?』

この処女作ではまだ教会に救いが求められていたが、同じくリトル・イタリーを舞台にチンピラ・ギャングの罪と贖いが描かれる『ミーン・ストリート』になると、もはや救いは教会にはない。「罪は教会では贖えない。われわれは街や家庭で罪を贖う。それ以外はまやかしだ」、真っ黒いスクリーンにヴォイスオーヴァーで重なるこの言葉で本作は幕を開ける。すると前作のJ・Rと同じハーヴェイ・カイテル演じる主人公のチャーリーが突然に目を覚ますカットに切り替わる。おそらく彼が夢のなかで聞いていた声なのだろう。彼らの日常は暴力といさかい、酒とドラッグ、博打と売春に彩られている。主な舞台となるのは仲間トニーのバーの内部で、赤茶けたセピア色の薄暗いトーンのなか、彼らのすさんだ日常が、ジャンプカットやスローモーション、ロングテイクや手持ちカメラなどを駆使して記録されていく。ザ・ロネッツやストーンズなど六〇年代の音楽がバックを彩る。さらに、彼らを見守りいさめるように、ビルの屋上に立つキリストの彫刻像が何度かフレームに収められる（図Ⅶ―25）。

Ⅶ-25 『ミーン・ストリート』

罪の意識を自覚しながらも、現状に流されていくしかないチャーリー。教会で罪の赦しを請うのではなくて、自分の過ちは自分で償う。それが彼の信条で、自分に刑罰を科そうとするのだが、そのためにやっていることといえば、蠟燭やマッチやガスコンロの小さな炎のなかに指をかざしてほんの一瞬だけ辛抱していることぐらいである（図Ⅶ―26）。それは灼熱地獄の苦しみにくらべたらほとんど取るに足らないものだろうが、それでも彼にとって自己懲罰の証になるのだ。アッシジの聖人フランチェスコが好きだ、と公言してもいる。その彼には、どうにも手に負えない弟分ジョニー・ボーイ（ロバート・デ・ニーロ）がいて、街中から借金をしては踏み倒している。「俺が助けなきゃ誰が彼を助ける？」、何かにつけてジョニーをかばおうとするチャーリーは、この救いがたい弟分を救ってやることが罪滅ぼしにつながると、理屈ではなくて本能的に信じているのだ。相手に何度裏切られても味方につこうとするチャーリーを、トニーが「あんたはユダヤの王かね」とからかう。「ユダヤの王」とはもちろん十字架のキリストを茶化す聖書の言葉である。チャーリーとジョニーはますます追い詰められていき、ついには真夜中のドライブのさなかに、仲間のチンピラから銃を撃ち込まれる。血まみれになったチャーリーとその恋人は救急車に乗せられるが、銃弾を浴びて車から這い出して逃げたジョニーがどこに消えていったのかは、わたしたち観客には知らされないままラストとなる。このときに聞こえてくるのは、六〇年代のロックではなくて、彼らの故郷イタリアの古臭いカンツォーネのコーラスである。「神のお恵みを」、コーラスの司会者の声が最後に響いている。

VII-26 『ミーン・ストリート』

# Ⅷ 「聖なる愚者」たち

アンドレイ・タルコフスキーの晩年の二本の映画、『ノスタルジア』（一九八三年）と『サクリファイス』（一九八六年）は、いずれもラスト近くに衝撃的なシーンが置かれているのだが、話の展開上なぜそんな結末になるのか、あるいはなぜそこまでしなければいけないのか、すんなりとは理解しがたいところがある。察するに、多くの読者の方が同じような感想を抱いているのではないだろうか。もちろん、安易な合理的解釈を拒むところにタルコフスキー作品の真骨頂があり、本人もその点をはっきり自覚していることは、わたしも十分に承知している。解釈は理屈ではなくて感性に基づくというのが、この監督の持論である。だが、たとえそうだとしても、『ノスタルジア』において、どうしてドメニコは焼身自殺を図らなければならないのか、そしてアンドレイ――いうまでもなく同名の監督の分身でもある――はなぜ無意味とも思えるようなことに全身全霊を傾けるのか。『サクリファイス』において、どうしてアレクサンデルは自分のダーチャ（セカンドハウス）に火をつけて焼き払ってしまわなければならないのか。観客はこうした疑問にとらわれたままで放り出されるため、よくいえば余韻が残るのだが、これら重苦しいラストの後味はけっしていいとはいえない。

## 「愚者」による犠牲と救済――タルコフスキーの『ノスタルジア』

それぞれをもう少し詳しく見ておこう。まずは『ノスタルジア』から。問題のシーンはこうだ。周囲から「狂人」呼ばわりされているドメニコ（エルランド・ヨセフソン）が故郷のトスカーナ地方の田舎町からローマに来て、ミケランジェロが設計したことで名高いカンピドリオ広場の真ん中にある古代のマルクス・アウレリウス帝の騎馬像の上で演説をぶっている。黙示録的な世界の終末に取り憑かれたこの男は、その危機から救うという理由でかつて家族を七年間もずっと自宅に監禁し

Ⅷ-1　『ノスタルジア』

たことがあったが、今は家族だけではなくて世界全体を救うために「恥を知れ」「原点に返れ」などと叫んで、堕落した現代文明への抗議と救済への願いを込めて焼身自殺を図ろうとしているのだ。長い演説を終えると彼はガソリンを全身にかぶり火をつける（図Ⅷ―1）。炎にまみれたまま騎馬像の基台から落ちて広場をのたうちまわり、大きなうめき声を上げつつまもなく息とだえる。その顛末をカメラは無慈悲にも背後からとらえる。その瞬間、バックに流れていたベートーヴェンの『交響曲第九番』の大合唱もまた、テープレコーダーが突然に故障したかのような止まり方をする。そのカットは残酷でもあればどこか滑稽でもあり、崇高でもあればグロテスクでもあり、意味深長でもあればナンセンスでもある。このとき、道化役のような若者がパントマイムでライターをともすような仕草を見せたり、のたうつドミニコの様子を真似し

たりしているが、広場の聴衆たちのほとんどは無表情のままでじっと立ちすくんでいる。

つづく場面は一転して、ドメニコの故郷の温泉地バーニョ・ヴィニョーニ。ライターで小さな蠟燭に火をつけようとするロシア人の主人公アンドレイ（オレーグ・ヤンコフスキー）の両手がクロースアップで映る。そのかすかな炎が微風で消えてしまわないように左手でかばいながら、沼のようになったサンタ・カテリーナの大浴場を一方の端からもう一方の端へとゆっくりと歩きはじめるアンドレイ（図Ⅷ―2）を、カメラは左にドリーしながら追っていく。残念ながら一度目は失敗。途中で蠟燭の火は消えてしまう。もういちど出発点に帰って、今度はコートで微風を避けながら用心深く再度の挑戦。だがまたもあえなく途中で小さな炎は空気にさらわれてしまう。また振り出しに戻って三度目のチャレンジ。この間ずっと聞こえているのは、アンドレイの吐息、その足音、そして時おり遠く響いてくる水滴の音だけ。今にも消え入りそうな蠟燭をまるで慈しみいたわるようにして運ぶアンドレイ。ついに蠟燭をともしたまま大浴場を渡り終えることに成功して、温泉の硫黄分で黄ばんだ壁の石の上に、ゆっくりとその蠟燭を立てると、この瞬間、喘ぐような声とともにアンドレイは倒れこんで息絶えてしまう（両手のアップだけで表現される）（図Ⅷ―3）。驚くべきことにも、ここまでのシーンは、いちどもカットが入ることなく、トラッキング・ショットの長回しが実に九分余りもつづく。

だが、それにしてもなぜアンドレイは自分の命を賭けてまで、こんな無益とも児戯に等しいとも思えるようなことをしたのか。その理由は、本編の中盤あたりで示されている。彼の旅の本来の目的は、同じロシアの十八世紀の作曲家の足跡をたどることにあるのだが、その途上、土地の人から「狂人」とも「愚者」とも「信仰篤い」とも噂されているドメニコになぜだか強い関心を抱き、わざわざ訪ねにいっていたのだ。そのときドメニコは、自分がやると温泉から追い出されるので、「世界を救う」ために代わりにやってほしいとアンドレイに頼み、蠟燭を手渡していたのだった。小さな蠟燭の炎を消すことなく、温泉の沼地を端から端まで歩ききることが「世界の救済」につながる、とドメニコは本気で信じているのだ。ドメニコはまたアンドレイにパンとワインを差しだして勧める。まるで最後の晩餐でイエスが弟子たちにそうしたように。渡された蠟燭をいちどは置いてその場を立ち去ろうとするアンドレイだが、思い直してふたたびその蠟燭を手にして、「なぜわたしに頼むのか」というセリフを残して出ていく。一方のドメニコはその問いに直接答えることはなく、自分は「ローマでもっと大きなことをやる」と独り言のようにつぶやく。つまり、アンドレイは「狂人」ドメニコのナンセンスな提案を真に受けて最後に実行に移し、ドメニコもまた予告どおりにローマで行動に出たのだった。彼の大きな家は、まるで廃墟のようになっていて、天井からは水が漏れてきて、床にも方々で水たまりができている。カメラは二人の動きと同時に、水のさまざまな表情を描いていくが、その映像はいかにもタルコフスキーらしい。

　この出会い以後、アンドレイは次第にドメニコに自己を重ねるようになっていく。タルコフスキーはお得意の鏡を使ってそのことを暗示する。夢か幻想のなかで、トスカーナの

Ⅷ-2　『ノスタルジア』

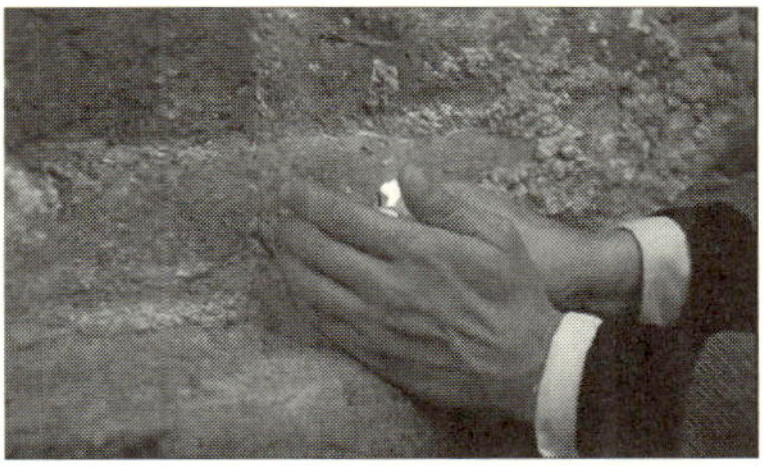

Ⅷ-3　『ノスタルジア』

古い町をさまよっているアンドレイは、道端に打ち捨てられている家具の前でためらいがちにふと足を止める。その扉には鏡がはめられていて、ゆっくり開けるとそこに映り込んでいるのは、自分ではなくてドメニコの姿。あわてて扉を閉じると、今度はちゃんと、鏡にもたれかかる自分自身が映っている。妄想とはいえ、アンドレイはドメニコのなかに自分を重ねて見ているのだ。このシークエンスは、作中に頻繁にさしはさまれるロシアの回想や空想と同じく白黒の場面で表現されている。

さて、そのアンドレイの（一見したところ）無意味にも思える行動を、同名の監督はいちどもカットを入れることなくリアルタイムで撮っている。アンドレイ役のロシア人俳優オレーク・ヤンコフスキーの回想によると、タルコフスキーはこの九分間の長回しのショットにことのほか入れ込んでいたようで、三度目に成功するという筋書きも最初から予想されていたようだが、彼はそれを監督の期待どおり見事にやり遂げた。監督アンドレイは、アンドレイ役のヤンコフスキーに親しみをこめて次のように語ったという。

もしも君がやり遂げるなら、もしもそれが本当に実現して、蠟燭を最後まで運ぶなら、つまり映画の魔法のトリックや割り込み編集もなく、ワン・ショットでまっすぐに運びきるなら、そのときこの一幕は、わたしの人生の真の意味となるだろう。もしも君がやり遂げてくれるなら、もしも君が最後まで持ちこたえることができるなら、それはたしかにわたしがこれまでに撮ったなかでももっとも素晴らしいショットになることだろう（Yankovsky）。

ドメニコがアンドレイに乗り移っているとするなら、役のアンドレイと監督のアンドレイもまたこのとき一心同体だったのかもしれない。小さな蠟燭のか細い炎の明かりを消すことなく守り抜くこと、タルコフスキーもまた、分身たる主人公アンドレイに託されたドメニコの妄想の実現に賭けていたのである。そこには、イタリアの名撮影監督ジュゼッペ・ランチ（一九四二生）――タヴィアーニ兄弟やマルコ・ベロッキオの作品を数多く手がけてきた――の貢献も小さくはなかったに違いない。めったに人を褒めることのないタルコフスキーが「確かにこの映画でのベッペ［ジュゼッペの愛称］・ランチの仕事は実に優れたものだった」と回想しているほどだ（『タルコフスキー日記 II』）。無意味とも思われる妄想がかなうとき、それは至高の現実となる。

ところで、「救済」を求めるドメニコの焼身自殺が、宗教的で政治的でもありうる動機に突き動かされているとして、アンドレイに託されたもうひとつの「救済」がなぜ蠟燭の炎によってもたらされるのだろうか。もちろんそこに宗教的な意味があるだろうことは容易に想像がつく。さらにくわえて、旧約聖書『イザヤ書』において主の僕に託される使命、「傷ついた葦を折ることなく／暗くなっていく灯心を消すことなく／裁きを導き出して、確かなものとする」（42:3）を重ねてみることは可能だろう（Jónsson 232）。か弱いもの、些細なものを守り抜くことに救いの意味はある。「灯心を消すことなく」渡りきった主人公アンドレイは、その瞬間に息途絶えてしまう。こうして、ドメニコとアンドレイの二人の「犠牲」が最後にひとつに重なることになる。

## 聖なるもの・狂気・ナンセンス――タルコフスキーの『サクリファイス』

一方、この「犠牲」をストレートにタイトルに掲げたのが、遺作となった『サクリファイス』である。この作品でもまた最後の六分二〇秒ほどの長回しが圧巻である。主人公アレクサンデル（エルランド・ヨセフソン）の誕生日を祝うために友人たちが集まってくれた日の翌朝、やけに落ち着きのない彼は、庭で朝食をとる家族たちをことさら避けるようにして、当てもなくあちこちと家の周りを徘徊したり、近くの小屋の陰に身を潜めたりしている。家族と友人が散歩に出ていくと、今度は逆に家のなかに入って、丸テーブルの上を片づけてそこに籐の椅子を幾つも高く積み上げ、白い布をそのうえにかける。そして、友人の医者の車を家のそばから移動させる（だが、もうひとつの白い車はそのまま家の近くにある）。いったい彼は何を企んでいるのだろうか。観客にその疑いが募ってくるころ、ついに彼は籐椅子にかかる白布にマッチで着火しはじめるのだ。その火が白布に広がっていくのを確かめているかのように、カメラはじっと構えてその様子をアップでとらえている。すると画面は一転して、主人公の手がカセットテープのスイッチを入れると、尺八の音が響きはじめる（主人公は日本通で、朝起きたとき、背中に大きく巴紋の入った着物をガウン代わりに羽織っている）。次のカットで振り向く主人公の表情は、今度はことのほか穏やかに落ち着いているように見える。パチパチとはぜる音、そして尺八の音色が聞こえてくる。すると彼はバルコニーから屋外へと出ていく。ここまでは幾つかのカットのつながりで描かれるのだが、長回しがはじまるのは次の瞬間からである。

家中に炎が立ちこめ、煙があたりを覆っていく様子を、アレクサンデルは地面に座り込んで眺めている。数秒すると立ち上がって、不安定な足取りで右の方向へ逃げていく。カメラはパンしながらそれを追っていくが、燃え盛る家がフレームから完全に外れると、今度は散歩に出ていた家族たちが驚いた様子で、うずくまる主人公に遠くから駆け寄ってくるところをじっと待ち構えている。

夫を抱き寄せる妻。すると電話の音が聞こえてきて、それに吸い寄せられるように主人公はふたたび立ち上がって、もういちど家の方に向かって走りはじめるが、このときにはもはや手の施しようのないほど家屋全体に炎が広がり、大きな黒煙が渦を巻くようにして宙に舞っている。水辺には召使いの女マリアが立っていて、彼は彼女のもとに駆け寄ってひざまずこうとするが、家族が追いついてすぐに二人は引き離されてしまう。そしてアレクサンデルを抱えて右の方向へと動きだす。その手を振り払うようにして彼はもういちど左にいるマリアに近づこうとする。このとき家の炎が白い車に引火して大きな爆音を上げている（図Ⅷ—4）。やはり妻と友人に引き止められて右方向に引きずられると、今度はマリアの方が近寄ってきて「好きにさせてあげなさい」といさめるが、妻がマリアに怒鳴りかかる。もちろんこの間もカメラは主人公たちの動きを追うように左右にパンとドリーを繰り返したり止まったりしている。マリアから離れて右の方に向かっていく彼らを待ち受けているのは、救急車と二人の医者らしき男。昨日の客だった友人の郵便配達のオットーも、画面奥から自転車で救急車に近づいてくるのが見える。男たちはアレクサンデルをその車に乗せようとするが、彼は振り切るように逃げ出して、スクリーンを右斜め奥に横切っていくと、途中で方向を変えて今度は燃え盛る家の方へと走りだす。地面はいたるところに水溜りができていて、主人公も追っ手の男たちもすでに水浸しになっている。こうした炎

Ⅷ-4 『サクリファイス』

Ⅷ-5 『サクリファイス』

と水の組み合わせもまたタルコフスキーお気に入りのモチーフのひとつである。ついに捕まったアレクサンデルは救急車に乗せられるのだが（図Ⅷ—5）、そこから抜けだしてオットーと抱き合ったりしながら、またも車に入れられる。すると今度は、別れを言うためであろうか妻が車のドアを開けるが、わざわざ出てきた夫は妻を振り切るようにして、観念したかのようにみずから車に入っていく。左にゆっくり動きだした車は、マリアの眼前をかすめるようにして右手前に旋回する。すると突然マリアが右に走りだして、水溜りに転がるオットーの自転車に乗ってこぎはじめる。カメラはこのマリアの動きを右にドリーしながら追っていくと、フレームの左から救急車が、そして右からマリアが消えていく（彼女は救急車を先回りしようとしているらしいことが後のショットからわかる）。スクリーンから誰もいなくなったのを見届けるや、カメラはおもむろに左にドリーして、残された家族や友人たち、遠ざかる救急車、焼き尽くされようとしている家をフレームに収める。妻のアデレイダひとりがその家の方に近づいていくと、カメラは少しだけ左に動いて、その様子を背後からとらえる。憔悴しきった様子の妻が水溜りに倒れ込むと、友人たちがその妻を気遣って集まってくる。その瞬間、炎に包まれたまま屋敷が跡形もなく地面に崩れ落ちていく。

やや長くなってしまったが、これが六分二〇秒の長回しの顚末であり、あえてわたしはここでそのエクフラシスを試みてみた。すでにお気づきの読者の方も少なくないと思うが、登場人物たちが追いつ追われつを繰り返して、スクリーン上を行ったり来たりするこのワンシーン・ワンショットは、崇高で荘重であると同時に、どこかナンセンスなスラップスティック調の雰囲気を醸しだしている。主人公が着物を羽織っていることは先述したが、その背中についている模様の巴紋は、水が渦巻くさまを表わし、火災除けとして瓦の模様としても使われてきたという由来があるという。とすると、彼は自分が身に着けている着物が象徴するものとは正反対の行動をとっていることになる。タルコフスキーがその紋の意味を知っていたかどうかはわからないが、わざわざ朝にそれを羽織らせているところをみると、このパラドクスはひそかに意図されていたのかもしれない。

しかも、かつて『ノスタルジア』を見たことのある観客なら、「狂人」ドメニコと同じ役者（スウェーデンの名優エルランド・ヨセフソン）がアレクサンデルを演じていることはすぐにわかるから、ドメニコのイメージが主人公に重なってくることは避けられないだろう。かつてのドメニコと同じく、主人公はなぜそこまでしなければならなかったのだろうか。ここでも黙示録的なテーマがこだましている。時計の針を前日の誕生日に戻してみよう。

その日、舞台俳優を引退したアレクサンデルの五十歳の誕生日を祝おうと親しい友人たちが集まっていると、突然ラジオが核戦争に突入したことを告げる。その瞬間、それまで無神論者を自認していた彼が、まるで急に信仰の人になったかのように神に祈りはじめ、救いのために自分のすべてを犠牲に捧げることを誓う。さらに友人のオットーが、この危機を回避するための最後の切り札を主人公に進言する。召使いの女マリアは魔女だから、彼女と寝なさい、というのだ。夜が更けると、主人公はひとり彼女のもとに向かい、言われたとおりにする。だが、一夜が明けてみると、まるで何事もなかったかのように、いつもの穏やかな朝が訪れている。にもかかわらず彼は、昨夜の神との約束を果たさないではいられない。屋敷に火をつけて、家財道具もろともすべて焼き払ってしまった、というわけである。

だが、不条理であることに変わりはない。そもそもラジオ放送やマリアとの一夜も、主人公の妄想のなかの出来事なのではないか。二人は回転しながらベッドから宙に舞い上がっていく(図Ⅷ―6)。それは、『鏡』(一九七五年)でも使われていたタルコフスキーお好みの超常現象のような演出である。その次のカットは、荒廃した町のなかを逃げ惑う群集の様子が俯瞰ショットの軽いスローモーションで描かれる。核戦争が勃発したのだろうか。だが、これは白黒の画面だから、おそらくはマリアと寝ている主人公の夢か空想――核の黙示録――のなかのことである。するとカメラは下にティルトして眠る幼児の頭部をとらえたかと思うと、今度は草原でくつろぐ主人公と妻(衣装は明らかに妻のものである)の場面に変わるのだが、妻が振り返るとその顔はマリアになっている。これらもまた白黒の画面。つづいて画面は、主人公の書斎の壁に複製が飾ってあるダ・ヴィンチの《東方三博士の礼拝》の聖母子の部分のアップに切り替わる。だがすぐに、今度は廊下で裸になって数羽の鶏を追い立てる娘のショットへと、ディゾルヴで移っていく。ここはカラーだから現実なのかもしれないが、とてもありえないような光景である。この間もおののき喘ぐ主人公の声と、それを落ち着かせようとするマリアのセリフとがヴォイスオーヴァーで流れ、尺八の音のサウンドトラックと重なっている。カットの入らないまま、カメラがゆっくりと右に平行移動して手前の妻を半身像でとらえると、さらに右に移動して、今度は主人公の書斎が徐々にフレームに入ってきて、奥でソファーに横たわる主人公を映しだす。ここでカメラは止まり、窓から部屋に光が差し込んでくると、「ママ」という声とともに主人公がソファーから起きだしてくる（フロイトの用語を借りるなら、ここで主人公は、レオナルドの絵のなかの聖母マリア、「魔女」のマリア、妻のアデレイダ、そして実の母親が「圧縮」されたイメージにうなされているのだろう）。そうして、先に述べたような自己犠牲へと話は突き進んでいくのだ。

誕生日の夜から翌朝の自己犠牲へと移行するこのシークエンスは、現実と妄想と夢とがまるで入れ子状に重なり合うかのようになっていて、この映画のなかでももっとも象徴的で難解なもので、それらの境界線もきわめてあいまいなままに残されている。マリアのもとを訪ねて一夜をともにしているはずの主人公が、ヴォイスオーヴァーではマリアと絡んでいるにもかかわらず、これらのショットをはさんで、いつの間にか自分の書斎に戻って寝ているのである。それはあたかも、リアリティは現実のうちにのみあるのではない、幻想や夢もまた現実以上のリアリティを持ちうるのだ、とでも言いたげなシークエンスである。主人公がここで、黙示録の終末論的なイメージに取り憑かれているとすれば、それはおそらく偶然ではない。『黙示録』のリアリティもまた、著者とされるヨハネの見た幻視のうちに宿っているのだから。

Ⅷ-6 『サクリファイス』

ここでもういちど、わたしたちの最初の問いに帰ろう。なぜアレクサンデルは、（ドメニコと同じように終末論的な）妄想を抱えたまま、「救済」のために自分のすべてを犠牲にしなければならなかったのだろうか。さらなるヒントが、映画の序盤のオットーのセリフに隠されている。主人公の誕生日のプレゼントにと、彼はオリジナルの珍しいヨーロッパの古地図を自転車で運んでくる。それを見たアレクサンデルは、そんな高価なものは受け取れないと遠慮するのだが、オットーは「無理をしてこそ贈り物だ」、と切り返す。損得勘定が入るなら、それは真の意味での贈与ではない。イエスもまた交換のエコノミーに異を唱えていた（マタイ 5:38–39）。そのセリフどおり、主人公はあえて「無理をして」神に犠牲を差しだしているのだ。「不条理だからこそわたしは信じる」、初期キリスト教時代の教父テルトゥリアヌスの名高い警句である。

## 「聖なる愚者」とは何か？

しかしながら、それでもやはり、『ノスタルジア』のドメニコとアレクセイにせよ、『サクリファイス』のアレクサンデルにせよ、なぜそこまでするのかという、本章の最初からくすぶっている疑問を完全に払拭できたとは言い切れないだろう。文化人類学者のマルセル・モースによると、北アメリカの先住民のあいだには「ポトラッチ」と呼ばれる、他者への法外な贈与にかかわる風習があって、そこでは時に自己犠牲をもいとわないとされるが、それとはどうも違うようだ。タルコフスキー本人がそう認めているように、これら複雑な作品がいわば「たとえ話」のようなものだとすると、さまざまな解釈がありうるだろうし、実際に多様な読みがなされてきたという経緯があるが、わたしはここで、これまでにも何度か指摘されてきた「聖なる愚者」（Martin 177; Birzache 80–108; Gunnarsson; 亀井）という解釈に与したい。

英語で「ホーリー・フール」、「佯狂者《ようきょう》」とも訳されるこのキリスト教的キャラクターは、タルコフスキーの故国ロシアに偉大な先達をもつ。もちろん、ドストエフスキーの『白痴』の主人公ムイシュキン公爵である。ロシアの監督はその著『時間に刻む』のなかでも何度かこの名高いキャラクターに言及しているのだが（Tarkofsky 42, 188）、『サクリファイス』ではさらに特別の意味を担っている。というのも、現役を引退した主人公アレクサンデルはかつてムイシュキン役で名声を博していた役者という設定なのである。成功したにもかかわらず、その後なぜすべてを捨ててしまったのかわからないと妻は嘆く。このときからすでに、ムイシュキンばりの彼の自己犠牲ははじまっていたのだ。だが、それだけではない。ロシア正教にはまた聖ワシリイ（一四六九頃―一五五二／五七）という「聖なる愚者」がいて、裸で生活し、万引きまがいのことをしては貧者に施したとされるが、時の権力者イワン雷帝を不信心で暴力的だとして非難することもいとわなかったという。モスクワの赤の広場に建つ大聖堂は、エキセントリックなこの「聖なる愚者」に捧げられているし、裸で祈る姿はイコンにも描かれてきた。

「聖なる愚者」の起源をさらにさかのぼると、古くは一世紀末の使徒パウロの『コリントの信徒への手紙一』にたどりつく。それによると、「知恵ある者の知恵を滅ぼし、賢い者の賢さを意味のないものにする」（1:18）という点に、神やキリストの力は存する。それゆえ使徒もまた「キリストのために愚か者になっている」（4:10）。「本当に知恵のある者となるために愚か者になりなさい」（3:18）。弱くて愚かだからこそ救いをもたらすことができる。この考え方は、ローマ帝国によるキリスト教迫害のなかで培われたものだろう。実際、パウロはまた同じ手紙のなかで次のようにも述べている。「今の今まで私たちは、飢え、渇き、着る物がなく、虐待され、身を寄せる所もなく、苦労して自分の手で稼いでいます。侮辱されては祝福し、迫害されては耐え忍び、ののしられては優しい言葉を返しています。今に至るまで、わたしたちは世の屑、すべてのものの滓とされています」(4:11-13)。このパウロの信条は、その後三世紀から増加してくる修道士たちの活動を支える大きな柱となる。

さらにここに、キリストの弱さと謙りを示す「ケノーシス」という理念を加えてもいいだろう。同じくパウロが書いたとされる『フィリピの信徒への手紙』によると、キリストは神の身分であるにもかかわらず「かえって自分を無にして、僕の身分になり、人間と同じ者になられました。人間の姿で現れ、へりくだって、死に至るまで、それも十字架の死に至るまで従順でした」(2:7-8)、という。弱さや愚かさは、不条理やアイロニーにも近づくことで、既成の権威や秩序、合理性や俗物性にたいしてノーを突きつけうる可能性を秘めているのだ。しかも、似たような発想がすでに古代ギリシアにもあったことは、ソクラテスの「無知の知」やプラトンの「聖なる狂気」によって証言される。

それゆえ「聖なる愚者」はまた哲学的で文学的なトポスにもなってきた。ニコラウス・クザーヌス(一四〇一―六四)の「学識ある無知」、エラスムス(一四六九頃―一五三六)の「痴愚神礼讃」、ニーチェの「愚者」あるいは「狂人」、キェルケゴールの「信仰の騎士」などが思い浮かぶだろう。文学では、ドストエフスキーの『白痴』やセルバンテスのドン・キホーテなどがその代表作だろう。遠藤周作にもキリストをモデルにした『おバカさん』という小説がある。

西洋の中世にはまた「愚者の祭り」や「ロバの祭り」といった宗教的でかつ民衆的な祝祭があったことも知られている。カーニヴァル的な転倒ともつながるこうした祭りにおいて、その期間だけ聖職者の通常の上下関係がひっくり返され、「キリストのための愚者」が奨励される(ローマ教会はこれをあまり歓迎しなかった）。ところがこうした伝統は、ミシェル・フーコーが「大いなる閉じ込め」と呼んだ十七世紀にはじまる監禁の時代以降は影を潜めることになる。

## 「神はもっとも卑しいものを選ばれた」──ロッセリーニの『神の道化師、フランチェスコ』

キリストを「聖なる愚者」とみなすこと、そして「キリストのために愚か者になる」こと、こうした伝統がすでに初期キリスト教の時代からあったとすれば、中世にはもうひとり偉大な「聖なる愚者」が登場する。「第二のキリスト」と呼ばれることもあるアッシジの聖フランチェスコ（一一八一―一二二六）である。この聖人もまた古くから美術や文学の題材となってきたが、映画でも、ジャンヌ・ダルクと並ぶ人気のキャラクターとして幾度も取り上げられている。なかでもロッセリーニの『神の道化師、フランチェスコ』（一九五〇年）は出色である。

ロッセリーニはここで、アッシジの聖人の生涯をあえて伝記的にたどろうとはしない。また、その聖性の証しともされ、数々の絵画の主題にもなってきた「聖痕拝受」──十字架のイエスと同じ五つの傷が身体に刻印されるという奇蹟──のクライマックスを映像化しようともしていない。同じ聖人を描いても、この点でリリアーナ・カヴァーニのドラマチックな『フランチェスコ』（一九八九年）や、ゼフィレッリのロマンチックな『ブラザーサン シスタームーン』（一九七二年）などとは、大きくその性格を異にしている。

では、このネオレアリズムの巨匠の狙いはどこにあるのか。それは映画の冒頭で示唆されている。弟子のひとりが突然フランチェスコに尋ねる。なぜ君ばかりが慕われるのか、と。すると振り向いたフランチェスコが「神はもっとも卑しいわたしを選ばれた」と迷わずに答えたのを受けて、その

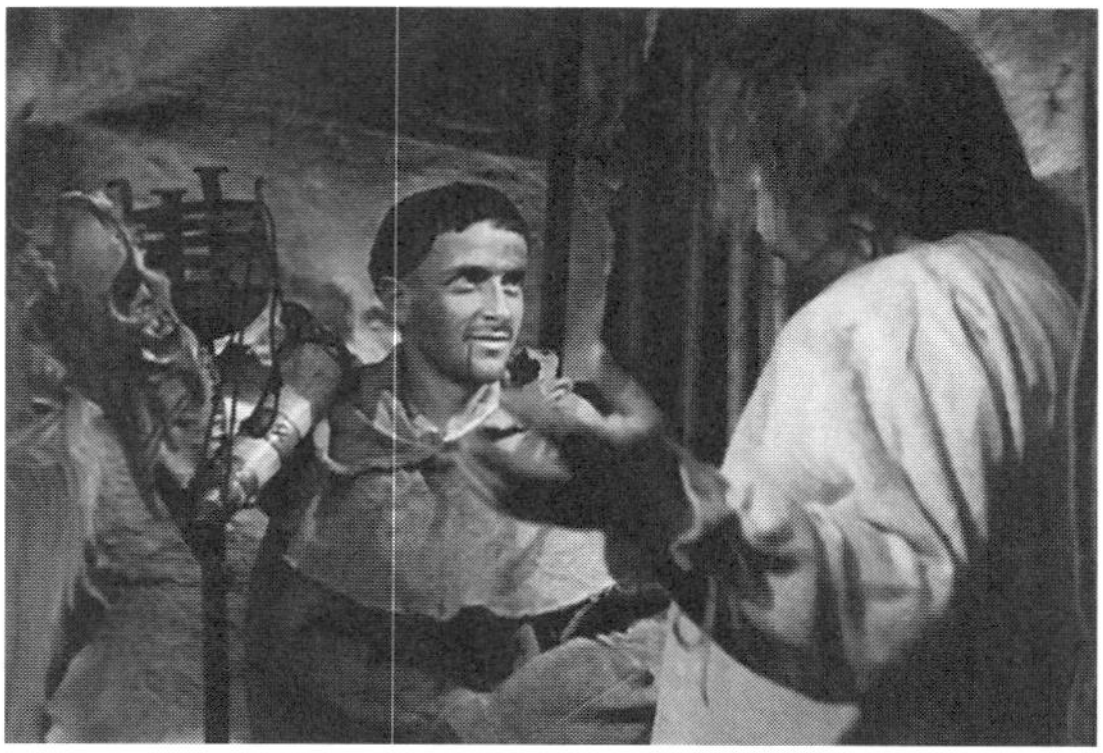

Ⅷ-7 『神の道化師、フランチェスコ』

弟子も「だからわたしも君についていくんだ」とすかさず応じるのだ。「卑しさ」――「ケノーシス」としての自己卑下――のうちに宿る聖性、それこそ実際のフランチェスコ会士や素人の役者を使うことでこの映画が描きだそうとするものである。しかも、合計十の「たとえ話」風のエピソードからなるこの作品において、主役のフランチェスコに劣らず登場場面が多くて目立っている人物がいる。修道士ジネプロ（一一九〇頃―一二五八）である。いずれのエピソードも、十四世紀に成立したとされる『聖フランチェスコの小さき花』と『兄弟ジネプロ伝』という原典に基づいているが、脚本を担当したフェリーニはそれをかなり自由に翻案している。映画のなかで、フランチェスコは自分のことを「もっとも卑しい」と形容しているのだが、その彼をしのぐほどの愚者振りを見せるのがジネプロなのである。そのエキセントリックさは狂気とも踵を接しているほどだ。

たとえば第二のエピソード。ジネプロは寒さで震えながら下着一枚で兄弟たちのもとに帰ってくる。理由を聞かれると、物乞いに僧衣を恵んであげたのだという。僧衣はだめだとフランチェスコからたしなめられると、「貧しい者を救え」と教えなかったかと言い返す。この「聖なる愚者」は、師以上に自己犠牲の精神を体現しているのだ。第五のエピソードでは、病気の修道士に食べさせるために、農家の生きた豚の足を許可もなく切り取るという暴挙にでる。飼い主が怒りをぶつけてきても、豚と一緒に病人を助けることができて幸せではないかと、後悔する様子はどこにもない。その残酷なまでに単純な理屈は不条理にしてどこか滑稽ですらある。第七のエピソードの彼もこんな調子だ。料理当番を任されているために説教に行けないジネプロは、大鍋にありったけの粗末な野菜をぶち込んで二週間分のスープを準備してしまう。そうしたら自分も布教に行けると考えたからである。フランチェスコもその素朴な熱意にほだされて、布教を許すことになる。

つづく第八のエピソードでジネプロは念願の布教に出るのだが、相手が悪かった。よりにもよって暴君ニコライオ——この役だけはただひとり名優のアルド・ファブリーツィ（『無防備都市』のピエトロ神父と同じ役者）が演じている——の陣営だったのである。その野蛮な家臣たちに散々もてあそばれ執拗に激しい暴力を受けても、一向に怒りや憎しみはおろか痛みすらも顔に表わすことなく微笑みかけてくるジネプロに（図Ⅷ―7）、さすがの暴君も改心したのか、軍の包囲を解くことになる。各エピソードをミディアムショット中心に——クロースアップやロングショットは稀——淡々と閑話か冗談のように描くことで、ロッセリーニは観客を扇動したり説得したりするのではなく、苦笑いとともにあえて疑問を抱かせようとしているように思われる。余りにも現実離れした話ではないか、だがそこに何がしかの真実が隠れているかもしれない、と。

## 奇跡を信じる聖愚者——カール・ドライヤーの『奇跡（御言葉）』

カール・ドライヤーの『奇跡（御言葉）』（一九五四年）は、二十世紀初頭のデンマークの農村を舞台にした文字どおり「奇跡」と信仰をめぐる映画であるが、重要な伏線として「聖なる愚者」のテーマが敷かれていることは無視できない（それについてシュレイダーは触れていないし、ボードウェルは否定的）。キェルケゴールの読みすぎで自分がイエスだと信じている青年ヨハンネスがそれである。『黙示録』の著者と同じ名前を持つ彼は、無表情のまま沈んだ口調で独り言のように「裁きの日」が迫っていると警告する。さらに自分はナザレのイエスであり、奇跡をおこなうために再来してきたと信じてもいる。これにたいして、合理的な新任のルター派の牧師は、その証拠はどこにあるのかと冷淡な理屈で応じる。たとえ神は奇跡を起こしうるとしても、自然の摂理を破るようなことはしない、というのが啓蒙思想に感化されたこの牧師の持論である。ヨハンネスはまた父親ボーエンに、妊娠した兄嫁インガーが「大鎌を持った」黙示録の主によって天に連れ去られることを預言するが、父は息子の妄言を哀れみながら聞いている（図Ⅷ—8）。ただ兄夫妻の幼い娘だけは、ヨハンネスが何か奇跡を起こしてくれると疑わない。これらのシークエンスを含めて、本作の大部分はボーエンの家の居間が舞台になっていて、そこに入ってくる家族と、牧師や医者などとのあいだで繰り広げられる会話というかたちで進行する。いずれのショットもゆっくりとした調子の長回しで、カメラは登場人物の誰の視点にも同化することなく、役者たちのあいだを這うようにして動いていくが、クロースアップも切り返しショットもない。たいていの場面で時計のチクタクという音が響いていて、観客はおのずと彼らと同じ生の時間を共有することになる。

Ⅷ-8 『奇跡（御言葉）』

ヨハンネスの預言どおり、死産となったインガーは容態を悪化させ、そのまま帰らぬ人となってしまう。妻の死に絶望する夫ミッケルは、耳ざわりになったのか、時計の振り子を止める。この仕草は象徴的だ。つまりこの瞬間から世俗の時間が止まる。あるいは、流れるのはもはやこの世の通常の時間ではない。失意のどん底にある家族にたいして、ただヨハンネスだけは「死んではいない、眠っているだけだ」と例の口調で独り言のようにささやき、インガーの蘇生を試みようとするが気絶してしまう。この間も父の口からは、「主は与え、主は奪う」というセリフが何度か漏れてくる。これは、身に覚えのない試練を次々と課されるヨブが思わず発した言葉でもある（『ヨブ記』1:21）。真夜中、ヨハンネスはこっそりと窓から家を抜け出す。翌朝、家族たちは彼を探しに回るが見つからないまま（このシーンは五回のワイプでつながっていく）。葬儀が進み、牧師の祈りも終わって、棺に蓋がかけられようとするまさにその瞬間に、まるで復活したイエスのようにヨハンネスがふたたび現われる（このときの彼が正気に戻っていることはその表情からわかる）。インガーの棺に近づいてキリストに祈るヨハンネス。姪が「急いでおじちゃん」と言って手を取り合い、二人のツーショットになる（図Ⅷ—9）。ヨハンネスにはまだ躊躇いがあるのだが、姪は信じて疑わない。その姪に促されるようにして彼は死者の蘇りをキリストに請う。牧師は「頭がおかしい」と言って止めようとするが、逆に医者に制される。他でもなく牧師だけが信じようとしないというのは、ドライヤーの仕掛けた皮肉である。すると、胸の上で組まれていたインガーの両手がゆっくりと解けはじめる。ミッケルが

Ⅷ-9『奇跡（御言葉）』

「インガー」と呼びかけると、その瞳がおもむろに開き、二人は固く抱き合う。

この最後の奇跡のシークエンスにおいて、カメラはそれまでの長回しとは打って変わって、ややテンポを上げてクロースアップやショット‐切り返しショットといった古典的な手法を多用するようになる。とりわけ印象的なのは、ヨハンネスと手をつないで祈る姪の胸から上のクロースアップが二度繰り返されることである。このことが意味するのは、「聖なる愚者」たるヨハンネスの力だけで奇跡が起こったわけではない、子供の信じる力もまた大きく貢献している、ということだろう。この点はあまり指摘されてこなかったように思われるだけに、わたしはここで強調しておきたい。あるいは、聖愚者と子供とは近しい存在なのだ。最後から二番目のショットで、末の弟のアナスが時計の針を動かすと、ふたたび時を刻むチクタクという音が聞こえてくる。この音をバックに、抱き合う妻と夫のクロースアップとともに画面が暗転していく。妻の死から止まっていた時間が、その蘇りとともにふたたび流れはじめたのだ。それを可能にしたのは、ひたすら信じようとする聖愚者たちの弱くてか細い力である。

## 聖なるロバの「殉教」——ブレッソンの『バルタザールどこへ行く』

『田舎司祭の日記』で若い聖職者の「受難」を描いたブレッソンにもまた「聖なる愚者」を扱った美しい作品がある。『バルタザールどこへ行く』（一九六六年）がそれで、東方三博士のひとりと同じ名前をもつ今回の主人公は、しかし人間ではなくてロバである。先述のように西洋中世には「ロバの祭り」という祝祭があって、ロバに乗ってイエスの一家がエジプトに逃れたのを記念して一月十四日に祝われていた。これもまた「愚者の祭り」と同じくカーニヴァル的な転倒に特徴があり、下級聖職者が中心となって貧民の象徴であるロバを讃えるミサを挙げるというものであった。フランスのピレネーの田舎町を舞台にしたブレッソンの本作には、この祭りの遠い記憶がかすかに響いているように思われる。とはいえ、この「聖なるロバ」を待ち受けているのは、これでもかとばかりに繰り返される受難の数々である。たらい回しにされるようにして次々と変わる持ち主から、酷使され、鞭打たれ、からかわれ、虐待され、傷つけられて、あげくの果てに「殉教」することになる。カメラはしばしばそのバルタザールの頭部を斜め横からのクロースアップでとらえる（図Ⅷ—10）。正面からではロバの眼差しを見せることができないからである。その顔はたいてい無表情だが、人間以上に物事を見通していて、わたしたちの愚かさをじっと耐え忍んでいるかのようだ。詩人リルケが、生き物たちに固有の「眼差し」がもつ「開かれ」の世界をいつくしむように謳っていたことが思い出される（『ドゥイノの悲歌』）。

Ⅷ-10 『バルタザールどこへ行く』

サーカスの一座に迷い込むシークエンスでは、バルタザールが、トラと熊、猿と象の四頭とそれぞれ別々に眼差しを交わし合う様子がショット‐切り返しショットで描かれる。この神秘的ですらある無言のシーンは、物語の流れからは独立していて、わたしたち人間の理解をはるかに超える、愚者ゆえに賢者でもあるロバの眼差しそれ自体の存在感を際立たせる（Pipolo 189）。まさしくロバには人間に見えないものがちゃんと見えているという話は、すでに『民数記』に語られている（22:21-39）。それによると、剣を持った神の御使いが立ちふさがっているためにロバはあえて道を除けたのだが、それが見えていない主人のバラムはただロバを鞭打つことしかできない。この珍しい主題を印象的な作品に残したのは若き日のレンブラントである（《バラムとロバ》、一六二六年、パリ、コニャック゠ジェイ美術館）。ブレッソンの作品に戻るなら、唯一の救いは、幼い頃からロバの成長を見守ってきた少女マリー（アンヌ・ヴィアゼムスキー）がこのロバを愛していることだが、その彼女も周囲に翻弄されていて、バルタザールを救うことはできない。ロバが『白痴』のムイシュキンだとすると、マリーはナスターシャに対応するだろうか。

もちろん多くの動物譚がそうであるように、バルタザールの「受難」もまたある種の寓話としての役割を果たすが、その「殉教」は紛れもなくリアルな真実である。密輸の片棒を担がされそうになったバルタザールだが、夜のピレネーの山中に追っ手の銃声が響いてきて一味はそそくさと逃げ出してしまう。ひとり残されるバルタザール。木陰に潜んで一夜を明かした彼の前脚から流れる血がクロースアップになる。その木陰を出てやや高いところに登る彼の周囲を、いつの間にか、鈴の音を響かせる無数の羊たちの群れが取り巻いていて、さらに下手からも別の一群が押し寄せてくる。負傷したバルタザールは、その真ん中でじっと座り込んだまま動かない。すると二匹の犬の鳴き声がして、それに応じるように羊たちが彼の周りから離れて後退していく。お尻を向けた羊たちの手前にいるバルタザールの横からのカットともに、シューベルトの『ピアノソナタ第二〇番』（一八二八年）の物悲しい第二楽章が流れてくる。このとき彼はまだかろうじて瞳を開けて息をしているように見える。次に、やや上方から羊の群れをとらえたカメラが左にパンすると、地面に横たわる主人公の姿がフレームいっぱいに入ってくる。それと同時にシューベルトのメロディは消え、鈴の音だけが止むことなく響いている。羊の群れがその場から離れていく様子（図Ⅷ―11）、そしてふたたびバルタザールの遺体の俯瞰、これが最後の二つのショットである。周知のように、キリスト教世界ではキリストは「善き羊飼い」に、信者は羊になぞらえられる。バルタザールのもとにもいちどは多くの羊たちが押し寄せてくるが、（おそらくはじっとしたまま動かないのを見届けると）すぐに立ち去っていく。こうして彼はただひとりで理不尽な死を受け入れることになるのだ。民衆から見放されたイエスさながらに、無我無欲にして完璧なる受動性を具現した「聖なる愚者」バルタザールの死は、崇高さのオーラすら帯びているように思われる。

Ⅷ-11　『バルタザールどこへ行く』

## 不気味な「聖愚者」――ソーントンの『スリング・ブレイド』

さて時間が進んで、神なき時代のメシアが思考され（アガンベン）、弱い神が積極的に評価されるようになる（ヴァッティモ）ポストモダンと脱構築の時代、「聖なる愚者」のイメージはますますもてはやされることになるが、同時にどこか屈折した性格をも帯びてくる。ビリー・ボブ・ソーントン（一九五五生）の『スリング・ブレイド』（一九九六年）、ブリュノ・デュモン（一九五八生）の『ユマニテ』（一九九九年）、そしてパーヴェル・ルンギン（一九四九生）の『島』（二〇〇六年）などがそれである。本章の最後に、これら現代の聖愚者たちに登場してもらおう。

三作品の主人公に共通して見られるのは、伝統的な聖愚者の特徴に加えて、言い知れない不気味さや、観客を恐れさせ不安にさせるような性質をどこかに隠し持っている、という点である。それゆえ、一方的に善人であるとは言いがたいところがあるのだ。

『スリング・ブレイド』のカール（ソーントン自身が演じている）は、知的障害を抱えていて、ごく幼い頃から物置小屋に閉じ込められて育ち、十二歳のときに母親とその不倫相手を殺めたという前科を持つ。その彼が二十五年間の病院での生活を終えると、ほぼ裸同然のままで故郷の町に戻され、いきなり現実社会のなかに投げだされる。彼の財産といえるのは、たった数冊の本――聖書、「クリスマスについての本」、「大工になるための本」（イエスは大工ヨセフの子として育つ）――だけである。ただ彼にはどんなエンジンの故障でも見事に修理してみせるという特技がそなわっていて、そのおかげで仕事も見つかり、経営者もそんなカールを温かく迎えている。その彼がふとしたことから少年フランクと知り合い、母親リンダと暮らすこの少年の納屋を借りて生活するようになる。だが、これが運のつき。リンダの愛人ドイルは粗野で凶暴な男で、ことあるごとにフランクとカールを虐待し、リンダを暴力で支配しようとする。虐待を受けるフランクにカールは、十二歳の頃の自分を重ねるようになっていく。ついに見かねたカールは、母子を外出させた後、大きなカイザー・ナイフ（スリング・ブレイド）でドイルを殺害してしまい、ふたたび病院に送り返されることになるのである（おそらくもはやそこから出ることはないだろう）。特殊な力を持つアウトサイダーがある場所に流れ

VIII-12 『スリング・ブレイド』

着いて、その窮地を救って去っていくという筋書きはどこか西部劇にも通じるところがある(Roncace 283)。そこにはまた『黙示録』の怒る神、「手に鋭い鎌」を持って裁くキリスト(14:14)のイメージも重なっている(ed. Reinhartz 239)。容赦なく悪を罰するこのキリストは、福音書の説く非暴力とは対照的ですらある。弱者のカールには、それにもかかわらず怪物的な力が宿っているのであり、その暴力性は否定しがたい。

犯行に及ぶまでに、カールはすべての手はずを整える。フランクに自分の大切な本を譲り(図Ⅷ—12)、リンダの上司でいつも母子の味方になっている同性愛者のヴォーンに「女と付き合わない男でもいい父親になれる」と言い残して、それとなくフランクの行く末を彼に託そうとする。さらにもうひとつやるべきことがカールには残されていた。自分の生家と納屋を訪ね、まだ生きている父親に会っておくことである。おそらく二十五年ぶりの再会である。荒れ果てた廃屋同然の家のソファーに、飲んだくれの老いぼれた父親が下着だけで座っている。「あんたの息子だ」とカールが言っても、自分には息子はいないと追い返そうとする。部屋の壁には所狭しとばかりに何枚ものキリストやマリアの絵——そのなかには慈愛を象徴する「聖心」の図像もある——が飾ってあるのだが、父親はとても信心深そうには見えない。その父親に向かってカールは、読み書きを教わって聖書を読んだこと、そのすべてではないとしてもそれなりに理解できたこと、しかし両親

Ⅷ—13 『スリング・ブレイド』

が語ってくれたような話は聖書のなかにはなかったことを告げる（図Ⅷ―13）。そうして、かつて両親に命じられていやいや自分が土中に埋めざるを得なかった水子の弟のもとに向かう。目印の石の上には、おそらく彼が刻んだのだろう十字のしるしが見える。その帰り道の橋の上に立つカールのショットもまた十字架状になって夕日に映えている。さらにカールは地元のバプティスト教会のしきたりに従って洗礼を受けたうえで、ことに及ぶのである（おそらく父親のカトリックにたいしてプロテスタントを選んだのだろう。全身を水に浸す浸礼の儀式が再現されている）。「聖なる愚者」カールの内には慈愛の神と復讐の神、聖性と怪物性とが同居しているように見える。その二面性は、朴訥だがどこか不気味な彼のしゃべり方や、無意識に金槌を手にする行為などによっても暗示される（Roncace）。カールの無償の愛をもってしても、赦しえない者を赦すには至らないのだ。だがこれもまたキリスト教が抱えてきた逆説に他ならない。

## 両義的な「聖愚者」――ブリュノ・デュモンの『ユマニテ』

ほぼ素人役者のみによって撮られた『ユマニテ』の主人公ファラオンもまた、どこか得体の知れない存在である。「人間性」という抽象的なこのタイトルもまた、挑発的だがあまりにも漠然としている。幕開けからすでに謎めいている。まず、スクリーンいっぱいに水平に広がる丘の上を左から右に人物が小さく走っていく様子が荒い息遣いとともにロングショットでとらえられる。その人物がフレーム右に消えると、おそらく同じ男が少し慌てた様子で広い泥地を歩くところが全身と両足とプロフィールの三つのカットに収められるが、突然に男は地面にうつ伏せで倒れこむ。カメラはその背中と全身と顔をごくゆっくりと三つのカットでとらえた後（図Ⅷ―14）、男の視線の先にある丘陵に切り替わる。するといきなり車中の場面に変わり、男が無線で「すぐに帰る」と応える。男がおもむろにラジオにスイッチを入れると、流れてくるのは比較的激しいハープシコードのメロディ。バロックの作曲家パンクラス・ロワイエ（一七〇五頃―五五）の『気まぐれ』である（画中で流れるほとんど唯一の曲である）。この間、男の暗い無表情の顔が幾つかのカットで描かれると、男はラジオを止めて畦道のなかゆっくりと車を走らせる。すると画面は唐突にも、裸の少女の股間、太股、両脚の三つのクロースアップに変わり、さらに草むらに横たわるその全身が写される。それらのカットは、クールベの《世界の起源》（一八六六年）やデュシャンの遺作《与えられたとせよ》を連想させないではいない。ただ違うのは、映画の少女の白い肌にはむごたらしくも青痣と血と泥がつき、その上をアリが這っていることである。おそらくレイプされて殺害されたのだろう。この衝撃的な場面につづくのは、畦道に何台か止まった警察の車のショットである。ここまでの五分半、わたしたちの誰もがその男が犯人らしい、と思って見ているのではないだろうか。

Ⅷ-14　『ユマニテ』

　ところが次の場面で事情は一転、男は町の警察の捜査官であることが判明する。この男こそ主人公のファラオンで、スリラーか犯罪映画を匂わせるようなはじまりなのだが、全編を通じて組織的で有効な捜査が進行しているようにはけっして見えない。純朴そうなファラオンはいつも仮面のようにうつろな表情をしていて、しばしば言葉にも窮するから、何か障害を抱えているのではないかと疑われるほどだ。そうした観客の印象を代弁するかのように、作中で「警官としてはのろま過ぎる」とか、「お前はズレてる」とかとののしられたりもする。本当にハンディキャップがあるのか、それとも二年前に不慮の事故で妻子を亡くしたためにまだショックから立ち直れないでいるのか、詳細は何も説明されない。ただひたすらごくゆっくりとしたテンポで彼の日常が描かれていく（いつか何か特別のことでも起こるのかと、多くの観客がじれったい思いでスクリーンを追っているに違いない）。彼はまた、近くに住むドミノという娘に好意を持っているのだが、彼女には通学バスの運転手をしているジョゼフという恋人がいる。主人公は、二人のセックスをたまたま目撃したり、二人に誘われるままドライヴや食事についていったりもする。その行動からは大人の自主性というものがほとんど感じられない。子供のようにテレビに興じたりもする。ただ、自然をこよなく愛していることは何度も強調される。風を切って自転車を走らせたり、菜園で草花をいつくしんだり、動物たちをいたわったり、大海原をじっと見つめていたり、と。それゆえ、きわめて鋭い感受性を持つようにも見えれば、むしろ逆にはなはだ鈍感なようにも見えるのだ。それはある意味で「聖なる愚者」に共通する特徴で、この両義性もデュモンの意図するところだろう。

映画の中盤、もういちどわたしたちはことによると犯人は彼本人なのではないかという疑問に襲われる。ジョゼフの運転する通学バスに乗って犠牲者の足取りをたどろうとする主人公。現場近くで二人の少女が下車すると、彼も降りてまるでその少女たちの後を追うようにして現場に近づいていく。そこで立ち止まると、突然狂ったように「アー」と大声で叫んで走り出し、線路の鉄格子のところまで行く。列車が轟音を上げて通過していくあいだも彼はずっと絶叫している（図Ⅷ—15）。それはおそらく、無残な死に方をした少女を悼んでのことなのだろうが、自分の犯行を思い出しているのではないか、という疑いを払拭することもできないのだ。この両義性は監督デュモンによって最初から意図されているように思われる。

ファラオンはまた、地元バイユールの画家ファラオン・デ・ウィンテル（一八四九―一九二四）の曾孫という設定で、市の美術館にあるその画家が描いた少女の絵の前で主人公は静かに頭を垂れてしばしたたずんでいる。おそらくは同じ年頃の犠牲者のために祈っているのだろうが、ここでも観客は彼に感情移入することはできない。捜査は一向に進展する気配がないから、そもそも彼が最初に見たのは本当にあったことなのか、という疑念さえわいてくる。さらに、参考人たちの不幸な境遇を聞かされると彼は、抱き寄せるようにして相手と苦しみを分かち合おうとしているように見える。それは彼が「聖なる愚者」たる証でもあるが、わたしたちは素直にそれを受け取ることはできない。映画の終盤にさしかかる頃、ファラオンが町の精神病院を訪ねるシークエンスがある。だが肝心の捜査はそっちのけで彼は患者たちの様子をじっと見つめている。それはまるで彼らに自分自身を重ねているかのようでもある。

Ⅷ-15　『ユマニテ』

土壇場になって突然に浮上してくる容疑者はジョゼフだが、それはある程度まで観客にも、そしてファラオンにも予想できていたことである。号泣するジョゼフを抱き寄せて長い接吻をする主人公。これは彼の深い慈愛のなせる業なのだろうが、どこか不気味で異常にも見える。その抱擁が終わると彼は相手を突き放すようにして取調室を出ていく。次のカットで彼は、自分が育てた菜園の花束を手にして、事件現場の方角にじっと視線を向けている。すると画面は嘆き悲しむドミノのクロースアップになり、そこにファラオンの手が差し出されて彼女をいたわるようにしてしっかり抱きしめる。こうして彼は、いつものように他者の苦しみを自分の身体で受け止めているのだ。つづく画面で彼は職場の部屋に腰掛けていて、心持ち上方を見つめるいつもの無表情の顔がクロースアップになる。これが最後のカットである。このシークエンスの最初でファラオンが「ジョゼフ、お前じゃないだろう。お前なのか」と呼びかけてから最後まで六分半近く、セリフは一切ない（そもそもこの作品ではセリフよりも三人の身体に焦点が当たっている）。映画のオープニングと同様にこの結末も、まったく正反対に受け取ることができる。それゆえ、暴力とのつながりを断ち切り、愛や歓待に結びつける「聖なるユマニスム」としてデュモン作品を解釈することは（Ungureanu 209）、あまりにも一面的だろう。荘重さとグロテスク、透明さと猥雑さ、聖性と卑俗、善と悪、これら両義性のあいだでニヒリスティックに戯れるデュモンは、何も押し付けることなく、すべてを観客に委ねているように思われる。同様のことは、処女長編の『ジーザスの日々』（一九九七年）や近作の『アウトサイド・サタン』（二〇一一年）についてもある程度まで当てはまるが、これらについてここで論じることは控えよう。

## 「聖愚者」の罪と贖い——パーヴェル・ルンギンの『島』

ルンギンの『島』の主人公アナトーリー（ピョートル・マモーノフ）は、白海に浮かぶ群島に建つ小さな正教会の老いた修道僧だが、他者にたいする振る舞いは、相手が仲間の修道僧であれ平信徒であれ、たいてい粗暴で傲慢、無作法で独断的、威圧的で気まぐれだったりする。これら悪魔的な

Ⅷ-16 『島』

ところもまた「聖なる愚者」に共通する性格だが、アナトーリーの場合は半端ではない。修道院のボイラー室を任されている彼は健康や身なりや衛生にはまったく無頓着で、山積みの石炭に囲まれて生活し、集団の礼拝にもろくに参加せず、ひとりで祈りを捧げてひたすら神に赦しを乞うている。その一員であるにもかかわらず修道院の共同生活を完全に拒絶しているのだ。同じ仲間にたいして子供じみた悪戯や愚行さえ平気でやってのける。それはロッセリーニの『神の道化師、フランチェスコ』に登場する修道士ジネプロを想起させずにはいないが、彼の場合には完全に無垢なのにたいして、アナトーリーにははっきりと狂気じみた悪意が感じられる。大切にしている聖書やブーツをかまどで焼かれ、おまけにその煙で窒息までさせられそうになっても、アナトーリーを憎むことができない修道僧でイコン絵師フィラレートの方がよほど聖愚者に近いようにも見える。

たしかに、さまざまな奇跡や仲間の修道僧とのエピソードをつなぐ構成は、ロッセリーニの作品を思わせるし、さらにさかのぼるなら、真ん中に聖人の肖像、その周りに聖人にまつわる数々のエピソードを配したビザンチンやロシアの伝統的なイコンの形式にもつながる（Bodin）。彼には千里眼や奇跡の力がそなわっていて、評判を聞きつけた人たちがひっきりなしに彼のもとを訪れる（アナトーリー本人であることを隠して、取り次いで伝言するだけの薄汚い変人の振りをすることもある）。救いを求めにきた若い女をひとめ見た瞬間に、堕胎を望んでいることを悟り、みずから妊娠したような大きなお腹の姿に変装してみせて、思いとどまらせる（図Ⅷ―16）。夫を戦争でなくしたと思い込んでいる女に、病んではいるがフランスでまだ生きていることを透視する。ひたすら神に祈ることで、足の不自由な少年を治癒させる。これらのエピソードにはさまれるようにして、深い罪悪感にさいなまれ打ちひしがれたアナトーリーが寒々しいツンドラをさまよいひれ伏して祈る姿が何度も描かれる（図Ⅷ―17）。実は彼は、三十余年前の戦争中に卑屈にも仲間を裏切ってドイツ兵の目の前で撃ち殺してしまったという癒しがたい記憶を抱えていて、本作はその出来事で幕を開けた後、はるか時間を飛び越えて島の修道院へと場所を移していたのだ。その一件以来、彼の魂に平穏が訪れることはない。いつ来てもいいように、お手製の粗末な棺で死の準備も整えている。

Ⅷ-17　『島』

最後に彼のもとを訪ねてくるのは、心を病んだ娘とその父親である。娘は到着するなりアナトーリーに抱きつき、本能的に親近感を示している。獣の遠吠えの真似をし合って気持ちを通わせたりもする。こうして意気投合できるのは、聖愚者もまたある意味で狂気を帯びているからである。その彼は、娘を見て「狂っているのではなく憑かれている」といって、わざわざ別の孤島に連れて行き、深い雪のなか悪魔祓いを試みると、たしかに彼女は正気に戻っている。古来より聖人たちのほ

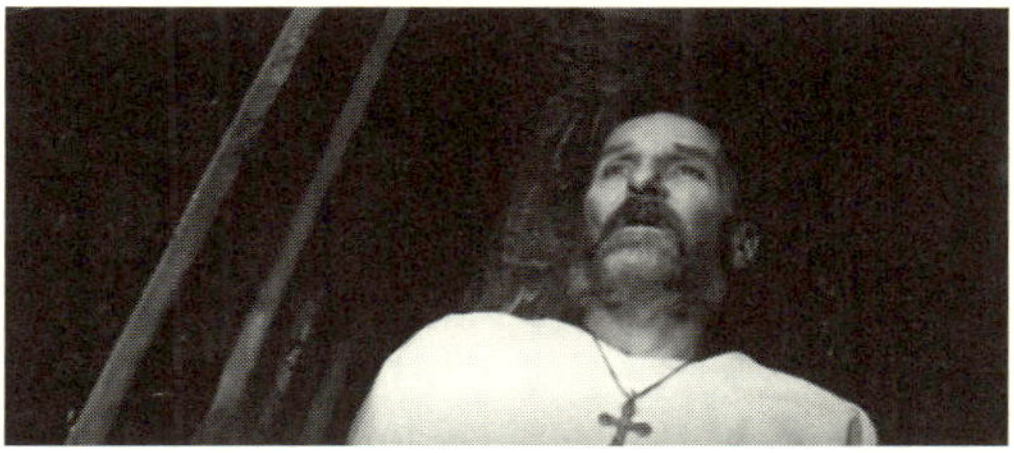

Ⅷ-18　『島』

とんどが悪魔祓いの術を披露していて、その場面はしばしば絵にも描かれてきた。その夜、アナトーリーは娘の父親に過去の出来事を告白する。相手から先に口を切ってほしかったのだが、気づいていないようだったので、自分から先に苦い過去を語りはじめたのだった。罪を背負ったまま死ぬのは恐ろしいと語るアナトーリーに、父親は、恐れることはない、自分はその男――と、三人称を使う――を知っていて、無事に生きているのだから、と答える。さらにこの父親は、九死に一生を得たときの状況をあくまでも三人称で語って聞かせる。それを聞いたアナトーリーが一言「許してほしい」というと、相手もまた「許しているよ。生きていないと思っていた」と言葉を搾りだす。本作のクライマックスとなるシークエンスである。実は、この父親と娘が島に到着したとき、アナトーリーは娘からチーホンという彼の名前を聞いていて、彼をひとめ見た瞬間にすでに気づいていた。自分が殺したと思っていた男だ、ということに。その証拠に、彼の顔に安堵にも似た表情が走る様子をカメラはクロースアップでとらえ、さらに「天使たちが心のなかで歌っている」と柄にもない詩的なセリフを言わせていたのである。こうして贖いを果たした「神の僕」アナトーリーは、白衣に身を包んでみずからすすんで棺に横たわり（図Ⅷ―18）、静かに目を閉じて天に召されるのを待つ。

本作は一九七〇年代という設定だから、ソヴィエト時代では現実にはありえなかった話だろう。国家に服従していた当時の教会への皮肉が込められているとか（2016 Birzache 60）、唯物主義から解放されたポスト・

ソ連時代の新たな精神的価値を追求しているといった解釈（2014 Birzache 31; Bodin）がある。たしかにそれらは否定されないだろうが、罪と贖いという普遍的なテーマが根底にあることもまた事実で、それをロシア伝統の「聖なる愚者」に演じさせて見せたところに、この映画の面白さがあるように思われる。雪と海と冷たい大地、石炭とみすぼらしい僧服からなるほとんどモノクロームのような映像は、タルコフスキーの『アンドレイ・ルブリョフ』（一九六七年、その主人公もまたある意味で「聖なる愚者」のひとりである）へのオマージュのようにも見える。その色調のなか、ボイラーの炎の色だけがひときわ際立っている。それは主人公にとってまた、彼が進んで受け入れた煉獄の炎でもあったのだ。

# IX 「クリスタ」たち

もしキリストが女性だったら……。さすがに、ナザレのイエスその人を女性として描いた映画というのは、わたしの記憶にはないが、救世主あるいはキリストが男性ではなくて女性に置き換えられている映画は、けっして珍しいわけではない。女性こそが人間と世界を救うのだ。キリスト教の中心にある教義、父（神）と子（イエス）と聖霊の三位一体が、伝統的に家父長的なイデオロギーと強く結びついてきたとするなら、これらの映画では逆に、母性もしくは女性の側がメシアの機能を奪還することになる。というわけでこの章では、キリストのイメージを女性に託した作品の幾つかを検討することにしよう。章タイトルの「クリスタ」とは、キリストを意味するイタリア語の名詞「クリスト」を仮に女性形にした造語である。

十字架にかかっているのが男ではなくて女という例は、映画にはないかもしれないが、美術作品にはないわけではない。たとえば、しばしばスキャンダラスな絵を描いたことで知られるフェリシアン・ロップスは、《聖アントニウスの誘惑》（一八七八年、ブリュッセル、ベルギー王立図書館）において、イエスに代わって磔にされた若くて豊満な裸婦が聖者を誘惑しようとする瞬間をとらえることで、キリスト教の禁欲主義を痛烈に皮肉っている。同様にエロティックな「クリスタ」の例は十九世紀末に何点か伝わっている。

一方、二十世紀末になると、「クリスタ」のイメージはフェミニズムの動向と合流する。イギリスの女流彫刻家エドウィーナ・サンディーズのブロンズ作品《クリスタ》（一九七五年、作者蔵）はその代表例である。十字架のイエスと同じように茨の冠をかぶせられて、静かに頭をうなだれるこの裸の女救世主の姿は、キリスト教の根強い男性中心主義にたいする抵抗の表明であると同時に、そのために長らく抑圧されてきた――まさしく受難の憂き目にあってきた――女性たちのシンボルでもあるだろう。その身体のブロンズの表面は、滑らかな官能性をきっぱりと拒絶して、まるでケロイドの皮膚のようにただれている。

さらに、これとほぼ時を同じくして欧米では、聖書を新たに女性の視点から読み替え解釈しなおそうとするフェミニスト神学が盛んになる。メアリ・デイリーの『教会と第二の性』（一九六八年）やエリザベス＝シュスラー・フィオレンツァの『彼女を記念して――フェミニスト神学によるキリスト教起源の再構築』（一九八三年）などはその嚆矢である。キャロライン・W・バイナムの『母としてのイエス』は、そうしたなかで一九八四年に上梓されたものだが、ここではイエス・キリストのジェンダーが伝統的に男性性と女性性のあいだで揺らいできたこと、「母」として表象され信仰を集めるケースもあったことなどが歴史的かつ神学的にたどられている（Bynum）。イエス信仰とマリア信仰との境界線はしばしば侵犯されてきた、と言い換えてもいいだろう。たとえば、イエスの「血」とマリアの「乳」とが相互に交換可能なものとみなされていたことなどは、そのいい例である。マリアの乳がイエスを育てたように、イエスはその血で子（信者）たちを養うのである。バイナムが取り上げているのは主に西洋中世のテクストや図像の事例だが、人々がメシアに託してきた、救い養うという役割は、たしかに父性よりも母性とのつながりが強い。

さて、映画のなかで「クリスタ」たちが大活躍するようになるのも、同じく一九八〇年代以降のことである。ガブリエル・アクセル（一九一八―二〇一四）の『バベットの晩餐会』（一九八七年）、パーシー・アドロン（一九三五生）の『バグダッド・カフェ』（一九八七年）、ラッセ・ハルストレム（一九四六生）の『ショコラ』（二〇〇〇年）などは、その典型的な作品である。ここでそれぞれを少し詳しく見ておくことにしよう。まずは『バベットの晩餐会』から。

## 女メシアにして魔女――アクセルの『バベットの晩餐会』

この映画の主眼は、たしかにこれまでにも指摘されてきたように（1997 Baugh 137-145; ed. Bandy & Monda 177-182）、正餐をまさしく聖餐へと変貌させ、新たなる聖体拝領を実現させたバベットの「クリスタ」としての救済の力にある。教会でミサを執行することが許されてきたのは男だけなのだが、本作では女がその主体となるのである。だが、それほど一面的な話でもないように、わたしには思われる。というのもわたしの見方では、この「クリスタ」にはまた同時に魔女のイメージも重なるからで、その両義性にこそ本作の面白さがある。

舞台は十九世紀末のユトランド半島の海岸線に孤立した寒村、そこにパリ・コミューンを逃れて亡命してきたパリの高級レストランの女シェフ、バベットを中心に話は展開する。その村は、かつて厳格なルター派の牧師によってつくられた小さなコミュニティで、牧師亡き後は、中年を過ぎても独身をつらぬくマーチーヌとフィリッパという二人の敬虔な姉妹が父の遺志を引き継いでいる。姉の名はマルティン・ルターに、妹の名はフィリップ・メランヒトンにちなんで付けられたという設定だから、このコミュニティは、プロテスタント世界の禁欲主義と厳格さをまさに体現していると見ることができる。

嵐の夜、小さな舟に揺られて村にたどりついたバベットが、姉妹の簡素な家の扉をたたき、家政婦として無償で働くことになる。閉ざされたこの共同体は、しかし、歓待の精神を欠いているわけではない。姉妹は、彼女がかつてパリの高級レストランの名シェフであったことなど知る由もないから、慈善で配る粗末な食事のつくり方をていねいに説明したりもする。それは、日干しした魚と固いパンとビール（エール）とを一時間ほど煮込んだだけの褐色のどろどろとしたスープで、見た目にもとても美味しそうとはいえない代物である。だが、バベットは誠実に姉妹に仕え、コミュニティにも次第に馴染んでいく。

味覚であれ視覚であれ、感覚的な快楽を一切拒絶してひたすら祈りに捧げられてきた質素このうえない彼らの生活のなかで、唯一例外があるとすれば、それは音楽である。とりわけ妹フィリッパはピアノの名手にして、透き通るような美声の持ち主で、若かりし頃にコミュニティのメンバーと賛美歌を歌う場面がフラッシュバックで描かれる。習慣となったこの賛美歌の合唱はコミュニティの結束の証でもある。これもまた、視覚よりも聴覚を、美術よりも音楽をはるかに重んじてきたプロテスタンティズムの特徴を踏まえた設定といえるだろう。

ところが、灰褐色のトーンと厳しい自然の環境に支配されたこの世界が、映画の後半からがらりと一変することになる。それとは、十数年がたったある日、バベットがひとつの提案を姉妹に持ちかけたときのことである。パリの友人が購入してくれた宝くじで一万フランの大金を当てたバベットは、その費用で、亡き牧師の生誕百年を祝うために村民を招いて、正式なフランス料理のフルコースで彼らをもてなすことを姉妹に提案したのである。最初は二の足を踏んでいた姉妹だったが、メンバーも減り創設時の活気と友愛の精神を失いつつあるコミュニティを救おうとするバベットの熱意には勝てなかった。

村人たちの目にしたこともないような珍しい食材が、はるばるパリから運ばれて、舟で村の寂しい海岸に到着する。それらは一時パリに帰国したバベットが精選したもので、高価なワインやシャンパンはもとより、牛の頭部や大きなウミガメといったグロテスクな食材まで含まれる。極めつきは、生きたまま到着した十数羽ものウズラで、その籠を持ったバベットは、どこか得意げな表情で行列の先頭に立って、海岸から姉妹の家まで食材を運んでいく（図IX—1）。無言の行列のなか、ウズラの鳴き声だけがやや不気味に響いていて、村人たちはかなり怪訝そうな面持ちでその様子をじっとうかがっている。

IX-1　『バベットの晩餐会』

その夜、姉のマーチーヌは、バベットが魔女に化けたような夢を見てうなされる。村人たちも警戒心を強め、そもそも舌は祝福の言葉を唱えるために使われるもので、味覚の快楽のためにあるのではないと、たがいに戒めあって、崩れかけていた結束を固めている。彼らにとっては、バベットが準備しようとしているのは魔女の饗宴（サバト）と変わるものではないのだ。それゆえ、それは異端的にして悪魔的もはなはだしいものである。

よく知られているように、ヨーロッパでは中世末期から十七世紀頃にかけて、魔女狩りあるいは魔女裁判の嵐が吹き荒れ、魔女はサバトで人間の子供を食べているというあらぬ風評まで流れたほどで、村人たちの目にはおそらく、バベットはそうした魔女の生き残りのように写っているのだろう。崩壊しかけたコミュニティを聖餐によって救うこの「クリスタ」は、またどこか魔女のような存在でもあるのだ。

バベット役のフランスの名女優、ステファーヌ・オードランは、かつてクロード・シャブロルの『不貞の女』（一九六八年）や『肉屋』（一九六九年）、ブニュエルの『ブルジョワジーの秘かな愉しみ』（一九七二年）などに主役級で出演したことのある女優で、謎と秘密に包まれた役柄にはまさに打ってつけである。当初、監督のアクセルは、スター女優のカトリーヌ・ドヌーヴをバベット役にと考えていたらしいが、おそらくドヌーヴでは、エロティックな雰囲気は表現できたとしても、正統と異端のあわいに漂うような不思議議な魔性を醸し出すことはできなかったのではないだろうか。

アクセルのカメラが、まさしくそうした両義性を、おそらくは図らずも暴きだしているようにわたしには思われる。というのも、珍しい食材の数々と、それを鮮やかに調理するバベットの手さばきを、クロースアップで何度もくりかえし強調しているからである（図IX—2）。それはあたかも、サバトを準備する魔女の手さばきにもなぞらえられるかのようだ。スープのための大きなウミガメはまだ生きていて、生々しい光沢を放つ首を動かしている（図IX—3）。毛をむしり取られて裸になった鳥の頭や脚、皮を剝がれた牛の頭部、それらを集めて沸騰した大きな鍋に入れるバベット。スープを取りおえた後に抜け殻となった無数の骨たち。ウズラの頭部を胴体から切り落とした後で、胴体の肉を半分に裂き、そのなかにフォアグラやトリュフなどを詰めて丸いパイ生地のなかに置き、さらに切り離した頭部をそこに戻してオーブンに入れるバベットの手。実はこのウズラのパイ料理

IX-2 『バベットの晩餐会』

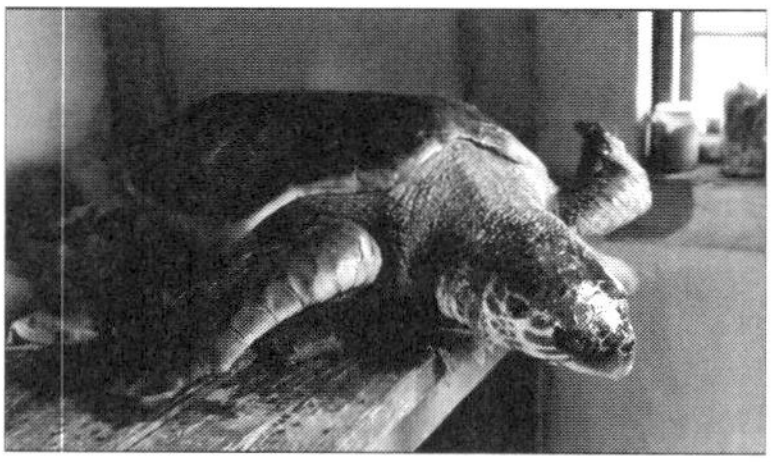

IX-3 『バベットの晩餐会』

こそ、在りし日にパリ中のグルメたちを虜にした女シェフ、バベットの高級レストラン「カフェ・アングレ」の看板のメイン・ディッシュであった、という落ちもついている。

次々と繰り広げられるこれらのショットは、食材の多様性や鮮やかな色彩において、映画の前半のいかにも不味そうなビール煮のパンスープのショットと好対照をなしている。それればかりか、これらのクロースアップを巧みにモンタージュすることで、さまざまな食材が放つ異なる光沢感や肌理《きめ》にあえて観客の注意を引きつけ、視覚と触覚、味覚と嗅覚とを総動員させようとしている。それはあたかも、聖なるものと感覚的なものとは矛盾するわけではない、それどころか感覚的なもののうちにこそ聖なるものは宿る、とでもいわんばかりだ。

ウミガメのスープにはじまって、キャビアの前菜、ウズラのメイン、新鮮な野菜サラダ、チーズの盛り合わせ、ラム酒風味の焼き菓子のデザートとフルーツ、最後にコーヒーで終わるこのフルコースを、さらに、選び抜かれた食前酒にシャンパン、それぞれの料理に合わせた特上のワインの数々、そして食後酒が彩っている。招かれているのは、姉妹を入れて十二名。もちろん、イエスとともに最後の晩餐を食した弟子と同じ数である。姉妹も村人たちも、見たことのない料理が次々と運ばれてくることに最初は戸惑い、手をつけるのもためらっているのだが、客のなかには、かつて若かりし頃にパリのレストランで同じフルコースを賞味したことのあるレーヴェンイェルム将軍がいて、彼の薀蓄に耳を傾け、彼の作法を真似ていくうちに、次第に食を愉しみ、たがいに打ち解けてきて亡き牧師の思い出話を語るようになっていく。このとき、たとえ束の間であるとしても、禁欲的なプロテスタントの精神主義が、カトリック的な感覚主義によって凌駕される。

実は、この将軍は若い頃、姉のマーチーネに求愛していたのだが、軍人としてのみずからの野心とコミュニティの厳格さとの狭間で前者を選んだために、その恋は実ることなく終わっていたのだった。マーチーネとの久々の再会の機会ともなったバベットの晩餐を終えて、彼は、同席者たちを前に、次の言葉でその場を締めくくる。「慈しみと真実が出会い、正義と平和が口づけする」、と。彼にとってもこの晩餐会は、過去の自分を反省的に見つめ返す契機になっている。このセリフは、映画のなかで明言されているわけではないものの旧約聖書の『詩編』（85:11）からの引用で、コミュニティの復活のために自分のすべてを捧げたバベットの無償の行為を象徴的に表現するものである。事実、食事を終えた村人たちは、それぞれ過去の罪を告白し悔い改めはじめ、さらには井戸の周りで円陣を組んでともに賛美歌を合唱する。

とはいえ、欧米の研究者たちがほぼこぞってそうするのとは異なって、わたしには、あまりにも一義的でカトリック主義的にこの映画を解釈することは慎むべきであるように思われる。もちろんこう言えるのは、ただたんにわたしが信者でもない一東洋人に過ぎないだけだからかもしれない。しかしながら、この映画が宗教の違いを超えて世界的にヒットしたという事実にかんがみるなら、必ずしも正統的とはいえないような見方もあっていいはずである。先述したように、バベットには「クリスタ」と同時に、異端的で悪魔的ですらある魔女のイメージが重なっているという印象を受けるのも、そのひとつである。アクセルのカメラは、ことさらエキゾチックでグロテスクな食材の触覚的で物質的な外観を強調する。それらを見事な一皿へと変貌させていくバベットの手は、まさしく魔術師か錬金術師の手でもある。感覚的なもの、身体的なもの、祝祭的なもの、それらにたいしてカトリックはプロテスタントよりもずっと寛容ではあるが、異端や魔術にたいして不寛容であったことは、まぎれもなく歴史が証言している。『バベットの晩餐会』は、魔女のサバトのイメージにも近接することで、そうしたカトリシズムをむしろ相対化しているようにわたしには思われるのだ。監督アクセルの意図が本当にそこにあるのかどうかは別にして（いうまでもないことだが、作者の意図と作品の意味とがきれいに合致するとは限らない）、少なくとも後半のはじめにはさまれる、多様な食材とそれらを自在に操るバベットの手のさまざまなショットは、メッセージ性のレヴェルを超えて、映像それ自体として観客の目に訴える魔術的な力を獲得しているように思われる。

さらにこの映画にはもうひとつ別の伏線が引かれている。芸術と宗教との関係である。客たちが帰った後、バベットは姉妹に、自分は「カフェ・アングレ」のシェフだったと自信をもって打ち明け、妹も「あなたは至高の芸術家」と絶賛する。実は妹のフィリッパには、若い頃、声楽家になることを夢見ていたものの信仰のために断念したという苦い過去があった。芸術と宗教とがしばしば衝突することは、たとえばビザンツやプロテスタントの偶像破壊運動や、対抗宗教改革の時代の厳しい図像検閲の例が証言するところでもある。これにたいしてバベットの内には、信仰と芸術とが見事に合体している。歴史的にも対立を繰り返してきた宗教と芸術は、心と体がまたそうであるように相互依存の関係にあることを、彼女は体現しているのである（Anker 191）。その晩餐は、コミュニティにとって「復活」を意味していたとするなら、バベットにとってもまた芸術家としての

「復活」を記念するものとなったのだ。

とはいえ、素朴な疑問が幾つか残らないわけではない。この「復活」はただ一回限りのもので、またしばらくすればコミュニティのなかにふたたび亀裂が生じてくるのではないか。そのときはいったいどうやって修復されるのか。いちど味をしめたら忘れられないのが人間だ。抑圧から解き放たれた美食への欲望は、今後はどうやって充足されることになるのか（またもや宝くじに期待するというわけにはいかないだろう）。「聖体拝領」あるいは「聖餐」――アガペーの食事――はくり返されてこそ意味があるのだ。あえて極言するなら、つまるところこの映画はフランス的な「美味礼賛」を称揚しているだけなのではないか、等々。おそらく観客の多くが抱くであろうこうした問いに、本作は十分に応えてくれるようには思われない。それゆえどこかすっきりしない後味が残る。だが、そんな愚問が浮かんでくるのは、やはりわたしが信者ではないからで、素直にこの映画の「聖餐（ミサ）」に参加できないという理由によるだけなのかもしれない。

## 共同体における他者としてのクリスタ――ハルストレムの『ショコラ』

ある閉鎖的な共同体のなかによそ者が入ってきて、攪乱すると同時に救済もする、この筋書きは、ラッセ・ハルストレムの『ショコラ』でも踏襲されている。今度の舞台は一九五〇年代のフランスの田舎町。おりしも四旬節の断食がはじまろうとする頃、突然この町に、吹雪とともに謎の若い女とその娘が舞い込んでくる。この未婚の母親ヴィアンヌは、ヨーロッパの町々を渡り歩いている放浪のチョコレート職人で、この小さな町にショコラトリを開くことになる。村長の勧めにもかかわらず教会でのミサへの参加を断る彼女は、バベットよりもはるかに異教的な存在として登場する。

IX-4 『ショコラ』

しかもオープンした店の名は「マヤ」、店内のあちこちにはエキゾチックでプリミティヴな偶像たちが飾られている。中米産のカカオ豆を使ってさまざまな風味と形状のチョコレートを生みだす名人、それが彼女の正体である。その小悪魔的な雰囲気は、まさにジュリエット・ビノシュのはまり役である（図IX―4）。

ヴィアンヌが娘に語って聞かせる話によると、彼女の父親は「敬虔なカトリック」のフランス人薬剤師で、中米への調査旅行で現地の女と恋に落ちて生まれたのが彼女である。母親はマヤ文明伝来のカカオ薬を処方して村から村を渡り歩いていた「流れ者」で、夫についてフランスへ来てからもそれが忘れられずに、あるとき夫を捨てて、娘（ヴィアンヌ）を連れて放浪の旅に出たのだ、という。つまり、ヴィアンヌもまた母親と同じ運命をたどっているのであり、チョコレートを神聖なものとみなしてきたマヤ文明の知恵を受け継いでいるのだ。カトリックとプリミティヴな異教、定住と放浪という対立項が、彼女の内でせめぎあっている。

「無神論者」の彼女は村民からまさしく「悪魔」呼ばわりされている。チョコレートはまた媚薬でもあるので、その処方を心得ている彼女は、人を操ることのできる魔女に他ならないわけだ。事実、偶然店に入ってきたある人妻が倦怠期にあることを見抜き、その夫にと興奮作用のあるチョコレートを勧めると、効果覿面だったりもする。最初は誰もがこの「異教徒」の「悪魔」の店を敬遠しているのだが、その人妻を筆頭に、徐々に客を呼ぶようになっていく。とりわけ店に集い、癒され救われていくのは、不幸な境遇の女たち――DVを受けているカフェの妻、重い糖尿病で死期の近い大家など――である。このフェミニストの魔女もまた、小さな共同体のとりわけアウトサイダーたちにとってメシアのような存在「クリスタ」でもあるのだ。

事実、映画の中盤あたり、教会で若い神父が聖体拝領のパンを信者（DVの夫）の口に運ぶショットのすぐ後、場面がヴィアンヌの店に切り替わり、DVを受けている妻の口にチョコレートのクッキーが差しだされるショットがくる。これら二つの連続するクロースアップの似たショットは、短くて何気ないものだが、それにもかかわらず、この映画を理解するうえでひとつの鍵となるきわめて象徴的なものであるように、わたしには思われる。つまり、異教とカトリックとは、たがいに排除しあうわけではないこと、対立するのではなくて共存できることが、それとなく暗示されているのである。

映画の後半では、村の外れを流れる川に逗留するロマたちの一団にまつわるエピソード、そしてジョニー・デップ演じるそのなかのひとりの男ルーとヴィアンヌとの恋が描かれる。周知のように、ロマもまた伝統的に放浪の民であり、強引に改宗させられるか、さもなくばキリスト教の共同体から排除されてきたという歴史をもつ。だがヴィアンヌはそんなことにはお構いなし。大家の七十歳の誕生日を祝って、彼女は料理にデザートにと大いに腕を振るうのだが、パーティの席にルーも招待されている。その調理のシークエンスは『バベットの晩餐会』を想起させるところがあるが、ここでの売りはチョコレート・ソースのかかる肉料理やケーキの数々。

また、果たして意図されたものかどうかは定かではないが、ここでも会食者は合計で十二名を数える。最後の晩餐の宗教的コードがこんなところにも働いているのだろうか。たしかに病んだ大家にとってこれは最後の晩餐となった。いうまでもなく聖体拝領は、イエスが弟子たちととった最後の食事――ユダヤの過越し祭の祝いの食事セデルに相当する――にその起源をもち、以後、教会において信者が同じパンとワインにあずかることで仲間意識を高めるという役割を果たしてきた。したがってこの儀礼は、歴史的にも神学的にも、包摂と排除という二面性をもっている。事実、中世以来の西洋ではしばしばユダヤ人が聖体を冒瀆しているという根も葉もないうわさが流され、図像にもなってきたという経緯がある。だが、大家のこのパーティは、聖体拝領から排除された「放浪」のショコラティエの母と娘、そしてロマの男をも包摂するものである。そしてその博愛こそが本来のキリストの教えだったはずである。テーブルを囲んで料理を口に運ぶ至福の表情が、ひとりひとり、クロースアップのスローモーションでとらえられていく。このとき、宗教や民族の違いを超えて彼らはひとつになる。

食事の最後に、ヴィアンヌがあえて提案する。デザートはルーの船でとろう、と。だが、図らずもこれが大きな災いを招くことになる。客の村人とロマたちがたがいに打ち解けて歌い踊る一団のなかに、自分の妻がいることを見つけたDVの夫が、ロマの船に火を放つのである。無事に火は消し止められるが、これがもとでヴィアンヌはもはや村にいられなくなり、ふたたび放浪の旅に出ることを決心する。が、今度は何人かの村人たちがチョコレートをつくって彼女を引きとめようとする。若い神父も教会の説教で、「神の奇蹟や神性についてよりも、その人間性について語ろう」、「人の価値は何を排除するかではなくて、何を受け入れるかで決まる」と、たどたどしく諭す。かくして、ルーも村に戻り、二人は村でめでたく結ばれることになる。

もちろん、このやや楽観的なハッピーエンドに不満が残らないわけではないが、一見するとエキゾチックで異教的な雰囲気をかもすこの映画は、実のところきわめてキリスト教的でカトリック的な性格のものである。しかも、あえて閉鎖的な田舎町を舞台にすることで、異端や異教にたいしても開かれた新たなキリスト教のあり方を描きだしているように思われる。

## 「思いがけない時に来る」クリスタ——アドロンの『バグダッド・カフェ』

女メシア「クリスタ」はよそ者（他者）として予期せぬときに突然やってくる。バベットもヴィアンヌもそうであったように（この筋書きはまた西部劇のヒーローにもある程度まで当てはまる）。そもそも聖書でも、メシアは「思いがけない時に来る」、だからこそ「気をつけて、目を覚ましていなさい」（マタイ24:44; マルコ13:37）などと説かれているのである。ことほど然り。右の二人と同じく、『バグダッド・カフェ』（英語の原題は「ローゼンハイムを離れて」）のヒロイン、ジャスミン（マリアンネ・ゼーゲブレヒト）もまた例外ではない。車でラスヴェガスを目指すドイツ人の夫婦が、砂漠の真ん中でいさかいを起こし、妻のジャスミンは車を降りて炎天下を重いスーツケースを引いて歩きはじめる。たどりついたのは、黒人の夫婦が経営する荒れ果てたカフェ兼モーテル。働き者の明るいジャスミンがそれを立て直していくという筋書きだが、『バベットの晩餐会』などとは違って、キリスト教的な理念への参照がそれほど明確に示されているわけではない。とはいえ、それは随所にきわめて印象的なかたちでちりばめられている。

たとえば、ジャスミンがモーテルに到着するシークエンス。やはり夫といさかいを起こして、夫が家を出ていった後、経営者の妻ブレンダ（キャロル・C・H・パウンダー）は、軒先の椅子に深く身体を沈めて涙顔で遠くを見つめている。カメラはクロースアップでブレンダの虚ろな表情を狙っている。その視線の先に小さく見えるのがロングショットでとらえられたジャスミンである。その後カメラは、刻々と表情を変えるブレンダと、徐々に近づいてきてついには顔のクロースアップになるジャスミンとを、ショット‐切り返しショットでそれぞれ四度ずつフレームに収めた後、対面する二人の全身のショットに切り替わる（図IX―5）。ジャスミンは汗を、ブレンダは涙をハンカチで拭きとっている。こうして「クリスタ」とその相棒との運命的な出会いが描かれるのだが、このときにはまだ、二人が協力してモーテルにふたたび活気を取り戻し、「砂漠のオアシス」として復活させていくことになろうとは、誰にも予想がつかない。

この間、まるで遠くから響いてくるかのようにバックに静かに流れているのは、大ヒットした主題歌『コーリング・ユー』。深読みかもしれないが、英語の「コール」には「召命」、つまり「神に呼びだされる」という宗教的な意味もある。イエスが収税士マタイを弟子として呼びだす「マタイの召命」という主題は、カラヴァッジョの絵などでも名高いが、英語のタイトルには「コーリング」が使われる。つまりジャスミンは、このモーテルと家族、そしてそこに身を寄せるマイノリティやドロップアウトした人々を救うべく神から呼びだされているのだ。それゆえ、ブレンダの前にジャスミンがはじめて姿を現わすという場面で、この曲が流れるのは、おそらく偶然ではないどころか意味深長である。

最初は衝突する二人だが、ついには打ち解けてきて、まるで夫などいなかったかのように、たがいに「ミス・ジャスミン」「ミス・ブレンダ」と呼び合ったりする。この映画でも、救い救われるのは誰よりも女性たちなのだ。さらに、よそ者ジャスミンをまず最初に受け入れるのは黒人夫婦の二人の子供たちで、これはおそらく子供に慕われる福音書のイエスを踏まえた演出である。しかも、

IX-5 『バグダッド・カフェ』

彼女は手品をマスターしていくという設定で、客の求めに応じてクラッカーを出してみせたりするのだが、これもまたイエスの起こす奇蹟を想起させないではいない。イエスが奇蹟で人々を救ったとすれば、ジャスミンはマジックで周囲の人々をなごませていくのだ。

もうひとつ、本作でもっとも忘れがたいシークエンスが終盤近くにくる。このモーテルには、かつてハリウッドで美術担当として働いていて引退した画家コックス（ジャック・パランス）が住んでいて、あるときジャスミンに肖像画を描かせてほしいと申しでる。カンヴァスに向かうコックスの前でポーズをとるジャスミンの場面と、客の前でマジックを披露するジャスミンの場面とが、モーテルの周りの光景をはさんで、少なくともそれぞれ六回ずつ交互にモンタージュされる。そのたびにジャスミンは異なる果実を手にしていて——イヴを暗示しているのだろうか——、衣装も正装から下着へ（図IX—6）、さらには全裸へと徐々に大胆になっていく。とはいえ、それらの絵にはいずれも彼女の頭部に聖者のしるしである光輪が輝いている。フランスの素朴派の画家アンリ・ルソーや、アメリカのフォークアートの画家グランマ・モーゼスの作風を連想させるそれらの絵は、プリミティヴな聖画像（イコン）を暗示しているのである。

イコンであるにもかかわらず、なぜ最後には聖者の光輪をともなうフルヌードの絵になったのか、そのちぐはぐさは、アドロン流のユーモアの表現と解釈することができるだろう。救世主にはまた幾らかユーモアのセンスも求められるのだ。さらに、宗教画の歴史をひもといてみても、女性の殉教者たちが裸で表現されるのはけっして珍しいことではない。一方、やはり回を重ねるたびに、ジャスミンのマジックは本格的な玄人はだしのものになっていくが、これは、バグダッド・カフェのショータイムを本場ラスヴェガスのショーに近づけるためである。おかげで、ドライヴァーたちの評判が上がり、客はどんどん増えて

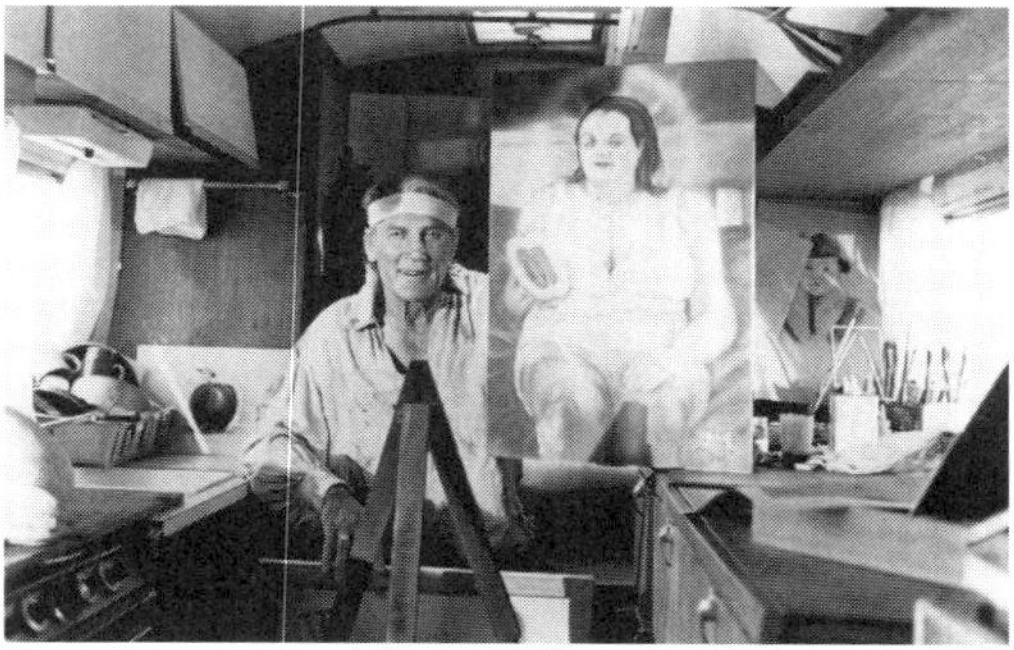

IX-6 『バグダッド・カフェ』

カフェは繁盛することになる。

ところが、ビザ切れと労働許可なしが発覚したジャスミンはドイツに帰国せざるをえなくなる。メシアを失ったカフェはまたもや静まり返ってしまう。だが、ここで最後にもう一度どんでん返しが起こる。しばらくしてジャスミンが戻ってきたのだ。タクシーから降りてブレンダのもとにゆっくりと近づいていくジャスミン。このとき彼女は白い衣装に身を包んでいる。まるで復活したイエスを連想させるかのように。二人が抱き合う横からのフル・ショットには、「マリアのエリザベツ

訪問」の伝統的図像が重ねられている。

ここまでわたしたちは、「クリスタ」という造語を手がかりに、女性にキリストのイメージが投影されている一九八〇年代以降の三本の映画を見てきた。改めて振り返ってみると、それらには幾つかの共通点が認められるように思われる。まず、製作された年代にかんがみて、フェミニズム思想の何がしかが反映されている点。次に彼女たちは、地理的にも文化的にも宗教的にも異なる環境から「他者」として突然に到来してくる、という点。それゆえ、どこかに「魔女」のイメージをちらつかせることになる。そして、多かれ少なかれ聖餐のテーマが暗示されている点、である。男の聖職者だけに許されてきたミサの執行を、女が奪還してみせるのだ。

## 女の「ホモ・サケル」――ラース・フォン・トリアーの『奇跡の海』

ところで、映画の「クリスタ」にはさらにもうひとつ別のパターンがあるように思われる。それとは、無償の愛と犠牲である。そこにはまた「聖なる愚者」のイメージも重なる。ラース・フォン・トリアー（一九五六生）の『奇跡の海』（一九九六年、原題は「砕ける波」）はその典型であろう（2016 Birzache 162-167）。この映画を見た女優のニコール・キッドマンが感激のあまり一晩泣き明かしたというエピソードもある（その彼女は同監督の二〇〇三年の『ドッグヴィル』で主演することになる）（Badley 76）。それゆえ本作は、聖女にして娼婦でもあるというステレオタイプ化された女性の自己犠牲をあまりに感傷的に描いているという批判もあるが、おそらくトリアーはそれを承知のうえでむしろ逆手に取っているのだ。

たとえばラスト。不慮の事故で全身不随となった夫ヤン（ステラン・スカルスガルド）のためにヒロインのベス（エミリー・ワトソン）は犠牲の限りをつくして帰らぬ人となるが、これと引き換えに夫は奇跡的に治癒している。そもそも彼女は、不能になった夫から、別にセックスの相手を見つけてその行為をつぶさに報告してほしいという倒錯的な願望――去勢への防衛機制（Badley 78）――を聞かされ、それを真に受けて、夫を救いたいという一心から命を賭して実行に移したのだった。その性的な逸脱行為ゆえに地域の牧師からも住民からも見捨てられ、教会の外の呪われた土地に埋葬されそうになるベスの遺体を夫はひそかに盗みだし、北スコットランドの大海に還してやる。翌朝、ソナーに何も映っていないという仲間の言葉で甲板に出たヤンの耳に入ってくるのは、透き通る空気のなかで高らかに鳴り響く教会の鐘の音。するとカメラははるか天高く飛び、揺れてこだまする大きな二つの鐘を俯瞰ショットでとらえて幕となる。観客はこのとき、ベスが生前に、教会の鐘の音が好きだともらしていたことをふと想起するかもしれない。こうしてベスの復活と昇天が暗示されるのだが、この演出はやや思わせぶりで、ことによるとパロディとも受け取られかねない。だが、そうした計算されたメロドラマ的わざとらしさ――そこにはダグラス・サーク（一八九七―一九八七）やライナー・ヴェルナー・ファスビンダー（一九四五―八二）とも通じるところがある――は、『ドッグヴィル』の演出にもまた顕著なように、この監督独特のスタイルでもある。

厳格なピューリタンの共同体から締め出された、あるいはアガンベン流にいえば包摂排除されたベスは、それでも無償の愛を捧げようとする女メシアであると同時に、いわば現代――一九七〇年代のスコットランドという設定――の「ホモ・サケル」でもある。というのも、その共同体において、彼女を死に追いやったとしても、誰も罪に問われないうえに、その死は犠牲ともみなされえないからだ。ただヤン（とその仲間、そして看護師の義姉）だけは例外で、彼のために犠牲になった彼女の死を弔うことができる。ベスの自己犠牲を「崇高」というカテゴリーで解釈する研究もあるが(Ungureanu 131)、わたしはそれよりも、アガンベン的な意味での「ホモ・サケル」につなげてみたい。彼女を死へと至らしめた終盤の顛末はこうだ。母親からも見捨てられたベスは教会へと向かうが、その道すがらずっと子供たちが追いかけてきて、「売春婦」とののしって背後から石を投げつける。かつて「姦淫の女」やマグダラのマリアがそうされてきたように。そこに牧師が出てきて、「神の家」の前で何をしているのかといって子供たちを追い払うのだが、地面に倒れたベスを助けるでもなく無情に立ち去っていく(図IX—7)。駆けつけた義姉に起こされたベスは、ヤンが危篤状態であることを告げられる。こうしてベスは最後の自己犠牲へと突き進むことになる。暴力を振るわれていちどは逃げてきたにもかかわらず、沖合に停泊する乱暴な船乗りたちのもとに懲りずにふたたび向かうのだ。自分が大きな危険を冒せば冒すほど、それだけいっそうヤンに救いがもたらされ、奇跡が起こるかもしれないと信じて。

IX-7 『奇跡の海』

しばらくして、体中に痛ましい傷を負ったベスが、ヤンと同じ病院に運ばれてくる。その姿は、拷問にあった受難のイエスを髣髴させないではいない(図IX—8)。ベスはヤンが回復していると思い込んでいるのだが、期待が外れたことを知ると、「わたしが間違っていたのかしら」とささやく。本作はほぼ全編が手持ちカメラで撮られているが、この場面でも、ベッドに

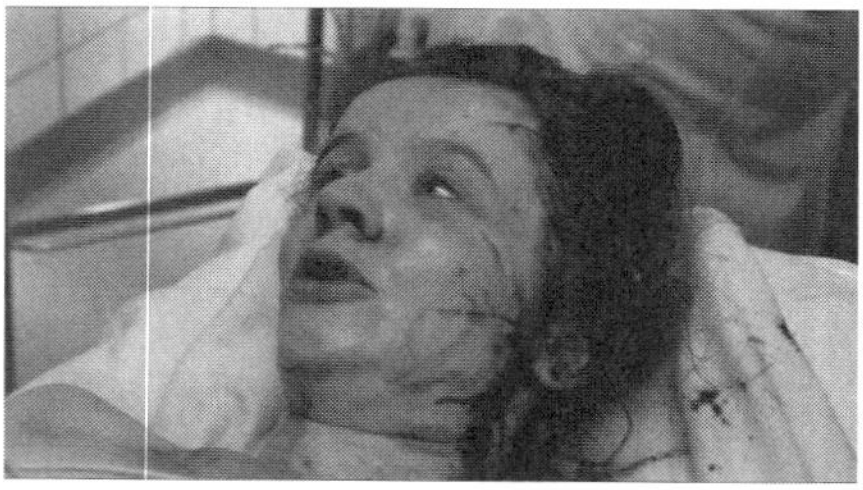

IX–8　『奇跡の海』

横たわるベスとヤンのあいだをカメラが不安定にぶれるようにして動き回る。ヤンの名を呼び、「間違っていたの」とつぶやいて息を引き取るベス。もちろん、彼女は間違ってなどいない。その証拠に、彼女のおかげでヤンは奇跡の復活を遂げることができたのだから。

　教会と共同体から遺棄されたベスだが、彼女は神との対話を止めることはなかった。生前、誰もいない教会でこっそりと、さらにはレストランや船中や病院でも、およそいたるところでことあるごとに彼女は神に問いかけ祈っていた。しかも彼女本人が神に成り代わって、自分に応え諭す、「善良たれ」と。「ベス」が天を見上げて神に語り終えると、次に彼女は神に扮して下方を向き、いつもより低い声色で「ベス」に応じる。その彼女の独り芝居をカメラはクロースアップでとらえる（全編で七回こうした場面がさしはさまれる）。彼女は、神がいつも自分のそばにいてくれるのを確かめないではいられない。その姿には、なぜ神は自分にかくも重い試練を課すのかと、神に問いかけないではいられなかった旧約聖書のヨブのイメージが重なっているように思われる。ベスはまた時折、ぶれる手持ちカメラのほうに視線を投げかけるが、それはまるで本作がホームヴィデオで撮影されているかのようなリアルな印象を与えるのに一役買っている。しかも、カメラはたいていベスを追おうとするのだが、しばしばとらえ損ねつかみ損ねて、彼女はフレームから不意に外れてしまう。まるで素人が撮影したかのように。

　映画の終盤近く、例の船乗りたちから最初に暴行を受けた後、ベスは教会へと向かう。そのなかで信者のひとりの男が、罪深い人間を完全な存在に高めるのは「聖書に書かれた言葉への無条件の愛」だ、と誓っているのを耳にしたベスは、居並ぶ男たちを前にして思わず、「どうやって言葉を愛するの。言葉なんて愛せない。愛し合えるのは人間だけ」と反論してしまう。するとすかさず、「女は発言してはならん」と牧師にきつくいさめられ、教会から無理やり追放されたのだった。ベスのこのセリフは意味深長である。なぜなら、『ヨハネによる福音書』の有名な書き出しには、「初めに言があった。言は神と共にあった。言は神であった」とあり、英訳では「ワード」がその「言」に相当するからである。つまりベスのセリフは、ロゴスにして神でもあるその「言葉」をどうやって愛すればいいのか、という瀆神的な意味に受け取ることもできるのだ。だが、ここでの「言葉」は、あくまでも家父長的で排他的な神を象徴していると考えるべきだろう。なぜなら、先述したように、ベスはみずから神に成り代わって自分に語りかけていたのであり、その点では「神＝言葉」を愛していたからだ。「言葉を愛する」のパラドクシカルな意味のうえで、フォン・トリアーはこうして戯れる。

## 「クリスタ」の受難――フォン・トリアーの『ダンサー・イン・ザ・ダーク』

本作につづいてこのデンマークの監督は、もういちど「クリスタ」にして「聖なる愚者」でもあるようなヒロインを登場させる。その主役に抜擢されたのはアイスランド出身の歌手ビョークで、ミュージカル風のアレンジも交えながら、やはり手持ちカメラの映像を中心に、彼女の十字架への道行きの顚末が臨場感たっぷりに描かれる。『ダンサー・イン・ザ・ダーク』（二〇〇〇年）がそれである。手持ちカメラがドキュメンタリーのように主人公の日常をほぼリアルタイムで記録するの

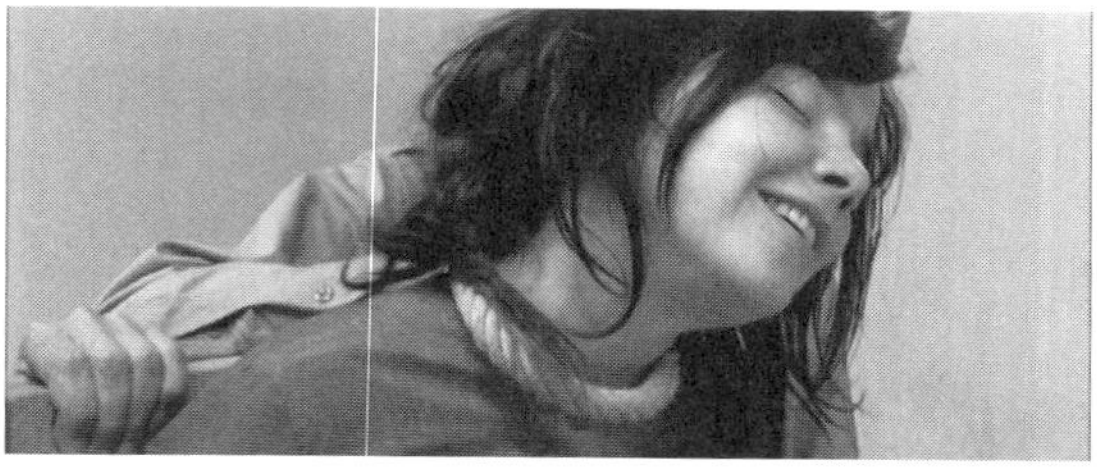

IX-9 『ダンサー・イン・ザ・ダーク』

にたいして、ビョークの歌い踊る七つのシークエンス、つまり彼女の空想のなかのイメージだけは、複数の固定カメラ——パンもズームもしない——による映像でモンタージュされている。ヒロインのセルマは、チエコからアメリカに来た移民で、先天性の病のために失明寸前の状態にあるのだが、そのことを隠して工場で働き、わずかの収入を貯蓄に回している。それもこれも、自分と同じ運命を背負っている息子に、手遅れにならないうちに高度の治療を受けさせるためである。遺伝するとわかっていて子供を産んだことに、彼女は癒しがたい罪の意識を感じていて、そのために昼夜をいとわず自己を犠牲にして働くのだ。この無垢で一途な「クリスタ」もまた共同体のよそ者である。だが友人たち、女友達のキャシー（カトリーヌ・ドヌーヴ）や、セルマを慕うジェフ（ピーター・ストーメアー）が陰になり日向になって彼女を守ってくれる。ところが、相手の告白にほだされ信頼して秘密を打ち明けてしまった隣人の警官ビルには裏切られ、息子の手術のためにこつこつと貯めていた大金を盗まれてしまう。取り返しに行くと、ビルは罪の意識に苛まれてはいるものの、あくまでも白を切りとおして「殺せ」と居直る。その暗示にかかるかのように、セルマは彼をピストルで殺めてしまうのである。

サンヘドリンでのイエスよろしく、裁かれるセルマには心ない証言者たちが待っていて、予想どおり死刑の判決を受けることになる。キャシーとジェフの尽力で再審請求にまでこぎつけたにもかかわらず、息子の手術のために自分がこつこつためた資金がその費用に充てられることを知って断ってしまう。これまで自己を犠牲にしてきたことが無駄になるからである。絞首刑へと向かうセルマの苦痛の道行きの一歩一歩を女看守が支える。ちょうどキレネ人のシモンが、イエスの十字架を支えてゴルゴタを登ったように。このとき画面は突然、歌い踊りながら進むセルマ＝ビョークへと転換する。苦境に陥ったとき彼女は、空想のなかで軽快にミュージカルを演じることで、現実を乗り切ってきたのだ。殺害現場でも、裁判所でも、同様のことがすでに起こっていた。こうして挿入される軽妙なシークエンスは、夢と現実とのギャップを強調するとともに、物語の流れをそのつど切断することで、観客の安易な感情移入を抑制する役目を果たしてもいるだろう。『奇跡の海』のベスと違って、絞首刑のセルマに復活の希望はない。ただ息子の手術の成功によってのみ、彼女の自己犠牲は報われ、無償の愛がかなえられるだけだ。息子に遺す最後のメッセージを歌で絞りだしながら絞首刑にかかるセルマの顔に、ほんの一瞬だけ笑みが走ったように見える（図Ⅸ—９）。

## 「クリスタ」にして「聖なる愚者」——フェリーニの『道』と『カビリアの夜』

ところで、「クリスタ」にして「聖なる愚者」でもあるようなキャラクターの原型は、映画においてどこまでさかのぼることができるだろうか。その早い例のひとつは、フェリーニの『道』（一九五四年）に求められるように思われる。バザンがいみじくも、「救済の相互依存性の現象学」と形容し（2008 バザン 289）、アンリ・アゲルもまた「苦難と犠牲と贖い」という魂の遍歴の三段階を読み取っていた（1997 Baugh 132）作品である。それでなくても、ジュリエッタ・マシーナ演じるジェルソミーナの、女道化師に扮した哀愁あふれる表情の数々と、フェリーニ作品のほとんどを手がけた名匠ニーノ・ロータ（一九一一―七九）の物悲しい音楽を、それぞれ眼と耳に焼き付けている往年の映画ファンは少なくないだろう。

たしかにこの作品は、野卑で乱暴な旅芸人ザンパノ（アンソニー・クイン）に二束三文で買われて、慣れないピエロの芸を強いられる無垢な女ジェルソミーナ――文字どおり「神の道化師」でもある――の受難の物語として読むことができる（Baugh 133）。だが、彼女は彼を心の底から憎んでいるわけではない。むしろ理解し愛したいとも、また芸を磨きたいとも願っている。その純粋な心がはっきりとザンパノから離れていったのは、彼が芸人仲間の通称イル・マット（「気じるし」）を撲殺したのが原因であった。有能な綱渡り芸人のイル・マットは、ザンパノの粗野な芸をことあるごとに冷やかしていたのだ。ジェルソミーナは、イル・マットの芸――天使の翼をつけて演じる――に魅了され、彼から「たとえどんな小石でも何かの役に立っている」と励まされるが、逆に、彼から揶揄されるザンパノに同情してもいた。しかし、そのザンパノの一撃でイル・マットが倒れる瞬間を目撃すると放心状態に陥り、完全に精神のバランスを失ってしまう。そんな彼女をザンパノは、雪の山中に置き去りにするのだ。眠る彼女に毛布をかけ、少しの金と彼女の商売道具の簡素なラッパだけを残して。

この撲殺へといたる前夜、巡業中の二人はうらぶれた女子修道院で嵐をしのがせてもらっている。ひとりの修道女がジェルソミーナに、あなたたち旅芸人と自分たちとは同じ境遇にあると優しく語りかける。修道女たちも周期的に居場所を変えるのだが、それは、同じ土地に執着していると神様を愛する心を忘れてしまうからだ、という。イル・マットの「小石のたとえ話」につづいて、この修道女の話にも勇気づけられた彼女は、その夜ザンパノに、なぜ何の芸もない自分と一緒にいるのか、自分が死んだら悲しいか、少しは自分のことが好きか、自分と結婚したいのか、などと恥ずかしそうな笑みを浮かべながら問いかける（図IX—10）。このとき、わたしたちの「聖なる愚者」は、はじめて自分の言葉でしゃべっている。もちろんザンパノはまともに取り合わないが、彼女は、ひとときだけの幸福感を味わっているように見える。ところが、夜中に眼を覚ましてみると、ザンパノは教会堂にある銀の奉納物を盗もうとしていて、彼女は危うくその片棒を担がされそうになる。きっぱりと拒否するが、束の間の安らぎもこうして一気に崩れていく。翌朝、三輪バイクに乗り込んで出発する二人を、昨日の修道女と磔のキリスト像とが見送っている。まるで彼女の受難を見越しているかのように。そしてその直後、イル・マットと偶然に再会したことで、件の事件が起こったのだった。

IX-10 『道』

さて、雪山に見捨てられたジェルソミーナに戻るなら、このシーンを最後に彼女はフレームからきっぱりと姿を消す。話は一気に数年を飛んで、最終のシークエンスに突入する。サーカス団の一員として海辺の田舎町に巡業にやってきたザンパノは、かつてジェルソミーナが好きだったメロディを口ずさむ娘と遭遇する。事情を聞いてみると、素性の知れない正気を失った女が海岸で見つかって世話をしたが、すぐに亡くなったのだという。その彼女がラッパで吹いていたメロディがそれである。身に覚えのあるザンパノは、このときから自慢の芸も上の空、酒場で泥酔して暴れた末に、その足はひとりでに夜の海岸へと向かっていく。海辺に育ち、海が好きで、巡業中もよく海岸を走っていたジェルソミーナの霊にあたかも吸い寄せられるようにして。波打ち際に倒れ込むザンパノ。カメラはその無言の姿をほぼフルショットでとらえると、彼はおもむろに夜空を見上げはじめ、しばらくして浜辺にうつぶせに泣き崩れていくと同時に、カメラがゆっくりと後ろに引いて暗転する（図IX—11）。こうしてこの作品は、ザンパノによる最初で最後の罪の償いを通して、ジェルソミーナの犠牲の死を間接的に描く。作品中、彼女はいちども神やキリストやマリアの名前を口にすることはなかった。むしろ彼女自身のうちにこそ聖なるものが宿っているのだ。フェリーニのコメントによると、本作は「ある男が自分の隣

IX–11　『道』

人を見いだす物語」（Shiel 115）でもあるという。失ったものの大きさに気づく物語、と言い換えてもいいだろう。その「隣人」とは、まさしく「クリスタ」だったのではないだろうか。隣人愛はまた、キリスト教の——あるいは宗教の違いを超えて——普遍的な教えのひとつでもある。

フェリーニはさらに、もうひとりの忘れがたい「クリスタ」を創造する。『カビリアの夜』（一九五七年）のヒロイン、カビリアである。先述のフォン・トリアーが、ベスとセレマという二人の「クリスタ」を世に送り出すよりも前に、優れた先駆はイタリアにあったのだ。しかも、今度のカ

ビリアは娼婦で、処女のまま逝ったジェルソミーナと好対照をなすのと同じように、フォン・トリアーにおいても、娼婦まがいのベスと純粋一途なセレマの二人はある意味で相補的な関係にある。デンマークの監督がイタリアの巨匠から何らかのインスピレーションを得たのかどうか、わたしは不勉強で知らないが、当時のフォン・トリアーがカトリックを自認していたことにかんがみるなら、両者はどこかでつながっているかもしれない。ただ違う点があるとするなら、対照的な「クリスタ」を、フェリーニが同じ女優ジュリエッタ・マシーナに演じさせているのにたいして、フォン・トリアーはそれぞれ個性的な女優と歌手に振り分けたことである。

さて、『奇跡の海』のベスが復活を遂げたように、カビリアもまた、何度も男にだまされて身ぐるみはがされても、そのたびに立ち直っていく。その意味で象徴的なのが、本作の最初と最後のシークエンスである。映画はまず、男にだまされて金を奪われた挙句に、ローマ郊外のテヴェレ川に突き落とされて溺れたカビリアが、地域の貧しい住民たちによって助けられ命を取り留める場面からはじまる（このシーンにはまた、脚本にクレジットされている若きパゾリーニの好みが反映されているように思われる）。こうして川から救い出された彼女は、男たちに足をつかまれて逆さにされ、上下に揺さぶられて水を吐かされる（図IX―12）。もちろんそれは善意の処置なのだが、その惨めで哀れなカビリアの姿は、パウロ神学におけるいわゆるキリストの「ケノーシス（神性放棄）」にも通じるところがあるように、わたしには思われる。いず

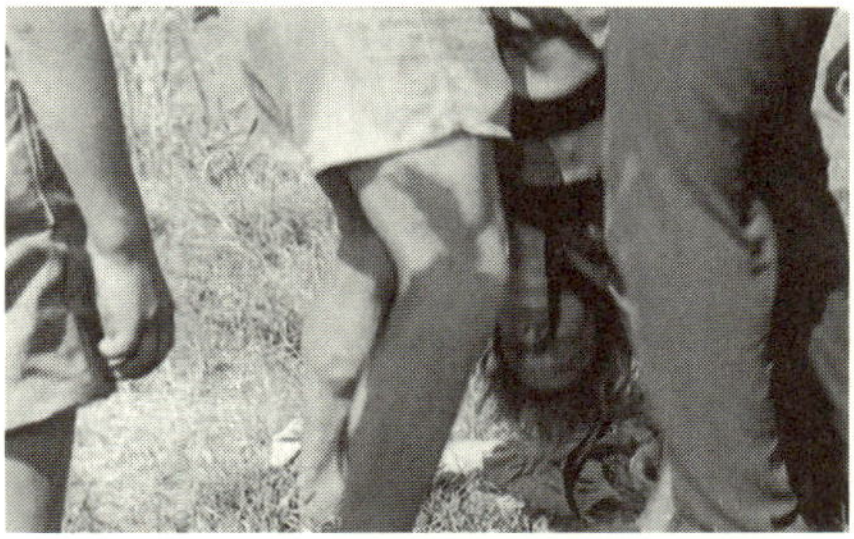
IX-12 『カビリアの夜』

IX−13 『カビリアの夜』

れにしても、効あって幸運にも彼女は息を吹き返す。つまりこの「クリスタ」は、冒頭からすでに受難と復活を経験しているのだ。

ところが、そんなことがあっても懲りずに彼女は、「生活を変えたい」、「マリア様、お慈悲を」と常日頃から祈りつつ、またもや実直そうな結婚詐欺の男にだまされてしまうのだ。その男を信じて、住みなれたあばら家を処分し、助け合ってきた娼婦仲間とも別れを告げ、こつこつと貯めた「持参金」をもって、期待に胸を膨らませて婚前旅行へと向かう。夕陽に美しく輝く湖を見下ろす丘の上に立つと、かつての記憶が蘇ってきて、またもやだまされたことを本能的に悟るカビリア。絶望の余り「いっそ殺して」と泣き叫ぶ彼女を尻目に、男は金だけを奪ってその場を逃げ去ってしまう。その場に泣き崩れるカビリア。しばらくして起きだすと、夜もすっかり更けている。おもむろに歩きはじめて森を抜け道路に出ると、多くの若者たちがどこからともなく現われてきて、まるで彼女を取り囲むようにして楽器を奏で、思い思いにダンスする。どこか物悲しいメロディにジャズのスイングを組み合わせたようなその曲は、ニーノ・ロータの『だけど人生はつづく』、曲想もタイトルもともにまさにこのラストにふさわしい。最初は沈んだ表情で、彼らのことが耳にも眼にも入ってこない様子のカビリアだが、ひとりの娘が「今晩は」と声をかけると、かすかに笑みを浮かべて無言でうなずく。最後のシーンが、彼女の涙目の笑顔のクロースアップである。涙でマスカラが左目の下に流れていて、それがまるで道化師の化粧のような印象を与えている（図IX―13）。『道』のジェルソミーナがそうであったのと同様に。

「神の道化」にして「聖なる愚者」はこうしてまたも蘇ることができたのだ。

## ナルシシズムの「クリスタ」――ブレッソン、ブニュエル、カヴァリエ

ところで、聖職者への道が閉ざされている女性にとって、キリストに近づきキリストを愛するために残されたいちばんの近道は修道女になることである。彼女たちもまたくり返しスクリーンに載せられてきたが、ここでは次の三作、すなわちブレッソンの『罪の天使たち』(一九四三年)、ブニュエルの『ビリディアナ』(一九六一年)、そしてアラン・カヴァリエ(一九三一生)の『テレーズ』(一九八六年)を取り上げておきたい。というのも、監督や製作年はもちろんのこと、作風も内容も異なるとはいえ、共通するモチーフが認められるからである。それとは、どれも主人公が純粋な使命感に燃える若い見習い尼僧で、それゆえにむしろ挫折を味わうという点である。カヴァリエの作品は、フランスでジャンヌ・ダルクに次ぐ人気を誇るリジューの聖テレーズ(一八七三―九七)をモデルにしたものだが、彼女の伝記を物語るという性格のものではない。また、ブニュエル作品の主人公は十二世紀末のイタリアの聖女と同じ名前で、監督の少年時代にさかのぼる記憶や、メキシコ時代に見た聖女のイコンから意図的に選ばれているが(Aiken 153)、映画の舞台は二十世紀初めのスペインである。

さて、三作のヒロイン――順にアンヌ゠マリー(ルネ・フォール)とビリディアナ(シルビア・ピナル)とテレーズ(カトリーヌ・ムシェ)は、キリストの「花嫁」としての深い愛と、他者を救おうとする並ならぬ情熱――熱狂でも強迫観念でもある――に突き動かされているという点でとてもよく似ているのだが、それだけではない。それが過剰の域に達していて、押し付けがましさや独善

さのほうが際立ち、思い上がりや自己満足のようにすら見えるのである。それゆえ、テレーズは「エゴイスト」、ビリディアナは「何の役にも立たない」、アンヌ＝マリーは「自己愛」と、それぞれ別の登場人物の口を借りて批判されることになる。キリストに倣おうとすることが、いわばナルシシズム的な衝動とも結びついていることを、これら三作は各々別のやり方で描いているのだ。さらに、しばしばクロースアップされる彼女たちの法悦の表情は、十九世紀末にジャン＝マルタン・シャルコーのサルペトリエール病院で撮影されたヒステリーの身体の写真の数々——「アウラ・ヒステリカ」——や、ダリのフォトモンタージュ《エクスタシー現象》（一九三三年）などにも通じるところがある。個々に見ておこう。まずはブレッソン作品から。

　服役を終えた女性たちを受け入れているドミニコ会の修道院にみずから進んで入信したブルジョワの娘アンヌ＝マリーは、新たに入ってきた出所者テレーズを救うことに一心を傾けている。片やテレーズ（ジャニー・オルト）は、刑期を終えるや真っ先に、かつて自分を罪に陥れた男への復讐を果たした後、捜査の手を逃れるために修道院の門をたたいたのだった。ブレッソンはこの長編デビュー作からすでに、彼の代名詞となる反メロドラマ的な省略のスタイルを獲得している。監獄を出るテレーズ、彼女がピストルを購入するところ（店主の姿はフレーム外にある）、そして男に銃を向ける瞬間（ここでも男は映らない）のショットを、幾何学的な構図に基づく修道院の場面をあいだに織り込みながら淡々とつないでいく。フェードインとフェードアウトが多用されるが、各ショットにおけるカメラの動きは可能な限り制限されている。他者を救うという強迫観念に取り憑かれたアンヌ＝マリーは、そのことで仲間の修道女たちと衝突し、テレーズ本人からも疎ましがられる。彼女のことをまるで自分の所有物のように扱うからだ。その独りよがりを諌めようと、修道院長は、神の慈悲を与えるのは自分たちではない、この修道院にいるということがすでに慈悲に浴していることなのだと諭すが、聴く耳を持っているようには見えない。ついに彼女は修道院を追われるが、それでも家族のもとには帰らずに、ひそかに菜園や墓地に身を隠している。それがたたって瀕死の状態となり、修道院のベッドに運ばれることになる。このときはじめてテレーズは、アンヌ＝マリーの長い告白に真摯に耳を傾ける。「愚かだった」「滑稽ね」「いい気になっていた」、こうして若い見習い僧は死の床で最期の告解をするわけだが、それに立ち会っているのは、聴罪司祭ではなくて、あろうことか罪人なのだ。本作の対話部分は作家のジャン・ジロドゥによって書かれたことがクレジットされているが、この罪と償いの転倒のシークエンスには緊張感がみなぎる。息を引き取るアンヌ＝マリーの代わりに彼女の修道宣誓を読み終えたテレーズは、僧服を身に着けたまま逮捕されることになる。このラストシーンは、彼女の両手とそこにはめられる手錠のクロースアップで（図IX―14）、やはりこの監督のトレードマークとなるスタイルを先取りしている。アンヌ＝マリーが死をもってみずからの傲慢の罪――カトリックでは七つの大罪のなかでもいちばん由々しきものとされてきた――を贖ったとすれば、テレーズは生きつづけることでその罪を贖うことになるのだ。悪の存在、贖罪、そして恩寵というブレッソン作品の多くを貫くテーマ（Corsani 27）は、こうしてすでにその処女作からお目見えしていたのである。

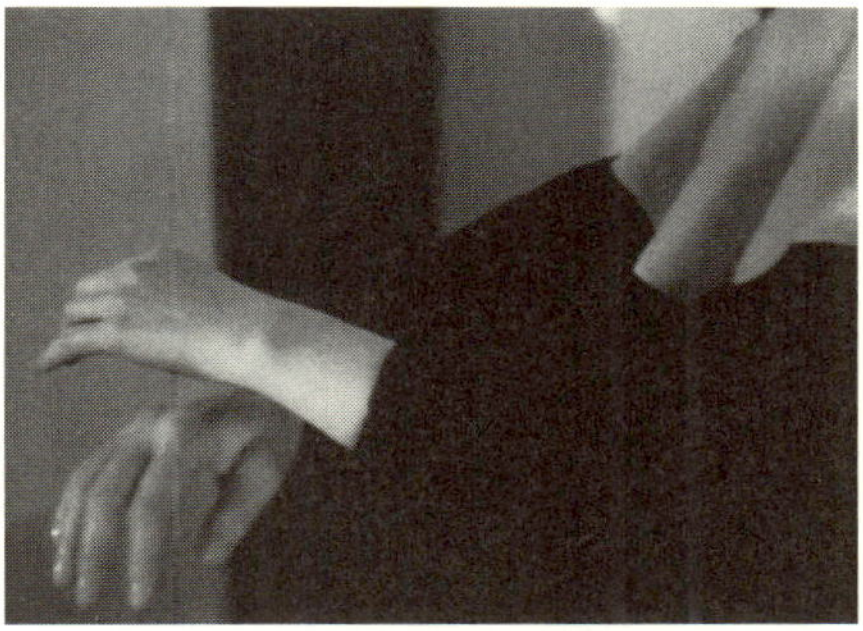

IX-14　『罪の天使たち』

IX-15　『テレーズ』

IX-16　『テレーズ』

一方、カヴァリエの『テレーズ』は、その簡潔にして厳密なスタイル、反メロドラマと反スペクタクル、数々の断片的ショット等において、ブレッソン的な手法が随所に認められる。なかでも象徴的なのは最後のショットで、擦り切れた麻布のみすぼらしい一対の靴のクロースアップで幕を閉じるのだ（図IX—15）。そこにわたしたちは、ブレッソンからの影響と同時に、使い古しの靴だけを描いたゴッホの何点かの油絵を想起しないではいられない。「レス・イズ・モアではなくて、レス・イズ・オール」とはカヴァリエその人の言である（Dalle Vacche 225）。実際にも本作は、抽象的な灰色の背景のなか室内セットを極力制限し、カメラもほとんど動くことなく、比較的短いカットがフェードインとフェードアウトを繰り返し、バックの音楽も一切流れないまま、まるで活人画の連なりのようにして進行していくのである。そこにはさらに、ジャンセニスムの影響下で宗教画や静物画に力量を発揮した画家フィリップ・ド・シャンパーニュの、灰色を基調にした色彩と簡潔な構図の伝統が生きているように思われる。

年齢が満たないにもかかわらず、時のローマ教皇に謁見までして女子カルメル会——ベルニーニの彫刻で知られるアビラのテレサで名高いこの修道会は、信仰の原点回帰を唱えている——への入信を懇願するテレーズは、キリストにたいする一途な愛に導かれている。いわく、「二〇〇〇年前に死んだ男に恋をした、本当にいた人かどうかもわからないのに」、と。だが、その彼女の愛は、模範と逸脱、信仰と瀆聖とのあいだの危うい境界線を漂っている（ed. Bandy & Monda 174）。その愛が、ナルシシズムの裏返しのようなものであること、そして偶像崇拝にも等しいことに彼女はまったく気づいていないのだ。こうした性格がどれだけ歴史上のテレーズを反映しているのかは別にして、少なくとも監督カヴァリエはそのように描こうとしている。しかも、視覚のみならず触覚をも刺激するような、美しくもグロテスクな映像はしばしば官能性すら帯びている。テレーズたち見習い僧が生々しい光沢を放つ鯖をさばいて臓物を抜き出す手の動き、その臓物を口にくわえる黒猫、「悪魔」のような大きなロブスターがのたうって跳ね返るさま、結核で「殉教」する彼女の唇から滴り落ちる血の超クロースアップ、さらには彼女が吐き出したおぞましい痰と、それを口に運ぶ仲間の修道女（図IX—16）などと、物質的で触覚的なルーティンの映像が、行為遂行的に観客の五感を刺激しないではいないのだ。本作が、凡百の宗教映画と一線を画すゆえんである。つまり、ことさら神々しくて栄光を讃えるような華々しいハリウッド的な映像の文法に訴えるのではなくて、むしろそれを裏切るかのように、おぞましいものにあえて聖性を刻印させようとする。そこには、たとえばジュリア・クリステヴァが同時期に提唱していたアブジェクション（おぞましいもの）の美学を重

IX-17 『ビリディアナ』

IX−18　『ビリディアナ』

ねてみることも可能だろう（『恐怖の権力』）。聖性は倒錯とも矛盾するわけではないのだ。

ブニュエル作品の主人公ビリディアナもまたキリストに倣うという理想に燃えている。イエスの受難具――十字架と茨の冠と大釘――を彼女はいつも身近に置いていて、それを前に主を瞑想することを欠かさない（図IX―17）。あろうことか、その彼女をレイプしそこねた叔父（フェルナンド・レイ）が庭の木で首を吊った後――イスカリオテのユダを連想しないではいられない――、「神の道」を歩もうとする彼女の熱意はますますエスカレートしていく。先輩の修道女がそれを「傲慢」と諌めるが、彼女を止めることはできない。叔父が遺した屋敷に町の貧者たちを招きいれて、食事と仕事を与えようとするのだ。そのなかには盲人、肢体不自由者、レプラ患者までいるが、これらはいずれもイエスが治癒させ復活させた、福音書でおなじみの登場人物たちである。だが、これが大きな誤算であった。主人たちが留守のあいだに飲めや歌えやの乱痴気騒ぎをはじめたのである。レオナルドの《最後の晩餐》を活人画にした名高いショットは、その一齣である。このとき彼らのうちのひとりがかけたレコードから流れてくるのは、ヘンデルのオラトリオ『メサイア（救世主）』の最終曲「ハレルヤ」である。こうして逆説的にも、もっとも広く知られた聖なる絵画と音楽とが、神をも畏れぬ悪漢（ピカロ）たちのバッカス的狂乱を彩ることになるのだ（図IX―18）。あげくの果てに、そこに帰宅してきたビリディアナは、そのひとりから強姦されそうになる。相続人である従兄弟のホルへ

（フランシスコ・ラバル）から「数人だけ助けても仕方ない」と諫められた彼女の博愛主義は、こうしてあえなく頓挫してしまうのだ。ある意味で、ビリディアナはナサリオ神父の女性版でもある。反教権的であろうとすると、彼らのように失敗するしかないのだろうか。彼女は知らなかったのかもしれないが、彼女が愛してやまないキリストの次の教えを守ってさえいたら、こんな惨事には至らなかったのかもしれない。いわく、「神聖なものを犬に与えてはならず、また、真珠を豚に投げてはならない。それを足で踏みにじり、向き直ってあなたがたに嚙みついてくるだろう」（マタイ7:6）、と。ついに彼女は、それまでしっかりと束ねて上げていた長くて豊かな金髪をあでやかに下ろし、従兄弟ホルへの部屋に入っていく。

パロディと諧謔、シュルレアリスムとカーニヴァル、ピカレスクとグロテスク、フェティシズムと屍体愛好など、多彩な要素を盛り込んだこの作品は、スペインでは独裁者フランコ（一八九二―一九七五）の死後はじめて公開され、イタリアでも一九六三年に封切られると同時に差し押さえを食らったという（Clausi 114）。たしかに瀆聖的な性格にあふれている作品だが、しかしカトリックや信仰そのものが真っ向から攻撃されているわけではない。瀆聖をめぐるテーマについては、次章で詳しく取り上げることにしよう。

## 赦されない者を赦す――ティム・ロビンスの『デッドマン・ウォーキング』

さて、もうひとりの現代の修道女に本章の最後を飾ってもらおう。ティム・ロビンス（一九五八生）の『デッドマン・ウォーキング』（一九九五年）である。死刑囚マシュー（ショーン・ペン）の最期のカウンセラーをはじめて引き受けることになるシスター、ヘレン（スーザン・サランドン）が主人公である。若い二人のカップルの殺人と強姦の罪で死刑を宣告されたマシューは、もうひとりの共犯者が極刑を免れて無期懲役ですんだことに納得がいかず、再審請求や特赦を願い出ているが、ことごとく却下される。ラストのシークエンス、死刑執行に立ち会うヘレンにはキリストのイメージが重ねられる。上訴審が門前払いされ死刑執行が決定的になった瞬間、彼女は思わずトイレに駆け込み、「われわれに力をお与えください」と神に祈る。その姿は、死を覚悟してゲッセマネで神に語りかけるイエスに対応している。それまでは殺人を否定していたマシューが最後に罪を認めても、ヘレンは表情を変えることなく彼の苦しみをみずから引き受けようとする。「デッドマン・ウォーキング」と看守が唱えると、独房から処刑室へ移動するマシューの肩に手を当てて一緒に歩きはじめるヘレンがスローモーションで描かれる。それはまさしく、「ウィア・ドロローサ」をともに歩み苦しむ姿に他ならない。「キリストはここにいる」と

IX-19 『デッドマン・ウォーキング』

彼女は彼を励ますが、まさに彼女自身がキリストなのだ。十字架のような姿勢でベッドに横たえられて、徐々に体内に薬を投入されていくマシューの姿が、処刑室と立会い室とを隔てるガラスの窓に映っていて、その反対側にいて手を伸ばすヘレンの姿とガラスの上で重なる。ヘレンの手は、ガラスに反射するマシューの手にしっかりと触れている（図IX—19）。彼女はたしかに死刑囚と同じ苦しみを味わっているのだ。二人の顔が交互にクロースアップになる。ジュリア・クリステヴァによ

ると、キリスト教の二重の性格である受難と愛は、それぞれが男性原理と女性原理を代理しているというが（『初めに愛があった』）、ヘレンのうちでこれら二つが合体している。

だが、観客の安易な感傷や感情移入をあえて退けるかのようにして、このとき、残虐な犯罪シーンがフラッシュバックのように何度もスローモーションで挿入される。これは、もはや意識の朦朧となったマシューの回想ではありえない。なぜなら、それにしては映像が余りにも鮮明すぎるからだ。もちろんヘレンのものでもない。それゆえ、客観的な視点から三人称で描かれたものとみなされるべきだろう。ガラスにはまた犠牲になったカップルの若々しい顔が、亡霊のように一瞬だけうっすらと映りこんで消えていく（図IX—20）。つづいて二人の惨たらしい遺体を俯瞰した後にカメラは、十字状の死刑台のマシューを真上からとらえる。

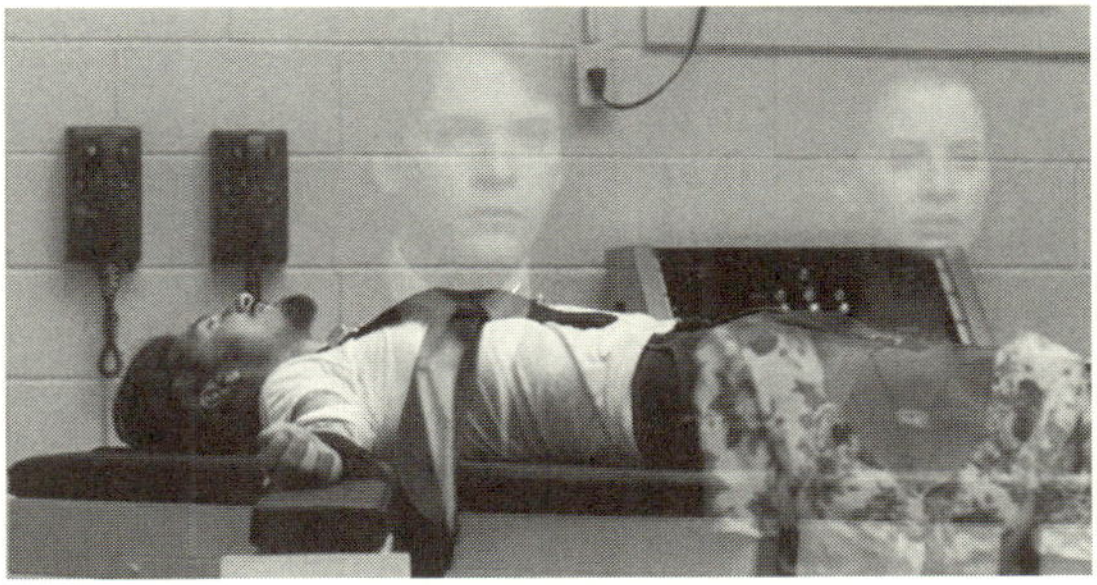

IX-20 『デッドマン・ウォーキング』

とはいえ誤解してはならない。この映画は死刑という制度を告発するだけのものではないし、ましてやヘレンの無償の愛をヒロイックに讃えるものでもない。ヘレンの行動は犠牲者たちの遺族の視点によってつねに相対化されているのだ。彼女は遺族たちからも生の声を聴こうとするが、先に見た修道女たちがそうだったように「傲慢」と非難され、「悪の化身」に味方するのかとののしられる。たしかに、その言い分にもまた一理があるのだ。ひとり息子を殺された父親が居間で、ヨチヨチ歩きのころの子供の記憶を語りながら、絞りだすように発する美しいセリフ――「子供を亡くすと、思い出が方々に染みつく。そこが神聖な場所になる」――は、どんな恨み言よりも強く心に響く。人には誰でも、死者（たとえ聖人でないとしても）の思い出とともに、それぞれの聖地と聖遺物があるのだ。マシューが埋葬される様子を遠くから見ている彼は、憎しみを超えて、ヘレンのことをもまた理解しようとしている。イエスは「山上の垂訓」でこう祈るように諭していたのだ。「わたしたちの負い目を赦してください、わたしたちも自分に負い目のある人を赦しましたように」（マタイ6:12）。赦しえない者を赦してこそ、真の赦しといえるだろう。だが、それは決して容易なことではない。いみじくも最後に彼女自身が言うように、「信仰で片づくなら話は簡単」でもある。他でもなく信仰に一生を捧げているシスターにあえてこう言わせているのである。それだけにこのセリフはいっそう重く響く。憎しみの連鎖を断ち切るには、おたがいの努力が求められるのだ。

# X
# 瀆聖

聖なるものを穢すこと、それは必ずしも、聖なるものに真っ向から反対する、聖なるものを全面否定する、信仰を無にするということなのではない。そもそも「聖なる」を意味するラテン語の「サケル」には、「呪われた」という意味もあるように、両義的な性格を持っている。このことは一般に、生贄にされた動物の一部が聖なるものとして神（神々）に捧げられると同時に、残りは穢れたものとして人間が食べるか廃棄されるという、供犠の二面性にもよくあらわれている。アガンベンが「瀆神礼賛」というエッセーで強調するように、聖別すること、すなわち聖なるものを分離するという操作は、聖なるものを冒すという働きと不可分なのだ（『瀆神』）。聖別と瀆聖とはいわば対の関係にある、あるいは同じコインの表と裏のようなものだと言ってもいいだろう。このことはまた、聖なるものと戯れること、つまり遊びやパロディの精神とも深いところでつながっている。パロディが、もともと「パラ・テン・オデン」、つまり「歌の傍らで」歌から言葉が解放されることを意味していたとするなら、瀆聖もまた、聖なるものの傍らにあって、聖なるものから自由になる。それは、既存の規範や制度から解き放たれるということでもあるだろう。たとえば、カラヴァッジョの絵はしばしば聖なるものを穢し、神を冒瀆しているとして教会から激しい非難を浴びたが、それというのも、当時の教会が認める狭い「適正（デコールム）」の枠にその絵が収まりきらなかったからである。あるいはここで補助線として、ブルーノ・ラトゥールが提唱する「イコノクラッシュ」という概念を要請することもできるだろう（Latour）。この新造語は、偶像破壊（イコノクラスム）と偶像崇拝（イコノフィリア）という二項対立に解消されえない、両者のダブルバインド状態を指している。つまり、わたしたちも身に覚えのあるように、愛と憎しみは連続しているのだ。というわけで本章では、（カトリックかプロテスタントかを問わず）教会や信者の側から瀆神的だと批判された幾つかの作品をあえて取り上げて検討を加えよう。具体的には、ルイス・ブニュエルの『銀河』（一九六九年）、ドゥニ・アルカン（一九四一生）の『モントリオールのジーザス』（一九八九年）、ケヴィン・スミス（一九七〇生）の『ドグマ』（一九九九年）、そしてナンニ・モレッティの『ローマ法王の休日』（二〇一一年、原題は「教皇ここにあり」）などである。さっそく順に見てみよう。

## 異端と戯れる——ブニュエルの『銀河』

ブニュエルの『銀河』は、中世以来のスペインの聖地サンティアゴ・デ・コンポステラを目指す二人の巡礼者が、パリからヒッチハイクの道中で出くわす不思議で時代錯誤的な出来事や空想の数々——それらはわたしたち観客を、イエスの時代から十八世紀のサド侯爵の時代までのタイム・トラベルへと誘う——を、シュルレアリスム調のブラック・ユーモアたっぷりに描いたロード・ムービーである（ちなみにフランス語の「銀河」には「巡礼の道」の意味もある）。こう形容しただけでも、その異種混交さが想像されるというものだろう。そもそも中年と若者の巡礼者二人、ピエールとジャンが、使徒のペテロとヨハネにさかのぼる由緒正しい名前の持ち主であるにもかかわらず、なぜわざわざ人気の聖地を目指すのかその理由さえも明かさないまま、お世辞にも信心深そうには見え

X-1　『銀河』

ないボヘミアン然とした風貌をさらすものだから、かつてスペインで流行ったピカレスク文学風の味わいも加わることになる。たとえば、ある町のカトリック系の学校で、まるでロボットのように操られた少女たちが学芸会で「アナテマ」――神に呪われる行為や人々の名――を唱えさせられているあいだ、若い方の巡礼者はローマ教皇が現代の過激派の若者たちに銃殺される場面を妄想している（図X―1）、といった調子である。しかも彼らが通過する南フランスやスペイン北部は、歴史的に、カタリ派をはじめとする異端の栄えた地としても知られている。行く先々でカトリックのさまざまな教義――キリストの神性と人性、三位一体、マリアの無原罪、パンとワインの実体変化、自由意志、悪の存在など――について議論する人々と遭遇することになるのだが、ブニュエルは臆することなく彼らに異端的な教説を堂々と披露させているる（最後のクレジットで明言されているように、それらは作者の気紛れではなくて、すべて神学的なテクストに依拠している）。

たとえば、二人が何がしかの食料を得ようと入った路傍の食堂では、土地の司祭と警官とが、実体変化について議論を交わしている。パンにキリストの体が含まれるなんて理解できないという警官にたいして、司祭は、含まれるのではなくて聖体の秘蹟によってパンがキリストの体になるのだと正論をぶつける。それこそが「化体」と呼ばれる神秘であり、アルビジョワ派――中世に南フランスで栄えた異端カタリ派の別名――やカルヴァン派のように象徴とみなしてはならない、というのだ。すると食堂の主人が口を挟んできて、聖体のパンとはパテに入っているウサギの肉のようなものかと問うと、それは十六世紀の異端パタリエ派の考え方だと、すかさず司祭がやり返す（ちなみに、このやりとりはディドロとダランベールの『百科全書』に依拠している）。ところが、その舌の根も乾かないうちに司祭は、突然このパタリエ派の説が正しいと言いはじめ、その豹変振りをとがめた警官の顔にコーヒーをぶっかけるのだ。すると、どこからともなく救急車が到着してこの司祭を連れて行く。精神病院から無断で抜け出していた論争好きの司祭、というのがこのドタバタの落ちである。

ほぼ全編がこういった具合で、教理問答のパロディもしくはギャグとも受け取れる調子で進んでいく。それらのエピソードは、サンティアゴへの二人の巡礼が進行しているという以外に、時間も空間も相互につながりがあるわけではない。「不連続の連続」とは、初期のブニュエル作品について言われるスタイルだが、それはこの作品にも当てはまるだろう。映画の冒頭、二人がパリ郊外ではじめて出会うマントの紳士の場面からすでに観客は煙に巻かれるように、独特の不条理の世界へと否応なく引き込まれている。堂々としたこの紳士に巡礼の二人が喜捨を請うと、彼は無一文の若者の方にではなくて、わずかながらも金のある中年の方にあえて恵みを与える。そして、目的地についたら娼婦を買って子を孕ませ、「汝、わが民にあらず」とか「もはや慈悲なし」とかと名付けよ、と倒錯した助言を残して去っていくのだ。二人が戸惑って振り返ってみると、いつの間にかその紳士の隣には朱儒（こびと）がいて、手をつないで歩いている。すると今度は、朱儒の手から白い鳩が勢いよく飛びでていくのである。こうして、父なる神と子のイエスと聖霊の鳩の三位一体が

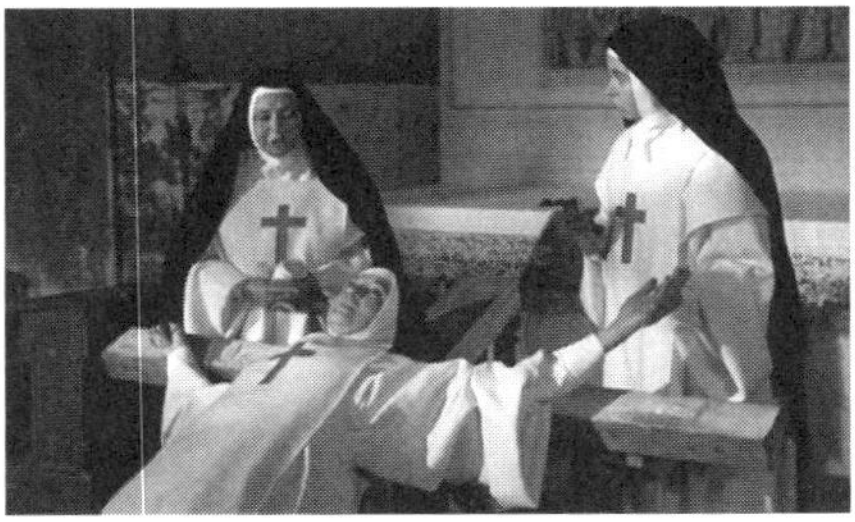

X−2　『銀河』

それとなく暗示されるが、本編最初のこの転倒したギャグは、これから連発されることになるもののほんの序幕に過ぎない。

旅も中盤にさしかかった頃、とある女子修道院では、尼僧のひとりが大きな十字架の上に横たわって、仲間から両手を太い大釘で打ちつけてもらっている（図X—2）。痛くないかという問いかけにも、「とてもいい気持ち」とマゾヒスティックに、だが平然と応えるほど。受難の主イエスと同じ苦しみを味わうというコンパッシオの実践が、こうしてパロディ化されているのだが、そこには残酷にして滑稽、真面目にしてナンセンス、敬虔にして猥雑でもあるような両義的な雰囲気が漂っている。実はこの修道院は、人間の罪深さゆえに神の恩寵の必要性を強調するジャンセニストの集う場で、その後援者に土地の伯爵がいるのだが、彼は、些細ないさかいが原因で、あるイエズス会士と決闘する羽目になってしまう。それというのもジャンセニスムは、自由意志を重んじるイエズス会と真っ向から対立しているからだ。たまたまその場に居合わせた巡礼の二人は、意に反してこの決闘の証人にさせられる。剣を振りかざして戦いながらも、ジャンセニストの伯爵とイエズス会士は、口でも負けじと互いに持論をぶちまけている。ところがしばらく闘った後、唐突にも両人は肩を組むようにして和気あいあいとその場を立ち去っていくのだ（恩寵と自由意志をめぐるパスカル的テーマについては、同じ一九六九年にエリック・ロメールが『モード家の一夜』という現代の教訓劇を撮っていることをここで付け加えておいてもいいだろう）。あたかも、自由意志か恩寵かの二者択一など無意味だ、といわんばかりに。

極めつきは、異端として弾劾された四世紀のアビラの司教プリシリアヌスにまつわる比較的長いシークエンス（七分弱）である。例の二人が野宿をしていると、闇を縫うようにして不可思議な呪文めいた声が聞こえてくる。その仲間のひとりからラテン語で集会への参加を勧められるが、理解できない二人は断って、疲れた身体を休めることを選ぶ。するとカメラは夜の森を移動しながら、この集会に近づいていく。そこでは、新たに司教に返り咲いたプリシリアヌスが、異端は自分たちではなくてローマ教皇の方だ、などと熱弁を振るっている。しばらくすると、古代ローマ風の長衣に身を包んだ多くの女たちが彼のもとに集まってきて、その演説に促されるようにして、肉体は魂の牢獄だから魂を肉体から解放しなければならない、などと口々に唱えはじめる。こうして夜陰のなか、秘密の性の儀式——乱交——がはじまることになるのだ。プリシリアヌス本人も二人の女とともに闇のなかに消えていく。肉体の悪を追い払うためには、まず何よりもその肉体を喜ばせてやる必要がある、つまり毒をもって毒を制すというわけだ。グノーシス主義に馴染んでいたとされるこのアビラの司祭については、菜食主義や清貧を説いたことが知られ、初期キリスト教の時代には、現在のポルトガルから北スペイン、南フランスの一帯にその教えが広まっていたと言われる。また、禁欲主義を唱えていたものの、儀礼において男と女を同席させたことなどから、淫行や魔術の嫌疑がかけられたともされる（Scarlett 49-50）。ブニュエルの映画はまさにその点について旺盛に想像力を膨らませているのである。おそらく、一九六〇年代のフリーセックスの風潮もそこに影を落としているだろう。

時空を気ままに飛び越える不思議な出来事の数々に遭遇しながら、最終の目的地にたどり着いた二人を待っていたのは、最初に登場したマントの紳士が予言したとおりの娼婦。彼女が言うには、教会堂に葬られているのは、実は使徒の聖ヤコブではなくて異端者プリシリアヌスである。そうして彼女は二人を誘って茂みのなかへと消えていく。「汝、わが民にあらず」と「もはや慈悲なし」という名の子を宿すために。これでは聖地巡礼も何もあったものではないだろう。

とはいえ、わたしの印象では、ブニュエルはカトリックやローマ教会を一方的に攻撃したり破壊したりしようとしているわけではないし、信仰そのものを否定したいわけでもない。そうではなくて、正統と異端のあいだを大胆かつ自由にまたぐことによって、映像においても言葉においても、両者のあいだで戯れようとしている、という方が適切だろう。疑問を投げかけるが、答えを与えるわけではない。さまざまな異端の思想や異端者たちに立ち会わせることで、観客をむしろキリスト教本来の開かれた地平へともういちど連れ戻そうとしている、と言ってもいいだろう。批判されるべきは、異端や異教ではなくて、不寛容にして狂信なのである。最後に付言するなら、本作のもうひとつの見どころは、フランス映画の名優たちが脇役でまるでカメオ出演のように次々と登場してきて、ナンセンス劇をもり立てている点である。たとえば、三位一体の父なる神（アラン・キュニー）、聖母マリア（エディット・スコブ）、悪魔ルシフェル（ピエール・クレマンティ）、サド侯爵（ミシェル・ピコリ）、サンティアゴの娼婦（デルフィーヌ・セイリグ）、などといった具合に。

### タルムード的イエスの「受難」――アルカンの『モントリオールのジーザス』

一方、ドゥニ・アルカンの『モントリオールのジーザス』は、伝統的にカトリック色の強い現代のケベック州の都市を舞台に、受難劇を演じることになったアングラ演劇の役者ダニエルの「受難」を描く秀作である。第Ⅱ章で述べたように、そもそも映画は受難劇との因縁が深い。ボヘミア地方のホーリッツとドイツ・バイエルン州のオーバーアマガウに古くから伝わる受難劇は、すでに一八九七年と翌一八九八年にそれぞれフィルムに収められていた。初期のサイレントは受難劇からの影響が濃いとされる。さらに、受難劇の上演をテーマにした映画は、ジュールズ・ダッシンの『宿命』（一九五七年、原題は「死すべき男」）からカルロ・マッツァクラーティの『ラ・パッシオーネ』（二〇一〇年）にいたるまで何点か佳作が撮られているが、アルカンの本作はなかでも秀逸である。

物語は、主人公のダニエル（ロテール・ブリュトー）が、モントリオールのカトリック教会の神父から、古臭くなった受難劇の「近代化」を依頼されるところからはじまる。こうしてダニエルは、仲間の役者を男女それぞれ二人ずつ——ミレイユとコンスタンス、マルタンとルネ——「召命」し、さらに図書館で考古学的資料等の研究を重ねた末に更新された受難劇を市民にお披露目することになる。「留」による演出の定石は踏襲されているのだが、イエスを演じるダニエルの受難劇は、一方的な見世物ではなくて、観客とのインタラクティヴな関係を重んじる。同時代の演劇や美術がそうであるように。感激のあまり黒人の女が、ダニエル演じるイエスに駆け寄ってきて、「わたしはあなたのもの」などと叫んで抱きついてしまうほど。さらに、まるでイエスの神性を否定するかのように、その素性がことさらに暴きたてられる。たとえば、イエスの本名は「ヨシュア・ベン・パンテラ」で、ローマ兵パンテラを父とする「姦淫の子」であること、魔術の祖国エジプトで育ち「魔術師」とか「偽預言者」などと呼ばれていたことなど、主にタルムードに伝えられる——それゆえキリスト教ではご法度の——イニス像があえて強調されるのだ。さらに復活も、福音書にあるような死から三日後にではなくて、五年から十年が経過して起こったという近年の異説が紹介される。典拠は示されていないが、これは「史的イエス」をめぐる聖書研究者ジョン・ドミニク・クロ

X−3 『モントリオールのジーザス』

ッサンらの説に依拠している（Grace 116）。図像学的にも変更が加えられる。ゴルゴタに登るイエスは十字架ではなくてその横木のみを運び、磔刑は裸で両脚を九の字に曲げた姿勢でおこなわれるが（スコセッシの『最後の誘惑』でもこの姿勢がとられていた）（図X−3）、これらは考古学の研究成果に基づいている。ここで上演される受難劇は、伝統的なイエス像をいわば脱構築するものであるとみなすこともできるだろう（Malone 183）。

　この新しい試みは観客から喝采を浴びたものの、依頼主の神父は少なからず戸惑いを覚え、ダニエルを厳しく叱責することになる。実はこの神父は、コンスタンスと肉体関係にあって、自分が偽善的であることを自覚している。彼はまさにカトリックの自己欺瞞を象徴する存在なのだ。ついにダニエルは「脅迫、暴行、蛮行」の嫌疑で司法当局に訴えられることになるが、これはちょうど、かつてユダヤ教の権力者とローマ帝国の支配者とのあいだで引き裂かれたイエスの運命を反復するかのようである。実際、これまでにも指摘されてきたように、イエスを演じる現代の青年ダニエルには、映画の進行とともにますますキリストのイメージが重ねられていくようになるのだ（Tatum 208; Walsh 187）。

　五人の役者たちは、神父から「もっと伝統的な形式で」と、当初の依頼とはまったく矛盾するような変更を迫られるが、もちろんこれを拒絶する。そのために再演も禁じられるのだが、それにもかかわらず、丘の上の教会——北米で有数の巡礼地セイント・ジョゼフ礼拝堂——にはすでに評判を聞きつけた大勢の観客たちが詰め掛けている。その期待に応えるべく上演が敢行されるが、受難劇も終わりに近づいてイエス＝ダニエルが十字架にかかっているとき、大勢の警官が乱入してきて強引に劇を中断させる。観客とのあいだでもみ合いになったのが運のつき。観客のひとりのマッチョな男が警官を抱えて闇雲に突進すると、十字架にぶち当たってしまい、ダニエルは大きな十字架ごと倒されて腹ばいで地面にたたきつけられるのだ。こうして今度はダニエル本人の受難劇がはじまることになる。

気を失ったまま彼は、福音書記者の聖マルコの名のついた救急病院に運ばれるが、多くの患者でごった返していて手当てを受けることもなく置き去りにされている（ここにも強烈な皮肉が込められている）。しばらくして意識が戻ると、何を思ったかダニエルは起きだして地下鉄の駅の方へとゆっくり歩き出していく。ミレイユとコンスタンスに両側から支えられるようにして。ホームに下りてくると彼は、電車を待っている乗客に向かって唐突にも預言じみたセリフを吐きはじめる。その内容はおおむね、イエスによる終末の預言に準じるものである（マルコ13、マタイ24）。すなわち、審判の時が近いこと、その時のために気をつけて目を覚ましておくこと、偽メシアに惑わされてはならないこと、云々。乗客たちは、狂気じみたその言葉に無関心を装うか、冷笑するか、あるいは哀れむような表情を見せている（このシークエンスは、第Ⅷ章でみたタルコフスキーの『ノスタルジア』におけるドメニコのラストの演説を想起させる）。ダニエルとはまた旧約聖書の預言者の名前でもあり、福音書に記されたイエスによる黙示録的な言葉もそこに起源がある（『ダニエル書』7–12）。現代の黙示を語り終えるとダニエルはホームに倒れる。急いで救急車を呼びに走るコンスタンス。電車が入ってきて客を乗せて走り去っていくと、ホームにはダニエルとミレイユ——現代のマグダラのマリア——だけがポツンと残されている（図X—4）。聖マルコ病院に戻しますかと訊く救急隊員に、今度ははっきりノーと応えるコンスタンス。瀕死のダニエルを受け入れて、迅速に対応してくれたのは、予想外にもユダヤ系の病院である。だが、その甲斐も虚しくダニエルは殉教する。もう三〇分早ければ命は助かったのに、とこの病院の医者がミレイユたちに告げる。

X-4 『モントリオールのジーザス』

## 「避けて通ることのできないすべてについて」の映画

つまるところ彼を死に追いやったのは誰なのか。宗教権力（教会）か、世俗権力（警察）か、それとも一般市民（熱狂した観客）か、あるいはすぐに手当てを施さなかったキリスト教系の病院か。おそらくはそれらのすべてだろう。このあたりにもアルカンの辛辣なアイロニーが利いている。脳死と判断された彼の身体からは、臓器移植を待つ患者のために心臓と角膜が摘出される。カメラは真上からその様子をとらえるが、十字状に両腕を開いたダニエルは、あたかも手術台の上で二度目の磔にあっているかのように見える（図X—5）。それぞれの臓器がダニエルの身体から抜き取られ、氷詰めにされて航空機で運ばれる様子をカメラはかなり克明に記録する。さらに、イエスが盲人の目を癒し、死者を蘇らせたように、心臓提供を喜ぶ患者や、ダニエルの角膜を移植された患者が光を取り戻して感涙に咽ぶ様子までも描かれる。

しかしながら、これをもってダニエルの復活が謳われているとか、臓器移植を美化し奨励しようとしている、と解釈するのはあまりにも早計で、単純化のそしりを免れないだろう（日本で公開された時にはそう誤解され、脳死反対派から非難された）。なぜなら、実はこの作品にはもうひとつ別の伏線が引かれていて、その文脈で理解されなければならないからである。それとは、現代にはびこる商業主義への鋭い批判精神である。その意味では前作の『アメリカ帝国の滅亡』（一九八六年）の延長線上にあるとも言えるだろう。臓器移植のシークエンスと交差するように描かれるのが、敏腕の企業家でもある法律家が、残された四人の役者をおだてて、ダニエルを記念して新しい劇団を立ち上げてはどうかと持ちかける場面である。その殉死を利用して一儲けしようという魂胆なのだ。もちろん四人は乗り気ではないし、ミレイユはその場から席を外してしまう。死すらも取り引きの対象にされてしまうという点で、これら二つのシークエンスはつながるのである（二〇〇三年の『みなさん、さようなら』では最先端の末期医療が皮肉られていたことを想起してもいいだろう）。ショービジネスや出版界に顔が利くこの法律家は、実はダニエルの生前、彼の才能を利用してメディアに売り込もうとしていたのだった。その場面は、高層ビルの広い窓からモントリオールの町を見下ろすフロアを巡りながら、ダニエ

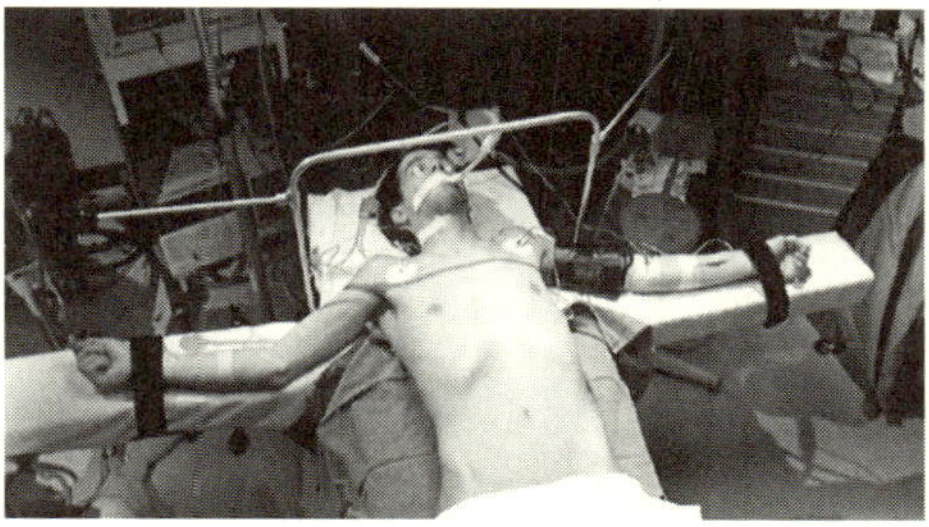

X–5 『モントリオールのジーザス』

X－6 『モントリオールのジーザス』

ルを口説いてコマーシャリズムの世界に引き込もうとするシークエンスとして描かれる。カメラはその様子を、一回のカットだけをあいだに挟んで、二つの長回しで合計三分ものあいだしつこく追っていく。「君が望むなら町は君の手中にある」、その甘い言葉に対応するように、この間フレームにはいつもモントリオールの町が俯瞰されている（図X―6）。これはまさしく悪魔によるイエスの誘惑に対応する場面で、悪魔はイエスを高い山に連れて行き、世の繁栄ぶりを見せ、自分にひれ伏すならばこれらをみんな与えようと惑わしたのだった。もちろんイエスがそれに打ち勝ったように、ダニエルも無視していたが。

そもそも仲間の役者たちは、それぞれが別々に商業主義のメディアでアルバイトをしていたのだが、ダニエルによっていわば召命されたという設定になっている。ミリエルは香水のコマーシャル女優、マルタンはポルノ映画の吹き替え声優、ルネは宇宙の歴史を描いた教育用フィルムのナレーター、といった具合である。コマーシャルのためのオーディション会場で、ダニエルが撮影機材を破壊する場面は、言うまでもなく、イエスによる「神殿の清め」になぞらえられる。かつてエルサレムに入ったイエスは、神殿の境内でさまざまな取り引きがおこなわれていることに腹を立て、屋台を倒し商人たちを追い立てていたのだった。資本主義をひとつの宗教とみなしたのはヴァルター・ベンヤミンだが、まさしくアルカンの本作では、旧套墨守のカトリックとともに、資本主義の拝金が槍玉に挙げられているのだ。

とはいえ、やはり話はそれほど単純でもない。なぜなら、臓器移植の場面がそうであったように、ミリエルの香水コマーシャルにせよ、ビッグバンの爆発にせよ、オーディションのダンスにせよ、さらには先述した高層ビルでのダニエルの誘惑の場面にせよ、すべてはそれぞれにふさわしいスタイルで完璧かつ美しい映像によって表現されているため、一見してそれらがあからさまな批判の対象とされているようには見えないからである。アルカンは、相手の手法を逆手に取っているのだ。あるいはむしろ、その両義性の上で戯れることによって、判断を観客の側に委ねている、と言えるかもしれない。ここにもパロディの精神が活かされている。アルカン自身の言葉を借りるなら、マスメディアの支配にせよ、コマーシャリズムの横行にせよ、臓器移植の是非にせよ、本作は、要するに今日のわたしたちが直面している「避けて通ることのできないすべてについて」の映画なのであり（Tadros）、その意味で、瀆聖的でありつつも優れて問題提起的な作品でもあるのだ。

では、そうしたアクチュアルな問題系がなぜイエスとその受難に託して語られたのだろうか。おそらくそれは、信仰をめぐる問題が、とりわけカトリックの伝統の強いカナダのケベック州において、わたしたちが想像する以上に「避けて通ることのできない」切迫したテーマの核心にあったからに違いないだろう。本章のはじめに確認したように、瀆聖とは、一方的に信仰を攻撃したり無効にしたりするものではない。そうではなくてむしろ、硬直化し権威化した信仰のあり方に疑問を呈するものなのだ。

ラストのシークエンスがまた美しくも示唆的である。場面はダニエルがついさっき倒れた地下鉄のホーム。今度は、二人の若い女性がカセットテープを伴奏に、二十六歳で夭折したバロックの音楽家ペルゴレージの代表曲『スターバト・マーテル（悲しみの聖母）』を合唱している。ストリート・パフォーマンスという設定である。その歌詞は、やはり若くして逝ったダニエル（の魂）を悼み祝福するかのように、曲の最終部、「肉体が滅びる時にはどうか魂に、栄光の天国を与えてください」に相当する。カメラはこの二人をフルショットでとらえると、ゆっくりと後退してゆき、突然にも高く飛んで俯瞰ショットで二人と地下鉄のエレベーターをフレームに収め、行きかう乗客たちの姿を真上から見下ろす。それはまるでもうこの世にはいない天上のダニエルの視線を暗示するかのようだ。

実はこの二人は、本作の冒頭、セイント・ジョゼフ礼拝堂で同じ曲をデュエットしていたのと同じ女性である。そのときには、曲の少し前の歌詞「怒りの火に燃やされることなきよう、あなたによって、乙女よ、守られますように、裁きの日には」の部分が歌われていた。つまり、これからはじまることになるイエス＝ダニエルの受難の暗示であり、救済への希求である。このようにアルカンは同じペルゴレージの曲を本作の最初と最後に持ってきて、聖なる空間と世俗の空間（そればかりか地下というぃわば冥府にも通じる場）の両方で流すことで、さらに聖歌としてばかりか大道芸の曲としても使うことで、聖と俗との境界線をあえて攪乱させ、日常のうちにも聖なるものが宿ることをそれとなく示唆しているように思われる。天上に飛んだカメラは、今度はゆっくりと左に移動していくと、画面は闇に浮かぶ雪のようでも星のようでもある白く漂う無数の斑点へと変わり、その上をクレジットタイトルが流れはじめる。このときには画面は右から左に水平に動いている。象徴的なのは、しばらくすると画面が下から上へと垂直に動きはじめ、それを追うようにして、ペルゴレージの賛美歌がロック調の曲に変わっていくことだ。背景もまた暗闇に浮かぶ教会のステンドグラスの窓に置き換わっている。この終わりのシークエンスは約五分間つづくが、ここでこうして最終的に水平（内在性）と垂直（超越性）とがひとつに解け合うのだ。しかも、まるでキアスム（交差配列）を思わせるかのように、逆説的にも、水平の動きに賛美歌が、垂直の動きにロックが対応しているのである。

## ポップにしてナンセンスなギャグとなる教義――ケヴィン・スミスの『ドグマ』

打って変わってケヴィン・スミスの『ドグマ』は、矢継ぎ早に繰り出されるパロディとギャグの連発で、ポップなドタバタ劇に仕上がっているが、けっして軽佻浮薄というわけではない。むしろ、とりわけわたしたち東洋人にとっては一筋縄ではいかないような宗教的暗示や風刺にあふれている（欧米の観客にとっては逆に食傷気味に映るかもしれない）。

話は、はるか昔に神によって地上に堕とされた二人の反逆天使、バートルビー（ベン・アフレック）とロキ（マット・デイモン）がカトリック教会の「全贖宥」を利用して天国へ戻ろうとするのを、もしそうなれば神の意思が覆されて「存在が無になり」、「世界が滅亡する」ために、イエスの末裔という女ベサニー（リンダ・フィオレンティーノ）――その名はイエスが訪れた町ベタニアに由来する――のもとに大天使メタトロンを遣わして、それを阻止させる、というものである。地上に堕ちる天使といえば、ヴィム・ヴェンダースの『ベルリン・天使の詩』（一九八七年）がすぐに思い浮かぶが、そこでは天使が地上の女に恋をして堕ちることをみずから選択するのにたいして、『ドグマ』では逆に神に堕とされた天使が地上に飽きてもういちど天国に戻りたがっているのである。また「贖宥」は人間にたいしてのみ与えられるものだが、天使がそれを「抜け穴」にして天国に戻ろうと望んでいる。しかも、よく知られているように、かつてローマ教会が贖宥状を乱発したことが宗教改革のひとつのきっかけになったのだった。まさにカトリックはそれを罪の「抜け穴」にしてきたのであり、『ドグマ』はその痛点を突いているのだ。それゆえ、最終的に二人の堕天使は、女メシアたるベサニーらの活躍によって望みを砕かれ、不老不死と超能力の証である翼を折られて人間のようになって死んでいく。「全贖宥」の恩恵に与ることはできなかったのである。

こうした転倒はまだ序の口で、とにかく本作ではすべてが荒唐無稽で大胆奔放である。極めつきはゴルゴダンという名の悪臭を放つ怪物で、かつてゴルゴタの丘で十字架にかかった多くの処刑者たちの体内から流れでた排泄物を糧にしている。スカトロジーもまた瀆聖に欠かすことはできないのだ。とはいえ、「全贖宥」という設定がそうであるように、一見して破天荒に思われる登場人物や話の展開も、実は周到に計算されていて、そこにアイロニー、パロディ、批判が込められているのである。映画の冒頭、天上の神は地上に降りてきてホームレスの体内に入っているが、「黒幕」アズラエル——その名はユダヤの「死の天使」に対応する——に操られた三人の悪童によって昏睡状態に陥っている。新約聖書でも神はイエスのうちに「受肉」するわけだから、人間の姿を借りたとしても不思議ではないが、驚くのは、最後にホームレスの体内から抜け出した神の正体で、若い女の姿をしているのだ。「父なる神」どころか、笑顔を振りまく小柄な娘である。とはいえ、神を男とみなすのもひとつの悪しき固定観念に過ぎないとすれば、実のところ女であっていけないはずはないだろう。彼女は、メタトロン——この「神の代理人」の名はタルムードに登場するユダヤ教の高位の天使からとられている——の言では、「ひょうきん」で「ユーモアのセンス抜群」で「お忍び好き」でもある。ここでもまた常識的な神の概念が転倒されているのだ。実は、「遊ぶ神（デウス・ルーデンス）」への暗示は、旧約聖書の『箴言』（8:30）にも見られるように、古くからあったものなのだが。いわば「クリスタ」でもあるベサニーは、かつては敬虔な信者だったが、「神には計画がある」と教会の説教で聞かされたときから、その熱は冷めていて、メタトロンから告げられた使命についても最初は尻込みしている。

さらに、突然ベサニーのもとに天から黒人の若い男が降ってきて、自分はイエスの十三番目の弟子ルーファス（クリス・ロック）だと名乗る。新約聖書によるとたしかに、イスカリオテのユダが抜けた後、新たに使徒が選ばれているが、その名はマティアである（『使徒言行録』1:26）。ルーファスは英語圏で流布している男の名前だが、「ルフス」はラテン語で「褐色、赤色」を意味するから、新たにこの名が当てられたのだろう。また、『マルコによる福音書』には「ルフォス」なる名前が見られるが、彼は、イエスが十字架を運ぶのを助けたキレネ人シモンの息子ということになっている（15:21）。キレネはクレタ島のほぼ対岸にある北アフリカの地域だったから、十字架の道行きの場面が絵に描かれるときは、シモンはしばしば褐色の肌で表現されてきた。それゆえ、ルーファスという名もまた周到に選ばれているのだ。その彼が言うには、自分は聖書を書き直すためにもういちどこの世に戻ってきたのだという。聖書では、黒人の扱いが不当で自分が無視されているばかりか、他でもなくイエスその人が黒人だった、というのだ。イエスを黒人として表象すること、さらにそうした学説が存在することは先の第Ⅳ章で見てきたが、そこでも述べたように、真の問題はイエスが本当に黒人であったかどうかという点にあるのではない。なぜなら、「人種」という概念自体のイデオロギー性や虚構性が今や問い直されているからである。ベサニーも、大切なのはイエスの人種ではなくてメッセージの内容だと言い返す。が、これにたいしてルーファスが応じる、「だけどそのメッセージによって信仰に入ったみんなが、人種差別をしちゃいけない」、と。このセリフもまた紛れもない真実である。

このように、脇役ながらルーファスは本作において、カトリシズムひいてはキリスト教そのものを「脱構築」するうえで重要な役割を果たしている。例の「消えた十八年」、つまり聖書でイエスについての記述が突然に十二歳から三十歳まで飛ぶという点についてルーファスは、それは宗派間の駆け引きの犠牲となり封印されてしまったからだという。たしかに、四人の福音書記者ともまるで申し合わせたかのように、その十八年間について口を閉ざしているのである。ベサニーの素性についてもルーファスは、イエスの誕生――処女から生まれたことは彼も認めている――の後、マリアとヨセフに授かった子供たちのはるか遠い子孫であると説明する。なぜなら二人の夫婦がその後もずっとセックスレスであったとは考えられないからだ。このように、監督のケヴィン・スミスは下世話な話題にもあえて立ち入ることで、宗教的なタブーに挑戦しようとする。一般に、マリアの永遠の処女性を信じるカトリックは、イエスに兄弟や姉妹たちがいたことを認めていないが、プロテスタントはその限りではないとされる。福音書記者のマルコはすでに、「ヤコブ、ヨセフ、ユダ、シモン」という兄弟たちの名を挙げ、「姉妹たち」にも言及していたのだ（6:3）。

ルーファスと並んでもうひとり興味深い脇役は、ミューズつまり芸術の女神を名乗るセレンディピティ（サルマ・ハエック）である。芸術家に霊感を吹き込むとされる古代ギリシアの異教の女神ミューズは、ジャンルに対応して複数いるとされ、それぞれの名も伝わっているが、そのなかにセレンディピティがいたというのは初耳である。だが、この耳慣れない名前にもちゃんと理由があるようだ。というのもその名前は、イギリスのゴシック小説の作家ホレス・ウォルポール（一七一七―九七）の造語で、偶然の出会いや予想外の発見、新しい価値との邂逅を意味するものだからである。そもそもキリスト教についての映画のなかに異教の女神が堂々と登場するという異種混交も面白いのだが、両者の習合はすでに初期キリスト教の時代から観念や図像のレヴェルで起こっていたことである。その彼女が口にするセリフも、ストレートで挑発的である。いわく、聖書は性的偏見だらけ、原罪を負うのはいつも女。何を信じるかが問題ではなくて、信じるかどうかが問題なのだ、と。ルーファスが宗教における人種主義を槍玉に挙げるとすれば、セレンディピティは男女差別に切り込んでいる、と言ってもいいだろう（図X—7）。

X–7 『ドグマ』

最後に、主役の二人の反逆天使に戻るなら、彼らの名前もまた象徴的である。ロキは、北欧神話の悪戯好きの神から、バートルビーは、何事も「しないでおく方がいい」が口癖のハーマン・メルヴィルの小説の主人公——ドゥルーズやアガンベンらのおかげで近年とみに有名になった——の名前からおそらくとられている。その証拠にロキは誰にたいしても攻撃的で破壊的な態度にでるが、バートルビーはむしろそれを止めようとする。たとえば、「黄金の子牛ムービィ」をマスコットにする大映画会社の役員会議に二人が乗り込むというエピソードが挟まれ、ディズニーの商業戦略がパロディ化されるが、ロキはここでひとりの女性役員だけを除いて全員を銃殺してしまう（ケヴィン・スミスの遊びが過ぎるという印象は否めない）。ちなみにその架空のマスコットの名前は、モーセの掟を破ってユダヤの民たちが崇めたとされる「黄金の子牛」の像をもじっていると同時に、大衆的人気の偶像ミッキーマウスを茶化してもいるのだ。

X‐8 『ドグマ』

ところが、ベサニーが自分たちの帰還を阻止するという使命を帯びていることを知るや、二人の立場がたちまち逆転する。「キレた」バートルビーは急に凶暴になり、何としても「抜け穴」にあやかろうと、殺戮と破壊に突き進むのである（図X―8）。その黙示録的なシークエンスもまたやや誇張に走りすぎという印象を与えなくはないが、ハリウッドで量産されつづける終末論的な映画の数々をこうして皮肉るという意図もあったのだろう。いずれにしても最終的に二人の野望は潰える。さもなければ、先述したように、カトリックの「全贖宥」を肯定することになってしまうからである。このように『ドグマ』は、破天荒な筋書きやポップな映像とともに、知的な遊びに充ちた作品でもあるのだ。アガンベンが、言語学のバンヴェニストを敷衍しながら述べているように、遊びもまた本来は儀礼や祭りなど聖なるものの領域に起源がある（『幼児期と歴史』）。その意味で、遊びと瀆聖とは根源においてつながっているのだ。

## 教皇の空虚な玉座――ナンニ・モレッティの『ローマ法王の休日』

この章の最後を、ユーモアとペーソスにあふれるナンニ・モレッティの愛すべき作品――『カイエ・デュ・シネマ』は二〇一一年度のベスト・ワンに選んだ――に飾ってもらおう。『ローマ法王

X-9　『甘い生活』

の休日』は、ヴァチカンの腐敗を真正面から暴く、高位聖職者たちの不正や欺瞞を厳しく断罪する、といった構えとはまったく無縁の作品である。それでは本当の意味での瀆聖にはつながらず、一方的な告発というスタイルになってしまうだろう。逆にモレッティの本作には、フェリーニにも通じるようなカーニヴァル的転倒の感覚が生きている。たとえば『甘い生活』（一九六〇年）でフェリーニは、観客の意表を突くように、キリストの彫像をヘリコプターに吊り下げてローマの上空を遊覧させ、ヴァチカンまで運ばせるシークエンスで幕を開ける（図X―9）。主人公の新聞記者（マルチェッロ・マストロヤンニ）はこのヘリコプターに同乗していて、ビルの上で日光浴をする水着の女たちを冷やかしたりしている。『フェリーニのローマ』では、ヴァチカンで教皇や枢機卿たちの見守るなか、神父や修道女たちをモデルにさまざまなデザインの僧服の贅沢なファッションショーが繰り広げられる。そのフィナーレを飾るのは、神々しいバロック調の山車に乗って絢爛豪華な衣装に飾られて登場する教皇その人である。見物人たちは誰もがその威容に目を見張り、感嘆のため息をついている。カトリック本来のスペクタクル性がこうしてパロディ化されるのだが、それはフェリーニ自身の映画手法とも矛盾するものではないのだ。モレッティはこの大先輩の監督の遺産を立派に受け継いでいる。

舞台はヴァチカンでもいちばん神聖な場所とされるシスティーナ礼拝堂（利用の許可が得られなかったために、チネチッタに実物大のセットが組まれ、有名なミケランジェロらのフレスコ画も再現されている）。世界各地から枢機卿たちが集まってきて、新たな教皇を選出するためのコンクラーヴェがはじまろうとしている。いい意味で出だしから観客の期待が裏切られるのは、百人は優に超える枢機卿たちの誰ひとりとして教皇に選ばれることを望んでいない、という点である。「主よ、わたしはだめです」、「どうか選ばれませんように」などと密かに祈る心の声がさまざまな言語で響くなか、心許なさそうな彼らの表情をカメラが追っていく（図X―10）。三回目の投票になってやっと、ダークホースのメルヴィル枢機卿（ミシェル・ピコリ）が選ばれ、彼は最初その重責を甘んじて受け入れようとしたものの、サン・ピエトロ大聖堂前の広場を埋めつくす歓喜の大群集を前にバルコニーから第一声を発するという段になると、突然パニックに陥って大きな悲鳴を上げはじめ、「わたしにはとても無理だ」と叫んでその場から逃げ出してしまうのである。枢機卿のひとりが、慣例に倣ってラテン語で大群集に「愛しい兄弟姉妹たち、大いなる慶びの報せを、教皇ここにあり」（原題はここから採られている）と告げ、メルヴィルをバルコニーに迎えようとしていた、まさにちょうどその瞬間の出来事であった。この場面は、真剣さが笑いを誘う悲喜劇的な本作の特徴をまさしく集約している。こうして新

X−10 『ローマ法王の休日』

教皇の煩悶がはじまり、ついには人知れずローマの町を徘徊することになるが、それは大ヒットしたウィリアム・ワイラーの『ローマの休日』（一九五三年）のヒロインの王女のお忍びを連想させなくはない。記者会見の席上、ヴァチカンの報道官（イエルジー・スチュエル）は「教皇は多大な責任を引き受けられて、祈りのために独り籠もられた」と苦しい方便を使うことで、何とかその場を乗り切る。

皆さんもお気づきのように、メルヴィルという名は偶然ではない。『ドグマ』のところでも触れたように、バートルビーというキャラクターの生みの親ハーマン・メルヴィルと同名だからである。バートルビーお得意のセリフ、「しないですめばありがたい」を新教皇も正直に口にしていたら、少しは状況が変わっていて、逃げ出す必要などなかったかもしれない。後悔先に立たず、いちど承諾した以上、もはや後戻りはできないのだ。鬱状態に陥ったメルヴィルのためにローマ随一を自負する精神分析医ブレッツィ（モレッティ自身が演じる）がヴァチカンに呼ばれる。だが、大勢の枢機卿たちに取り囲まれたうえに、性や母親のこと、空想や実現できなかった願望のこと、幼年期や夢などに関することについて新教皇に尋ねるのを固く禁じられては、仕事になるはずはない（図X—11）。ブレッツィは先の報道官を介して、離婚した妻——彼女もまた精神分析医——のもとでの診断を勧める。極秘に警護の準備が整えられたうえで、メルヴィルは身元を隠してローマ市内の彼女のもとに届けられる。診察の結果は「保育障害」に

X-11　『ローマ法王の休日』

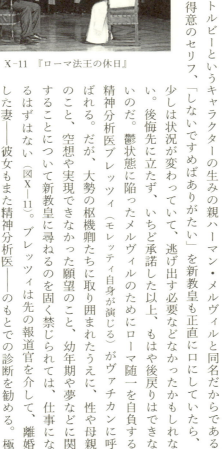

よるトラウマ。（前夫によると）彼女は誰を診てもいつもたいていこの病名を当てるという。彼の持論では、診断は「言葉の綾」のようなもので、場合によっては「傷つきやすいが同時にナルシスティックな高揚を感じている」と言い換えることだってできる。たしかにこの分野では、たとえば精神分裂症はいつの間にか統合失調症という言い方に変わっているのだ。ここにもまたモレッティの強烈なアイロニーが利いている。診察を終えて少し散歩をしたいという新教皇の後を護衛の車がゆっくりと付いていくが、一瞬の隙をついてまんまと彼は姿をくらましてしまう。こうして話は、ローマをあてもなく彷徨するメルヴィルと、彼の失踪をマスコミや信者たちに悟られまいとして奮闘する報道官らヴァチカン側の対応とを交互に織り交ぜながら、いわばクロスカッティングのような形式で進展していくことになる。

サン・ピエトロ大聖堂前の広場に集まる無数の信者たちばかりか他の枢機卿たちにも気づかれないようにするために、報道官は、スイス傭兵のひとりを影武者にしたてて教皇の影を窓からちらつかせる。食事もしっかり召し上がったと、空になった皿をわざわざ枢機卿たちに披露するほど。この報道官だけは現状をしっかりと把握していて、教皇庁の権威と信頼に傷をつけまいとあの手この手を尽くして奔走しているのだ。それをポーランドの名優イエルジー・スチュエルが熱演していて、主役のミシェル・ピコリの重厚だが同時にユーモアとペーソスもある複雑な演技とくらべてもほとんど遜色ないほどである。この報道官にたいするモレッティの映像からは、シニカルではあるが愛情もまた感じられる。真の風刺やパロディは、一方的な反感や敵意から生まれるのではない。根底には愛や寛容の精神がなければならない（余談かもしれないが、他者としてのイスラームを一方的に見下そうとするシャルリー・エブドにはその点で大きな誤認がある、とわたしは思う）。ブリッツィは、聖書の一節を朗読しながら枢機卿たちに、この本には鬱病の症状が詰まっている、つまり「罪悪感、体重減少、自殺願望」などと口走ってしまう。信者ではないモレッティ自身の率直な感想だったのだろう。一方、夜の路線バスに何気なく乗ったメルヴィルは、来るべき最初の演説でどんなメッセージを全世界に伝えるべきか、言葉を探しながら独り言のようにつぶやいている。すると、乗客の男が携帯電話の相手に向かって、「君が必要なのだ」と訴えている。相手はおそらく恋人なのだろうが、もちろんローマ教会に向けられていると受け取ることもできる。

新教皇は実は聖職に就く前は、芝居好きで舞台の役者を夢見ていた。町の精神分析医に職業は何かと問われたとき、しばし間をおいて「役者」と嘘の返事をするのだが、そのときクローズアップになる彼の表情は、この作品ではじめてそしてただいちどだけ、心持ち微笑んでいて、懐かしくもいとおしく過去を振り返っているように見える。その昔は稽古や巡業に勤しんで、観客の反応もずっと楽しんできたが、「もう疲れた」のだと重ねて嘘をいう。チェーホフの『かもめ』のセリフを暗記もしていて、その一節がニーナやマーシャのかなわぬ夢についての部分だったりするのは、モレッティの愛嬌である。ポーランド出身の名教皇ヨハネ・パウロ二世も役者志望だったというから(Zordan 11)、それがここに重ねられているのかもしれない(ちなみに本作はこの教皇の葬儀の実際のニュース映像から幕を開ける)。偶然に知り合った劇団員たちと芝居の話をするときにだけ見せるメルヴィルの複雑な笑顔は、痛ましいがゆえに笑いを誘わないではいない悲喜劇のそれである。

シェイクスピアも言うように、この世界がひとつの舞台のようなものだとするなら、「教皇」という大役をうまく演じきればいいのに、いかにかつて役者に憧れていたとはいえ、メルヴィルにとってその役はあまりに荷が重すぎるのだ。影武者は、時々窓のカーテンを揺すって「教皇」の存在

X-12　『ローマ法王の休日』

を外にアピールすればいいだけで、あとは豪華な食事に舌鼓を打ったり、ワードローブに眼をやったり、ポピュラー音楽を楽しんだりと、すこぶるご満悦の様子である。その彼が何気なくかけたレコード、アルゼンチン・フォルクローレの女性歌手メルセデス・ソーサの歌う『すべては変わる』の美しいメロディーが漏れ聞こえてくると、枢機卿たちも思わず手を打って身体を揺らしはじめる。ローマのとある広場でも路傍のミュージシャンたちが同じ曲を演奏していて、偶然にその場を通りかかったメルヴィルも穏やかな表情で耳を傾けている。このときはじめて並行する二つの物語が、同じ曲によってひとつに合流する。すべては変わるかもしれない、その曲の歌詞の期待とともに。

　もちろんマスコミも事態を把握しかねていて、病に伏しているとか、すでに逝去しているとか、さまざまな臆測がメディアに飛び交う。ある批評家がインタヴューに応えて、教皇は「主（キリスト）の最初の僕だが、また同時に最後の僕でもある」と得意げにいう。「最初で最後」とはどういう意味かという司会者の問いに、その批評家は口ごもってしまう。着任早々に逃げ出してしまったメルヴィルは、まさしく史上で最初にして最後の教皇に違いないだろう。猊下を待ちわびるなか、ブリッツィは世界中から集まった枢機卿によるバレーボールのトーナメントを計画し、彼らもひとときそれに興じる（図

X―12)。このときヴァチカンは、国境を越えて世界を結びつけるスポーツの祭典オリンピックもどきの舞台と化す。一方のメルヴィルは、小さな教区の教会堂で若い司祭が、肝要なのは「謙虚さ」だとごくわずかの信者を前に説いている声に耳を静かに傾けている。かつてモレッティは『ジュリオの当惑』において、信者の激減に直面する若きローマの司祭をやはりユーモアとアイロニーたっぷりに監督・主演したという経歴がある。

この教皇空位の由々しき事態はいかに収束されるのか。もはや隠し切れなくなった報道官は、全責任を負って、三日間の教皇の不在を枢機卿たちに打ち明ける。チェーホフの舞台を最後に観劇して気持ちのけじめをつけたメルヴィルは、ヴァチカンからの迎えの車に抵抗することなく穏やかに乗り込む。彼がつけた決着はこうだ。心から待ちわびて歓声を上げるサン・ピエトロ広場の無数の信者を前に、バルコニーに現われた彼は、自分は導くのではなくて導かれるべき人間であり、皆さんの指導者は自分であってはならない、と告げるのだ。予想だにしていなかった期待外れのその第一声を聴いて、静まり返る群集と、頭を垂れる枢機卿たち。そして彼はゆっくりとバルコニーを後にする。主役を失って、赤い幕だけが風に震えている。

この結末は何を意味しているのか。たとえば、キリスト教内部からの脱構築、あるいは「脱‐閉域」としての開かれた教会という、ジャン゠リュック・ナンシー的な思想をそこに重ねることは可能だろう(Wheatley 19–22)。あるいはまた、「弱い神」のあり方にこそむしろ意義を見いだし、教会は弱いからこそ積極的に評価できるとするジャンニ・ヴァッティモやジョン・カプートのポストモダン神学からの何がしかの反響を見ることもできる。これらにくわえて、『王国と栄光』のアガンベンを参照しつつ、わたしが最後に指摘しておきたいのは、無為と栄光の結びつきである。アガンベンによれば、神の栄光がサバト（六日間の創造行為を終えた七日目の休息と瞑想）にあるように、権力の真の栄光は無為——空の玉座——の内にこそある。空の玉座はまた「ヘトイマシア（準備）」と呼ばれ、とりわけ東方教会において、主の勝利を象徴する図像として初期キリスト教の時代から描かれてきたという伝統もある。それはまた来るべきメシア再臨のときを準備して待つ、という意味をもつ。モレッティの映画において、権力の空位の三日間にこそ、空の玉座の短い期間にこそ、オイコノミア——権力の分節と組織化——が停止状態にあるときにこそ、主人公だけでなく誰しもがそれぞれの生のかたちを楽しんでいるのである。

# おわりに

性懲りもなくまた映画についての本を書いてしまった。キリスト教と美術との関係に長らく関心をもってきたが、その間もずっと映画の存在が気にかかっていた。本文でも何度か述べたことだが、欧米における映画の発展は、キリスト教のテーマ系と切り離すことができないし、二千年にわたる美術の伝統も多かれ少なかれそこに影を落としている。その意味でこの本は、前著『映画は絵画のように――静止・運動・時間』の延長線上にくるものでもある。

本書であえて取り上げなかった「黙示録」に連なるテーマ群もまた、いうまでもなくこの分野に含まれ、SFからホラー、戦争映画からパニック映画（怪獣やゾンビや核の脅威など）まで、さまざまなヴァリエーションに彩られてきたが、これについては別に一冊の本が必要となるだろう。さらに言い訳に聞こえるかもしれないが、本書の各章は、それぞれの主題について関連作品を網羅するものでもない。重大な見落としや見当違いがあるかもしれない。読者諸賢のご批判を仰ぎたい。

一方、わたしたちの周りの状況に目を向けるなら、西洋近代が理性によって悪魔祓いしたと考えていたキリスト教――広くは宗教――をめぐる諸問題が、今ふたたびあらゆる局面で再浮上し、あらためて問い直されようとしている。啓蒙の世紀よりこのかた、西洋は、宗教を脇へ置いて政治や経済のすべてを処理できるとやや高をくくっていたのだが、そうした分離を当て込むことができたのは、たとえ暗黙のうちにせよ、大なり小なり共通の宗教的帰属意識があったからで、しかもそれが、取り立てて詮索する必要もないほど、自明のものとなっていたからである。

ところが、この抑圧された宗教的無意識が、ここ二十数年ほどのあいだに、まるで堰を切ったかのように、いたるところでにわかに意識の上に呼び戻されつつある。そのきっかけとなった要因のひとつが、新たなる「アパルトヘイト」のもと、しばしばさまざまな権利を制限されて囲い込まれている他宗教の移民や難民の存在であった。「死んだ」と思っていたはずの神は、実はそんなに簡単には死んでいなかったのである。その意味で現代は、近代における宗教の「世俗化」にたいして、「ポスト世俗化」の時代と呼ばれることもある。もちろん映画もこの状況と無関係ではありえない。

さらにこうした現況下、哲学者たちも近年、開かれたキリスト教の可能性（とその限界）を新たに模索しはじめている。代表的な名前だけを挙げるなら、ジャン＝リュック・ナンシー、ジョルジョ・アガンベン、ジャンニ・ヴァッティモ、ジョン・カプートらがいるが、本論でわたしは、必要とあれば彼らの議論にも応答しようと試みた。

最後になったが、ズバリ「映画とキリスト」で一冊の本を書いてみたいという筆者の申し出を実現に導き、編集の労をとっていただいた、みすず書房の小川純子さんに心より謝意を表したい。

岡田温司　識

二〇一七年六月

# 人名・映画作品名索引

**カ行**

**サ行**

## タ行

**ナ行**



**ハ行**

**ヤ行**



**ラ行**

**ワ行**

# 参考文献


Agamben, Giorgio, *Infanzia e storia. Distruzione dell'esperienza e origine della storia*, Einaudi, Torino 1978, 2001. アガンベン『幼児期と歴史――経験の破壊と歴史の起源』上村忠男訳，岩波書店，2007 年.

______, *Homo Sacer. Il potere sovrano e la nuda vita*, Einaudi, Torino 1995. 同『ホモ・サケル――主権権力と剝き出しの生』高桑和巳訳，以文社，2007 年.

______, *Il Tempo che resta. Un commento alla Lettera ai Romani*, Bollati Boringhieri, Torino 2000. 同『残りの時――パウロ講義』上村忠男，岩波書店，2005 年.

______, *Profanazioni*, nottetempo, Roma 2005. 同『瀆神』上村忠男・堤康徳訳，月曜社 , 2005 年.

______, *Il Regno e la Groria. Per una genealogia teologica dell'economia e del governo (Homo sacer II, 2)*, Neri Pozza, Vicenza 2007. 同『王国と栄光――オイコノミアと統治の神学的系譜学のために』高桑和巳訳，青土社，2010 年.

______, *Categorie italiane. Studi di poetica*, Marsilio, Venezia 1996; Nuova edizione ampliata, *Categorie italiane. Studi di poetica e di letteratura*, Laterza, Roma-Bari 2010. 同『イタリア的カテゴリー』岡田温司監訳，みすず書房，2010 年.

Aichele, George, "Translation as De-canonisation: Matthew's Gospel According to Pasolini," in *CrossCurents*, vol. 51, no. 2 (2002), pp. 524-534.

Aiken, Tom, "Sacrilege, Satire, or Statement of Faith? Ways of Reading Luis Buñuel's *Viridiana*," in *Through a Catholic Lens. Religious Perspectives of Nineteen Film Directors from around the World*, ed. by Peter Malone, A Sheed & Ward Book, Lanham 2007, pp. 145-156.

Anker, Roy M., *Catching Light. Looking for God in the Movies*, Eerdmans, Grand Rapids 2005.

Ayfre, Amédée, *Un cinéma spiritualiste*, Le Cerf, Paris 2004.

Badley, Linda, *Lars van Trier*, University of Illinois Press, 2011.

Bandy, Mary Lea & Antonio Monda, ed. by, *The Hidden God. Fil and Faith*, The Museum of Modern Art, New York 2003.

Baugh, Lloyd, *Imaging the Divine. Jesus and Christ-Figures in Film*, Sheed & Ward, Kansas City 1997.

______, "A Powerful African Jesus Mark Dornford-May's Film Son of Man. New

Images, New Strategies, New Questions," in *Cinematic Transformations of the Gospel*, University of Opole, Opole 2013, pp. 39–54.

Bazin, André, "Néo-realsme, opera et propagande," in *Cahier du cinema*, no. 4 (1951), pp. 46–51.

______, "Cinema and Theology: The Case of *Heaven Over the Marshes*," trad. By B. Cardullo, in *Jounal of Religion and Film*, vol. 6, no. 2 (2002), pp. 1–6 [https://www.unomaha.edu/jrf/heaven.htm].

Berne, Vincent, *Identité et invisubilité du cinéma: Le vide constitutive de l'image Hélas pour moi de J.-L. Godard*, Les Éditions Chromatika, 2011.

Bertagna, Guido, *Il volto di Gesù* nel cinema, Pardes Edizioni, Bologna 2005.

Beumers, Birgit, "*The Banishment*: Movie Review," [http://az-film.com/en/Publications/32-The-Banishment-Movie-Review-By-Birgit-Beumers-2007.html].

Bird, Robert, *Andrei Tarkovsky. Elements of Cinema*, Reaktion Books, London 2008.

Birzache, Alina G., "'Casting Fire Onto the Earth': The Holy Fool in Russian Cinema," in ed. by Costica Bradatan & Camil Ungureanu, *Religion in Contemporary European Cinema: The Postsecular Constellation*, Routledge, New York 2014, pp. 27–43.

______, *The Holy Fool in European Cinema*, Routledge, New York 2016.

Bodin, Per-Arne, "The Holy Fool as TV Hero: about Pavel Lungin's Film *The Island* and the Problem of Authenticity," in *Journal of Aesthetics & Culture*, vol 3 (2001), [http://www.aestheticsandculture.net/index.php/jac/article/view/6365].

Bordwell, David, *The Films of Carl-Theodor Dreyer*, University of California Press, Berjeley & London 1981.

Boss, Sarah Jane ed., *Mary. The Complete Resource*, Continuum, London & New York 2007.

Bradatan, Costica, "Entangled in God's Story. A Reading of Krzysztof Kieślowski' *Blind Chance*," in *Religion in Contemporary European Cinema. The Postsecular Constellation*, ed. by Costica Bradatan and Camil Ungureanu, Routledge, New York & London 2014, pp. 74–90.

Braudy, Leo, *The Hollywood Sign: Fantasy and Reality of an American Icon*. Yale University Press, 2011.

Brinkman, Matien E., *Jesus Incognito. The Hidden Christ in Western Art since 1960*, Rodopi B. V., Amsterdam – New York 2012.

Brody, Richaed, *Everything is Cinema. The Workin Life of Jean-Luc Godard*, Holt, New York 2006.

Bryant, M. Darrol, "Cinema, Religion, and Popular Culture," in *Religion in Film*, ed. by John R. May and Michael Bird, University of Tennessee Press, Knoxville

1981, pp. 101–14.
Burch, Noël, *La Lucarne de l'infini. Naissance du langage cinématographique*, Nathan, Paris 1991.
Bynum, Caroline Walker, *Jesus as Mother, Studies in the Spirituality of the High Middle Ages*, University of California Press, 1984.
Campani, Ermelinda M., *Cinema e sacro. Divinità, magia e mistero sul grande schermo*, Gremese Editore, Roma 2003.
Campbell, Richard H., *The Bible on Film. A Checklist 1897–1980*, Scarecrow Press, Lanham 1981.
Cappabianca, Alessandro, *Il cinema e il sacro*, Microart's Edizioni, Genova 1998.
Carozzi, Emanuela, "Lenzi, vetri e porte: un cinema tra partecipazione e distacco," in *Krzysztof Kieślowski*, Edizioni Scriptorium, Torino 1995, pp. 58–73.
Christianson, Eric S., Peter Francis and William R. Telford ed., *Cinéma Divinité. Religion, Theology and the Bible in Film*, SCM Press, London 2005.
Clausi, Benedetto, "*Viridiana*, o della santità impossibile," in *Cinema e religioni*, a cura di Sergio Botta ed Emanuela Prinzivalli, Carocci, Roma 2010, pp. 113–129.
Comolli, Jean-Louis, *Cinema contre spectacle*, Verdier, Paris 2009.
Corley, Kathleen E. and Robert L. Webb ed. by, *Jesus and Mel Gibson's The Passion of Christ. The Film, The Gospels and The Claims of History*, Continuum, London & New York 2004.
Corsani, Alberto, *Il vangelo secondo Robert Bresson. Il cinema come ricerca spirituale*, Claudiana, Torino 2011.
Cortade, Ludovico, *Le cinema du l'immobilité. Style, politique, réception*, Publication de la Sorbonne, Paris 2008.
Cunneen, Joseph, *Robert Bresson. A Spiritual Style in Film*, Continuum, New York 2003.
Dalle Vacche Angela, *Cinema and Painting. How Art Is Used in Film*, Athlone, London 1996.
De Bonis, Maurizio, "*Io sono con te*. Un film di Guido Chiesa," [http://www.cultframe.com/2010/11/io-sono-con-te-film-guido-chiesa/].
De Carolis Luciano, *Pasolini e il cinema. Il progetto di una teoria semiotica in Empirismo eretico*, Firenze Atheneum, Scandicci 2008.
Decay, Christopher, *Screen Christologies. Redemption and the Medium of Film*, University of Wales Press, Cardiff 2001.
Deleuze, Gilles, *Cinéma 1. L'image-mouvement*, Minuit, Paris 1983. ドゥルーズ『シネマ１＊運動イメージ』財津理・齋藤範訳，法政大学出版局，2008 年.
______, *Cinéma 2. L'image-temps*, Minuit, Paris 1985. 同『シネマ２＊時間イメージ』

宇野邦一ほか訳，法政大学出版局，2006 年.

Di Risio, Giammario, *L'immagine-Cristo. La rappresentazione cinematografica di Gesù di Nazareth in Pasolini, Jewison, Scorsese e Gibson*, Le Mani, Genova 2013.

Doane, Mary Ann, *The Emergence of Cinematic Time. Modernity, Contingency, the Archive*, Harvard University Press, Cambridge & London 2002.

Dorsky, Nathaniel, *Devotional Cinema*, Tuumba Press, Berkeley 2004, 2014.

Downing, Crystal, *Salvation from Cinema. The Medium is the Message*, Routledge, London & New York 2016.

Elliott, J. K., *The Apocryphal New Testament. A Collection of Apocryphal Christian Literature in an English Translation*, Clarendon Press, Oxford 1993.

Emmerick, Anna Katharina, *Le Douloureuse Passion De Notre Seigneur Jesus-christ* D'après Les *Méditations D'anne-catherine Emmerich* … *- Primary Source Edition*, Paris 1839.

Evans, Craig A., ed. by, *The Routledge Encyclopedia of the Historical Jesus*, Routledge, New York & London 2010.

Faure, Élie, *Fonction du Cinéma, De la cinéplastique à son destin social*, Éditions Gonthier, Paris 1964.

Fraser, Peter, *Images of the Passion. The Sacramental Mode in Film*, Praeger, Westport 1998.

Gervais, Marc, "*Jésus de Montréal*: The Vision of Denys Arcand," in *Through a Catholic Lens*, cit., pp. 173-188.

Grace Pamela, *The Religious Film. Christianity and the Hagiopic*, Wiley-Blackwell, Chichester 2009.

Graham, David John, "Redeeming Violence in the Films of Martin Scorsese," in *Explorations in Theology and Film. Movies and Meaning*, ed. by Clive marsh and gaya Ortiz, Blackwell, Malden 1997, pp. 87-96.

Grotenhuis, Liesbeth, "Lying in the arms … : the origins and reception of Luc Olivier Merson's 'The rest on the flight to Egypt'" [http://www.academia.edu/8140149/_Lying_in_the_arms_the_origins_and_reception_of_Luc_Olivier_Merson_s_The_rest_on_the_flight_to_Egypt_].

Gunning, Tom, "Passion Play as Palimpsest," in *Une Invention du Diable? Cinéma des Premiers Temps et Religion*, Roland Cosandy, André Gaureault, and Tom Gunning ed. by, Les Presses de L'Université Laval, Sainte-Foy 1992, pp. 102-111.

Gunnarsson, Gunnar J., "In Hope and Faith: Religious Motifs in Tarkovsky's *The Sacrifice*," in *Through the Mirror: A Reflection on the Films of Andrei Tarkovsky*, ed. by Gunnlaugur Jónsson and Thorkell Á. Óttarsson, Cambridge Scholars Press, Newcastle 2006, pp. 238-260.

Hibbs, Thomas S., *Arts of Darkness, American Noire and the Quest for Redemption*, Spence Pub., Dallas 2008.

Holderness, Graham, *Re-Writing Jesus. Christ 20th-Century Fiction and Film*, Bloomsbury, London and New York 2015.

Hurley, Neil P., *Theology through Film*, Harper & Row, New York 1970.

Jaffe, Ira, *Slow Movies. Counting the Cinema of Action*, Wallflower Press, London & New York 2014.

Johnson Vida T. and Graham Petrie, *The Films of Andrei Tarkovsky. A Visual Fugue*, Indiana University Press, Bloomington & Indianapolis 1994.

Johnston, Robert K., *Reel Spirituality. Theology and Film in Dialogue*, Baker Academic, Grand Rapids 2006.

Jónsson, Gunnlaugur, "Alienation, Exile and Paradise Lost: *Nostalgia* Scrutinized from a Biblical Perspective," in *Through the Mirror: A Reflection on the Films of Andrei Tarkovsky*, ed. by Gunnlaugur Jónsson and Thorkell Á. Óttarsson, Cambridge Scholars Press, Newcastle 2006, pp. 219–237.

Kracauer, Siegfried, *Theory of Film. The Redemption of Physical Reality*, Princeton Univ. Pr., Princeton 1997.

Kristensen, Stefan, "Touching the Virgin. On the politics of intimacy in Jean-Luc Godard's *Hail Mary*," in *Emotion, Space and Society*, vol. 13 (November 2014), pp. 134–139.

Latour, Bruno ed., *Iconoclash. Beyond the Image Wars in Science, Religion and Art*, The MIT Press, Cambridge 2002.

Lindsay, Vachel, *The Art of the Moving Picture* (1915), Random House, 2000.

Locke Maryel and Charles Warren ed. by, *Jean-Luc Godard's Hail Mary. Women and the Sacred in Film*, Southern Illinois University Press, Carbondale 1993.

Loughlin, Gerard ed. by, *Queer Theology. Rethinking the Western Body*, Blackwell, Malden 2007.

Lyden, John, *Film as Religion: Myths, Morals, and Rituals*, New York University Press, New York 2003.

______, ed. by, *The Routledge Companion to Religion and Film*, Routledge, London & New York 2010.

Malone, Peter, *Screen Jesus: Portrayals of Christ in Television and Film*, The Scarecrow Press, New York 2012.

Marsh, Clive, *Cinema & Sentiment. Film's challenge to Theology*, Wipe & Stock, Eugene 2004.

Martin, Sean, *Andrei Tarkovsky*, Kamera Books, Harpenden 2011.

May, John R. ed. by, *New Image of Religious Film*, Sheed & Ward, Franklin 2000.

Ming, Wu, "Guido Chiesa, «Io sono con te». Appunti di visione," [http://www.wumingfoundation.com/giap/2010/11/guido-chiesa-%C2%ABio-sono-con-te%C2%BB-appunti-di-visione/].

Nancy, Jean-Luc, *The Muses*, Stanford University Press, Stanford 1996.

Nayar, Sheila J., *The Sacred and the Cinema. Reconfiguring the "Genuinely" Religious Film*, Bloomsbury, London & New York 2012.

O'Brien, Catherine, *The Celluloid Madonna. From Scripture to Screen*, Wallflower Press, London & New York 2011.

Oliva, Gianfranco, "La musica classica nel cinema come comment sonoro: *'Il Vangelo secondo Matteo'* di Pasolini," *Faronotizie*. it Anno VI-no 62 (luglio 2011), pp. 1-5 [http://www.faronotizie.it/pdf/2011/07_2011/La%20musica%20classica%20nel%20cinema.pdf].

Pasolini, Pier Paolo, "Il cinema impopolare," in Pasolini, *Saggi sulla letteratura e sull'arte*, Tomo primo, a cura di Walter Siti e Silvia De Laude, Mondadori, Milano 1999, pp. 1600-1610.

Passannanti, Erminia, *Il Cristo dell'eresia. Rappresentazione del sacro e censura nei film di Pier Paolo Pasolini*, Edizioni Joker, Novi Ligure 2009.

Pipolo, Tony, *Robert Bresson. A Passion for Film*, Oxford University Press, Oxford 2010.

Plate, S. Brent, *Religion and Film: Cinema and the Re-Creation of the World*, Wallflower Press London 2008.

______, "Filmmaking and World making: Re-Creating Time and Space in Myth and Film," in Watkins, Gregory J. ed., *Teaching Religion and Film*, Oxford University Press, 2008, pp. 218-231.

Poirson-Dechonne, Marion, *Le cinéma est-il iconoclaste ?*, Éditions Cerf, Paris 2011.

Pontrandolfi, Alfonso, *La vergogna cancellata. Matera negli anni dello sfollamento dei Sassi*, Altrimedia, Matera 2002.

Reinhartz, Adele, *Jesus of Hollywood*, Oxford University Press, Oxford & New York 2007.

______, *Bible and Cinema: An introduction*, Routledge, London and New York 2013.

Reinhartz, Adele, ed. by, *Bible and Cinema: Fifty Key Films*, Routledge, London and New York 2013.

Reynolds, Herbert, "From the Palette to the Screen: The Tissot Bible as Sourcebook for From the manger to the Cross," in *Une Invention du Diable? Cinéma des Premiers Temps et Religion*, pp. 275-310.

Riley, Robin, *Film, Faith, and Cultural Conflict. The Case of Martin Scorsese's The Last Temptation of Christ*, Praeger, Westport 2003.

Risio, Giammario Di, *L'immagine-Cristo: La rappresentazione cinematografica di Gesù di Nazareth in Pasolini, Jewison, Scorsese e Gibson*, Le Mani, Genova 2013.

Roncace, Mark, "Paradoxical Protagonists: *Sling Blade's* Karl and Jesus Christ," in *Screening Scripture. Intertextual Connections between Scripture and Film*, ed. by George Aichele and Richard Walsh, Trinity Press International, Harrisburg 2002, pp. 279-300.

Scarlett, Elizabeth, *Religion and Spanish Film. Luis Buñuel, the Franco Era, and Contemporary Directors*, The University of Michigan Press, Ann Arbor 2014.

Schrader, Paul, *Transcendental Style in Film*, University of California Press, Berkeley 1972. シュレイダー『聖なる映画——小津／ブレッソン／ドライヤー』山本喜久男訳，フィルムアート社，1981 年.

Shafto, Sally, "Artist as Christ/Artist as God-the-Father: Religion in the Cinema of Philippe Garrel and Jean-Luc Godard," *Film History* 14 (2002), pp. 142-157.

Shepherd, David J., *The Bible on Silent Film. Spectacle, Story and Scripture in the Early Cinema*, Cambridge University Press, Cambridge 2013.

______, "*La naissance, la vie et la mort du Christ* (Gaumont, 1906). The Gospel According to Alice Guy," in *The Silents of Jesus in the Cinema (1897-1927)*, ed. by David J. Shepherd, Routledge, New York and London 2016, pp. 60-77.

Shiel, Mark, *Italian Neorealism. Rebuilding the Cinematic City*, Wallflower, London & New York 2006.

Skakov, Nariman, *The Cinema of Tarkovsky. Labyrinths of Space and Time*, I. B. Tauris, London & New York, 2012.

Staley, Jeffrey L. and Richard Walsh, *Jesus, the Gospels, and Cinematic Imagination. A Handbook to Jesus on DVD*, Westminster John Knox Press, London 2007.

Stern, Richard C., Clayton N. Jefford, and Guerric Debona, *Savior on the Silver Screen*, Paulist Press, New York 1999.

Stichele, Caroline Vander, "*Leaves from Satan's Book* (1921) and, Dreyer's Script *Jesus of Nazareth* (1950)," in David J. Shepherd, *The Silents of Jesus in the Cinema (1897-1927)*, Routledge, New York and London 2016, pp. 236-255.

Tadros, Jean-Piere, "The second coming of Denys Arcand?," in *Cinema Canada* (April/May 1989) [http://cinemacanada.athabascau.ca/index.php/cinema/article/viewFile/4355/4389].

Tarkovsky, Andrei, *Sculpting in Time*, Knopf, New York 1987.

Tatum, W. Barnes, *Jesus at the Movies: A Guide to the First Hundred Years*, Polebridge Press, 1998.

Taylor, Kavon, "Hans Urs von Balthasar and Christ the Tragic Hero," in *Christian Theology and Tragegy. Theologians, Tragic Literature and Tragic Theory*, ed. by

Kevin Taylor & Gilles Waller, Ashgate, London 2011, pp. 133–148.
Ungureanu, Camil, "Religion Against Religion in Lars von Trier," in *Religion in Contemporary European Cinema*, ed. by Costica Bradaton and Camil Ungureanu, Routledge, New York 2014, pp. 126–144.
______, "Final Remarks: What Is the Use of Postsecularism?," in Ibid., pp. 199–217.
Vittorelli, Paolo, "*Il vangelo secondo Matteo*: Pasolini e il sacro," in *Rivista del Dipartimento di Musicologia e Beni Culturali*, Universita degli Studi di Pavia, vol. 6–3 (2007) [http://riviste.paviauniversitypress.it/index.php/phi/article/view/06-03-INT09/82].
Walsh, Richard, *Reading the Gospels in the Dark: portrayals of Jesus in film*, TPI, Harrisburg 2003.
Westbrook, Vivienne, "*The King of Kings* (DeMIlle Pictures, 1927). The Body and the Word on Film," in *The Silents of Jesus in the Cinema (1897–1927)*, cit., pp. 256–270.
Wheatley, Catherine, "Deconstructing Christianity in Contemporary European Cinema: Nanni Moretti's *Habemus Papam* and Jean-Luc Nancy's Dis-Enclosure," in *Religion in Contemporary European Cinema*, cit., pp. 11–26.
Wright, Melanie J., *Religion and Film. An Introduction*, I. B. Tauris, London & New York 2008.
Yankovsky, Oleg, "How We Shot the 'Inextinguishable Candle' Episode for *Nostargia*," [http://people.ucalgary.ca/~tstronds/nostalghia.com/TheTopics/Yankovsky.html].
Zanzottera, Luisa, "Iconografia cristologica nel cinema muto," in *Attraverso lo specchio. Cinema e cultura cattolica in Italia*, a cura di Ruggero Eugeni e Dario E. Vigano, vol. 1, EdS, Roma 2006, pp. 251–266.
Zordan, Davide, *La Bibbia a Hollywood. Retorica religiosa e cinema di consumo*, EDB, Bologna 2008.
Zwick, Reinhold, "Between Chester and Capetown. Transformations of the Gospel in *Son of Man* by Mark Dornford-May," in *Journal of Religion and Film*, 15–1 (2011).

アウエルバッハ，エーリヒ『ミメーシス――ヨーロッパ文学における現実描写』篠田一士・川村二郎訳，ちくま学芸文庫，1994 年.
アストリュック，アレクサンドル「新しいアヴァンギャルドの誕生――カメラ万年筆」堀潤之訳，『アンドレ・バザン研究 1』アンドレ・バザン研究会，2017 年，9–20 頁.
荒井献『原始キリスト教とグノーシス主義』岩波書店，1971 年.

同『新約聖書の女性観』岩波書店，1988 年.
同『トマスによる福音書』講談社学術文庫，1994 年.
同『ユダとは誰か――原始キリスト教と『ユダの福音書』の中のユダ』岩波書店，2007 年.
荒井献編『新約聖書外典』講談社文芸文庫，1997 年.
イーグルトン，テリー『甘美なる暴力――悲劇の思想』森田典正訳，法政大学出版局，2004 年.
同『宗教とは何か』大橋洋一・小林久美子訳，青土社，2010 年.
エイゼンシュテイン，セルゲイ『エイゼンシュテイン全集 8 ――作品の構造について』エイゼンシュテイン全集刊行委員会訳，キネマ旬報社，1984 年.
同『エイゼンシュテイン全集 9 ――無関心な自然でなく・方法』エイゼンシュテイン全集刊行委員会訳，キネマ旬報社，1993 年.
エリアーデ，ミルチャ『聖と俗――宗教的なるものの本質について』風間敏夫訳，法政大学出版局，1969 年.
岡田温司『マグダラのマリア――エロスとアガペーの聖女』中公新書，2005 年.
同『処女懐胎――描かれた「奇跡」と「聖家族」』中公新書，2007 年.
同『キリストの身体――血と肉と愛の傷』中公新書，2009 年.
同『アダムとイヴ――語り継がれる「中心の神話」』中公新書，2012 年.
同『黙示録――イメージの源泉』岩波新書，2014 年.
同『映画は絵画のように――静止・運動・時間』岩波書店，2015 年.
同『天使とは何か――キューピッド，キリスト，悪魔』中公新書，2016 年.
小川佐和子『映画の胎動――一九一〇年代の比較映画史』人文書院，2016 年.
オットー，ルドルフ『聖なるもの』久松英二訳，岩波文庫，2010 年.
亀井克朗『〈死〉への／からの転回としての映画――アンドレイ・タルコフスキーの後期作品を中心に』致良出版社，2011 年.
カザンザキス，ニコス『キリスト最後のこころみ』児玉操訳，恒文社，1990 年.
ガニング，トム「アトラクションの映画」中村秀之訳，『アンチ・スペクタクル――沸騰する映像文化の考古学』長谷正人・中村秀之編訳，東京大学出版局，2003年.
カルヴァン，ジャン『新約聖書註解 ヨハネ福音書』山本功訳，新教出版社，1963 年.
ギアーツ，クリフォード『文化の解釈学 I・II』吉田禎吾ほか訳，岩波書店，1987年.
木谷佳楠『アメリカ映画とキリスト教――120 根の関係史』キリスト新聞社，2016年.
キルー，アド『ブニュエル』種村季弘・佐藤重臣訳，三一書房，1970 年.
グッドマン，ネルソン『世界制作の方法』菅野盾樹訳，ちくま学芸文庫，2008 年.
クラカウアー，ジークフリート『大衆の装飾』船戸満之・野村美紀子訳，法政大学出版局，1996 年.
クリフトン，C. S.『異端事典』田中雅志訳，三交社，1998 年.
クリステヴァ，ジュリア『恐怖の権力――〈アブジェクシオン〉試論』枝川昌雄，法

政大学出版局，1984 年.
同『初めに愛があった――精神分析と信仰』枝川昌雄訳，法政大学出版局，1987.
クルツィウス，エルンスト・R『ヨーロッパ文学とラテン中世』南大路振一・岸本通夫・中村善也訳，みすず書房，1971 年.
ゴダール，ジャン＝リュック『ゴダール 映画史（全）』奥村昭夫訳，ちくま学芸文庫，2012 年.
ゴンザレス，フスト『キリスト教思想史 1 キリスト教の成立からカルケドン公会議まで』石田学訳，新教出版社，2010 年.
坂口ふみ『〈個〉の誕生――キリスト教教理をつくった人びと』岩波書店，1996 年.
ジェイムズ，ウィリアム『宗教的経験の諸相』枡田啓三郎訳，岩波文庫，1969 年.
塩川徹也『パスカル考』岩波書店，2003 年.
スタイナー，ジョージ『悲劇の死』喜志哲雄訳，ちくま学芸文庫，1995 年.
ソンタグ，スーザン『反解釈』高橋康也ほか訳，ちくま学芸文庫，1996 年.
ダニエルー，ジャン『キリスト教史 1 初代教会』上智大学中世思想研究所編訳・監修，平凡社，1996 年.
タルコフスキー，アンドレイ『タルコフスキー日記』鴻英良・佐々洋子訳，キネマ旬報社，1991 年；『タルコフスキー日記 II』武村和子訳，キネマ旬報社，1993 年.
同『タルコフスキーの映画術』扇千恵訳，水声社，2008 年.
タルド，ガブリエル『模倣の法則』池田祥英訳，河出書房新社，2016 年.
デイリー，メアリ『教会と第二の性』岩田澄江，未来社，1981 年.
出村みや子『聖書解釈者オリゲネスとアレクサンドリア文献学――復活論争を中心として』知泉書館，2011 年.
デュルケム，エミル『宗教生活の原初形態』上下，古野清人訳，岩波文庫，1975 年.
デ・ロヨラ，イグナチオ『霊操』門脇佳吉訳，岩波文庫，1995 年.
トマス・ア・ケンピス『キリストにならいて』大沢章・呉茂一訳，岩波文庫，1960 年.
ドゥボール，ギー『スペクタクルの社会』木下誠訳，ちくま学芸文庫，2003 年.
ドルト，フランソワーズ／ジェラール・セヴェラン『欲望への誘い――ドルト女史の聖書分析』寺内礼・小杉恵子訳，勁草書房，1985 年.
トレント，トマス・ペレス／ホセ・デ・ラ・コリーナ『ルイス・ブニュエル公開禁止令』岩崎清訳，フィルムアート社，1990 年
『ナグ・ハマディ文書 II　福音書』荒井献ほか訳，岩波書店，1998 年.
ナンシー，ジャン＝リュック『アドラシオン――キリスト教的西洋の脱構築』メランベルジェ眞紀訳，新評論，2014 年.
野崎歓「復活のときイマージュが到来する」『Inter Communication』9，2000 年，156-167 頁 .
同『アンドレ・バザン――映画を信じた男』春風社，2015 年.

バザン，アンドレ『映画とは何か』小海永二訳，『小海永二翻訳撰集 4』丸善，2008 年.
同『映画とは何か』上下，野崎歓訳，岩波文庫，2015 年.
パスカル『パンセ』上中下，塩川徹也訳，岩波文庫，2015–16 年.
パゾリーニ，ピエル・パオロ「ポエジーとしての映画」塩瀬宏訳，『映画理論集成——古典理論から記号学の成立へ』岩本憲児・波多野哲朗編，フィルムアート社，1982 年.
服部弘一郎＋編集部編『シネマの宗教美学』フィルムアート社，2003 年.
バートン，ブルース『誰も知らない男 なぜイエスは世界一有名になったのか』小林保彦訳，日本経済新聞社，2005 年.
ハリデイ，ジョン『パゾリーニとの対話』波多野哲朗訳，晶文社，1972 年.
ファン・デル・フリート，ジャック『解読 ユダの福音書』戸田聡訳，教文館，2007 年.
ファン・デル・レーウ，ゲラルダス『芸術と聖なるもの』小倉重夫，せりか書房，1980 年.
フィオレンツァ，エリザベス＝シュスラー『彼女を記念して——フェミニスト神学によるキリスト教起源の再構築』山口里子，日本基督教団出版局，1990 年.
ブニュエル，ルイス『映画、わが自由の幻想』矢島翠訳，早川書房，1984 年.
フライ，ノースロップ『大いなる体系——聖書と文学』伊藤誓訳，法政大学出版局，1995 年.
ブレッソン，ロベール『シネマトグラフ覚書——映画監督のノート』松浦寿輝訳，筑摩書房，1987 年.
ペイゲルス，エレーヌ『ナグ・ハマディ文書——初期キリスト教の正統と異端』荒井献・湯本和子訳，白水社，1996 年.
同『禁じられた福音書——ナグ・ハマディ文書の解明』松田和也訳，青土社，2005 年.
堀米庸三『正統と異端——ヨーロッパ精神の底流』中公文庫，2013 年.
マルクス『ユダヤ人問題によせて ヘーゲル法哲学批判序説』城塚登訳，岩波文庫，1974 年.
三木宮彦『ベルイマンを読む——人間の精神の冬を視つめる人』フィルムアート社，1986 年.
水野千依『キリストの顔——イメージ人類学序説』筑摩選書，2014 年.
四方田犬彦『ルイス・ブニュエル』作品社，2013 年.
同『テロルと映画——スペクタクルとしての暴力』中公新書，2015 年.
四方田犬彦・堀潤之編『ゴダール・映像・歴史——『映画史』を読む』産業図書，2001 年.
ライプニッツ『モナドロジー・形而上学叙説』清水富雄ほか訳，中央公論新社，2005

年.
ランシエール，ジャック『イメージの運命』堀潤之訳，平凡社，2010 年.
リクール，ポール『悪のシンボリズム』植島啓司・佐々木陽太郎訳，渓声社，1977年.
リルケ，ライナー・マリア『ドゥイノの悲歌』手塚富雄訳，岩波文庫，2010 年.
ル・ボン，ギュスターヴ『群衆心理』桜井成夫訳，講談社学術文庫，1993 年.

# 著者略歴

（おかだ・あつし）

1954年生まれ．京都大学大学院博士課程修了．現在，京都大学大学院人間・環境学研究科教授．専門は西洋美術史・思想史．著書に，『もうひとつのルネサンス』（1994），『ルネサンスの美人論』（1997），『モランディとその時代』（以上，人文書院，2003／吉田秀和賞），『ミメーシスを超えて』（勁草書房，2000），『マグダラのマリア』（中公新書，2005），『芸術（アルス）と生政治（ビオス）』（2006），『フロイトのイタリア』（以上，平凡社，2008／読売文学賞），『半透明の美学』（2010）『映画は絵画のように』（以上，岩波書店，2016）など．編著に『カラヴァッジョ鑑』（人文書院，2001），『ジョルジョ・モランディの手紙』（みすず書房，2011）など．訳書に，ロンギ『芸術論叢』（全2巻，監訳，中央公論美術出版，1998/1999），アガンベン『中味のない人間』（共訳，人文書院，2002）『スタンツェ』（ありな書房／ちくま学芸文庫，2008）『イタリア的カテゴリー』（共訳，みすず書房，2010）『開かれ』（共訳，平凡社／平凡社ライブラリー，2011）など．

岡田温司
映画とキリスト

2017年 7月31日 印刷
2017年 8月10日 発行

発行所 株式会社 みすず書房
〒113-0033 東京都文京区本郷5丁目 32-21
電話 03-3814-0131(営業) 03-3815-9181(編集)
http://www.msz.co.jp

本文組版 キャップス
本文印刷所 萩原印刷
製本所 松岳社
扉・表紙・カバー印刷所 リヒトプランニング

© Okada Atsushi 2017
Printed in Japan
ISBN 978-4-622-08624-6
[えいがとキリスト]
落丁・乱丁本はお取替えいたします

| | | |
|---|---|---|
| 『ヴィーナスの誕生』視覚文化への招待<br>理想の教室 | 岡田温司 | 1300 |
| イタリア的カテゴリー<br>詩学序説 | G. アガンベン<br>岡田温司監訳 | 4000 |
| ゴダール伝 | C. マッケイブ<br>堀潤之訳 | 5600 |
| メカスの難民日記 | J. メカス<br>飯村昭子訳 | 4800 |
| 映画もまた編集である<br>ウォルター・マーチとの対話 | M. オンダーチェ<br>吉田俊太郎訳 | 4800 |
| 映像の歴史哲学 | 多木浩二<br>今福龍太編 | 2800 |
| 映像身体論 | 宇野邦一 | 3200 |
| カリガリからヒトラーへ<br>ドイツ映画 1918-1933 における集団心理の構造分析 | S. クラカウアー<br>丸尾定訳 | 4200 |

（価格は税別です）

みすず書房

| | | |
|---|---|---|
| 小津安二郎のほうへ<br>モダニズム映画史論 | 田中眞澄 | 2900 |
| 映画女優　若尾文子 | 四方田犬彦・斉藤綾子編著 | 3800 |
| 映画音響論<br>溝口健二映画を聴く | 長門洋平 | 6800 |
| 荒野のオデュッセイア<br>西部劇映画論 | 川本徹 | 4500 |
| ドキュメンタリーの修辞学 | 佐藤真 | 2800 |
| 写真講義 | L.ギッリ<br>萱野有美訳 | 5500 |
| アジェのパリ | 大島洋 | 3500 |
| 動いている庭 | G.クレマン<br>山内朋樹訳 | 4800 |

（価格は税別です）

みすず書房

| | | |
|---|---|---|
| 芸術か人生か! レンブラントの場合 | T. トドロフ<br>高橋　啓訳 | 3600 |
| トランスアトランティック・モダン<br>大西洋を横断する美術 | 村田　宏 | 4800 |
| マルセル・デュシャン | C. トムキンズ<br>木下哲夫訳 | 9700 |
| シュルレアリスムのアメリカ | 谷川　渥 | 4800 |
| ロスコ 芸術家のリアリティ<br>美術論集 | M. ロスコ<br>Ch. ロスコ編 中林和雄訳 | 5600 |
| ルシアン・フロイドとの朝食<br>描かれた人生 | G. グレッグ<br>小山太一・宮本朋子訳 | 5500 |
| イリヤ・カバコフ自伝<br>60年代-70年代、非公式の芸術 | 鴻　英良訳 | 5400 |
| 美を生きるための26章<br>芸術思想史の試み | 木下長宏 | 5000 |

（価格は税別です）

みすず書房

| | | |
|---|---|---|
| メディア論<br>人間の拡張の諸相 | M. マクルーハン<br>栗原裕・河本仲聖訳 | 5800 |
| グーテンベルクの銀河系<br>活字人間の形成 | M. マクルーハン<br>森　常　治訳 | 7500 |
| マクルーハンの光景 メディア論がみえる<br>理想の教室 | 宮澤淳一 | 1600 |
| ニューメディアの言語<br>デジタル時代のアート、デザイン、映画 | L. マノヴィッチ<br>堀　潤　之訳 | 5400 |
| 信じない人のための〈宗教〉講義 | 中村圭志 | 2500 |
| 世界宗教の発明<br>ヨーロッパ普遍主義と多元主義の言説 | 増澤知子<br>秋山淑子・中村圭志訳 | 6800 |
| 宗教を語りなおす<br>近代的カテゴリーの再考 | 磯前順一／T. アサド編 | 4800 |
| 人の子イエス | Kh. ジブラーン<br>小森健太朗訳 | 2800 |

（価格は税別です）

みすず書房